江西方言、文学与区域文化丛书

胡松柏　罗荣华 ◎ 主编

赣鄱语言学论坛（第二辑）

中国社会科学出版社

图书在版编目（CIP）数据

赣鄱语言学论坛. 第二辑 / 胡松柏，罗荣华主编. —北京：中国社会科学出版社，2020.8

（江西方言、文学与区域文化丛书）

ISBN 978-7-5203-6044-9

Ⅰ.①赣… Ⅱ.①胡… Ⅲ.①汉语–语言学–文集 Ⅳ.①H1-53

中国版本图书馆 CIP 数据核字（2020）第 032334 号

出 版 人	赵剑英
责任编辑	任　明
责任校对	李　剑
责任印制	郝美娜

出　　版	中国社会科学出版社
社　　址	北京鼓楼西大街甲 158 号
邮　　编	100720
网　　址	http://www.csspw.cn
发 行 部	010-84083685
门 市 部	010-84029450
经　　销	新华书店及其他书店

印刷装订	北京君升印刷有限公司
版　　次	2020 年 8 月第 1 版
印　　次	2020 年 8 月第 1 次印刷

开　　本	710×1000　1/16
印　　张	18.25
字　　数	309 千字
定　　价	98.00 元

凡购买中国社会科学出版社图书，如有质量问题请与本社营销中心联系调换
电话：010-84083683
版权所有　侵权必究

《江西方言、文学与区域文化研究丛书》序

南昌大学客赣方言与语言应用研究中心于 2002 年整合学科力量组建，2003 年批准为江西省普通高校人文社会科学重点研究基地。2006 年，通过省教育厅的首轮评审验收。2010 年，遴选进入"优秀重点研究基地"行列。

作为学校内独立建制的实体研究单位，南昌大学客赣方言与语言应用研究中心一直以其所凝练的学科方向参与并承担南昌大学"211 工程"重点学科的建设任务。2003 年，"客赣方言研究"列为南昌大学"211 工程"第二期建设重点项目"赣学"的子项目之一。2008 年，"赣学"重点项目第三期建设启动，根据"赣学"学科的发展构想和所依托的学科力量情况，本研究中心所承担的研究方向拓展为"江西方言、文学与区域文化"，再次确定纳入南昌大学"211 工程""赣学"重点项目的子项目之列。

已经获得国家立项批准的"赣学"重点项目的《"211 工程"三期重点学科建设项目申报书》关于"江西方言、文学与区域文化"方向有如下表述：

"本方向包括方言与区域文化、文学与区域文化两个方面的研究。

"江西方言与区域文化研究是在'十五'项目赣客方言研究基础上的拓展。从时间和空间上，由研究赣客方言的现状拓展到对赣客方言历史开展研究，由研究江西省境内的赣客方言拓展到对由江西向省境外发展的赣客方言开展研究，同时也对文化生存状态融入赣地主流文化的江西省境内的其他方言开展研究。从研究对象和研究方法上，由单纯研究赣客方言拓展到对与方言密切联系的经济社会和文化相结合开展研究，由主要采用描写语言学方法拓展到与社会语言学方法相结合开展研究。

"江西文学与区域文化的研究，立足于江西历史上颇具特色的地域性文学流派、文艺形式、家族文学研究，将其置于区域社会文化变迁的大背景下进行探讨，把文献整理与区域文化相结合，从大量的史料中梳理、提炼带规律性的理论观点，立足江西区域特色，坚持考证求实的学风，开阔视野，力求创新。"

围绕上述目标，近年来我们所着力开展研究的项目主要有：赣客方言单点的深入研究，赣客方言的地理语言学研究，近代江西赣客方言方言史

研究、近代赣客方言历史文献资料整理，江西畲族语言研究、江西闽方言研究、江西吴方言研究、江西徽州方言研究，江西省境内社区语言状况调查研究、江西省境内普通话现状调查研究；江西诗派与区域文化研究，宋以来江西家族文化研究，明清江西文人别集文献研究，江西地方戏曲（赣剧、采茶戏、傩戏等）的全方位和新角度（如舞台音韵）研究等。

在"211工程"第二期建设阶段，本研究中心曾组织编纂出版了《客赣方言研究系列丛书》（一套十二种，中国社会科学出版社出版）。进入第三期建设阶段以来，我们继续以"凝聚力量、锻炼队伍、多出成果、提高水平"为宗旨，组织本研究中心的专职和兼职研究人员，以项目组队伍，以项目促成果，从上述研究项目成果中择优编成本研究中心所组织编写的第二套系列研究丛书《江西方言、文学与区域文化研究丛书》。这套丛书的编纂出版，体现了各位著者的辛勤劳动，得到了中国社会科学出版社的大力支持，也得到了江西省高校人文社会科学重点研究基地和南昌大学"211工程"重点学科"赣学"的基金资助，我们在此表示衷心的感谢。

胡松柏
二〇一一年十月六日

目　录

刘晓南：《诗集传》音释的二音二叶同注例 …………………………… 1
李无未：台湾汉语音韵学史"母体"意识及其东亚视阈学术定位 ……… 20
汪国胜：方言语法研究的对象与要求 …………………………………… 37
李福言：《广雅疏证》音义关系论 ……………………………………… 41
潘志刚：从《齐民要术》看汉语名词后缀"子"发展成熟的时代 ……… 50
李福唐：《明成化说唱词话》同素逆序双音词研究 …………………… 60
吴　慧：商承祚先生的汉字学思想 …………………………………… 67
黄增寿：汉语中一条显性语法化路径：从持续义副词到衬托连词
　　　　——以"犹"与"还"为例 ………………………………… 79
刘艳红：方位词缀"头"考论 …………………………………………… 88
陆丙甫　罗彬彬：形态与语序 ………………………………………… 95
刘禀诚："Fans"汉译语素构词的组合形态与理据级差 ……………… 122
余俊宏：高量级构式"大A大B"研究 ………………………………… 135
徐采霞　穆嘉宇：形容词状补异位的语义差异与篇章功能 ………… 147
李向华：移情优选及其概率分析模式研究 …………………………… 156
刘楚群：老年人口语冗余性句际重复研究 …………………………… 165
胡松柏　张向阳：河南移民与河南方言在赣北鄱阳湖地区的流播 … 176
汪高文：汉语方言古来母今读塞音之成因探析
　　　　——兼谈江南西道型分布 …………………………………… 186
陈　凌：赣方言浊音走廊入声之边/鼻音韵尾 ……………………… 194
田志军：《客法词典》所记梅县音系及其百年演变 ………………… 210
邱尚仁：方言特殊语汇论
　　　　——南城方言文化研究 ……………………………………… 221
张勇生　熊紫琳：汉语方言"早饭"义词的类型与分布 …………… 236
黄小平：宁都方言的"来" …………………………………………… 244
罗荣华：赣语上高话被动标记"讨" ………………………………… 250

龙安隆：赣语永新方言的体标记"在+指示代词" ……………………260
曾海清：莲花方言完成体标记"呱"和"哩" ……………………272
付欣晴：再论汉语方言"动词重叠式+补语"结构 ……………………276
编后记……………………………………………………………………286

《诗集传》音释的二音二叶同注例

复旦大学　刘晓南

摘　要： 朱熹诗经音叶中存在给一个韵段中每个韵脚注两个读音或叶两个读音的现象，我们称为"二音二叶例"。穷尽考察诗集传中 40 个二音叶韵段，我们可以看到，该种音叶形成了一个独特的框架，表达了谐韵诵读可以两读选一的意思。二音叶例的设立，反映了朱熹多闻阙疑，求同存异实事求是的为学精神，同时对于语音史也是有价值的。

关键词： 叶音；音释；近代语音；古音

一　引言

　　传统训诂家释读字音通常有两种方式，一是作为工具书的韵书字书音释方式，以音义全备为依归，被释字有几个音就收得几个音，多多益善，故一字多音乃其必然；二是以疏通章句为目的的经传注疏方式，往往就句解字，就字取音，是以一字一音为其常态。自两汉经师以来，训诂家诠释经典大多如此，大凡遇见一个疑难字，需要释其音则注音，否则不注音，音释之中无非注音或不注音两种选择而已。但朱熹《诗集传》是一个例外，为了能再现《诗经》铿锵之优美旋律与神韵，朱熹在释读疑难字音的同时，又增加了全面疏通韵律的内容[1]，因此注音之外，又多了一个"叶音"，用来解说并疏通《诗经》中那些与时行诗韵不协调的韵脚，以期诵读古诗时获得音韵和谐的效果。既然释音领域被扩大了，势必要增加新的选项，从理论上说，韵脚字的音释应当有如下的 4 种可能：

　　1. 不注音也不叶音，此所注对象既非疑难字亦无用韵上的问题；
　　2. 仅注其音，此所注对象为疑难字但无用韵问题；
　　3. 仅叶其音，此所注对象有用韵问题但非疑难字；

---

[1] 古书注疏中讲协韵早在南北朝就出现了，但直至唐人颜师古、李善、李贤、何超等都只是偶然说及合韵、协韵。宋吴棫应当是第一个全面讲协韵的，但他的著作《毛诗补音》已佚。在传世文献中，朱熹《诗集传》是最早全面讲解古诗韵律的古籍注疏著作。

4. 既注其音又叶其音，此所注对象既是疑难字又有用韵上的问题。

查《诗集传》韵脚字的所有音释，4种方式齐备，依常规此已足以支持"解音""通韵"的需要了，但《诗集传》并没有就此打住，4式之外，还有两条：

一是在韵脚字下并排注两个读音，如"华：芳无、呼瓜二反"；

二是在韵脚字下并排叶两个读音，如"侯：叶洪姑、洪钩二反"。

成批的韵脚字被注成两读并存，总令人感觉怪异。如前所说，经传注疏的释音普遍以一字一音为常，而这些字两音叶并注，却不遵守经传音释的基本原则，有违于常态，为何《诗集传》要如此地逆常规而行？稍作观察，凡二音或二叶的韵脚字往往都不孤单，而是整个韵段中所有韵脚都两音或两叶并见，下面各举一例，每个韵段列出两个部分，首列韵段出于《诗集传》（上海古籍出版社1980年版）何诗何章，再列出韵段所有的韵脚字，以旁注小号字列出朱熹的二注或二叶之音：

二音例：周南桃夭一章：华芳无、呼瓜二反家古胡、古牙二反。

二叶例：豳风东山四章：绸叶离、罗二音仪叶宜、俄二音嘉叶居宜、居何二反何叶奚、河二音。

显然，如果仅仅为了疏通句中的字音或韵读，完全不必如此作为，此种音释已超出经传注疏的解音以及通韵的范围，设立如此奇特的音释方式必有其原因与意图。2011年，雷励、余颂辉撰《朱熹〈诗集传〉所注二反、二音考》（以下简称《二音考》）一文专门讨论这个问题。《二音考》主要以被注字为单位，探讨被注字下注二音的状况，附论二叶。文章认为二音或二叶都是有根据的，且推测二叶的意思与二音相通。主要就二音的来源做了探讨，提出了一些很有见地的观点。但朱熹为什么要给整个韵段每个韵脚字都注二音或二叶，二音与二叶究竟有何异同，其结构与音释意图等都还有必要进一步讨论。

二 二音二叶的框架结构

《二音考》穷尽《诗集传》音释语料，给出注有二音韵脚的数据是19个韵段中46字（其中有一字非韵脚字）。又给出二叶韵脚的数据为29字，由于只是附带论及，文章仅讨论了两个二叶韵段，究竟29字各出于哪些韵段则略过未提。今按，全面地看，《诗集传》音释中所有注二音的字，大致可分仅释疑难字音的"正文音注"与兼释押韵的"韵脚音注"二种。正文音注仅有"两、贲、猫、佛、作、王"6字，6字全都处于句中，与押韵无关。另有一个处于句末的"置"字，貌似注二音其实是一音一叶（详见下文 4.1），不属于此类。朱熹注其二音，或显其异读，如《大雅·韩奕》"两音亮，又如字"、《大雅·皇矣》"王如字，或于况反"；或辩其假借，如《周颂·敬之》"佛，符弗反，又音弼，佛弼通"。总之，正文的二音同注非常少，且采用通用术语，音释的意图明晰，可目为偶然一用。《诗集传》正文音注是符合一字一音原则的，但是，韵脚字的二音二叶突破了这个原则，它们不但数量较多，而且还有了前文所谓"韵段所有韵脚字二音二叶同现"的鲜明形式特点，因而形成如下框架格局（以大写字母代被注字，小号字表示所注内容）：

二音框架：A 某某、某某二反 B 某某、某某二反 C 某某、某某二反……

二叶框架：A 叶某某、某某二反 B 叶某某、某某二反 C 叶某某、某某二反……

当然"某某反"也可以是直音，注成"某、某二音"或"叶某、某二音"，只是注音方式不同而已，性质没有什么区别。与所谓"正文音注"中存异读之类注二音不同，这种音释是二音叶并注，整个韵段只要有一个韵脚字注二音则全体二音，有一个注二叶则全体二叶。这种"一荣俱荣、一损俱损"式的音叶，前所未见，相当特别，其音释意图隐晦模糊，无法一目了然。一眼看去，只有一点是明确的，即二音二叶并不是单字的注音行为，而是与韵段整体密切相关的解音说韵行为，故此应当换一个视角，以韵段为单位来考察二音二叶框架的成因，探讨其音释意图。

细察每个二音二叶韵段的结构，大致可以归纳为四个组成要素：

一是被注字，即韵段中所有的韵脚字；

二是被注字下所注音叶的切语上下字或直音字；

三是释音术语，如"……二反"或"叶……二反"之类；

四是整个韵段二音或二叶的框架格式。

其中"被注字"是框架结构的实体成分，取何字作注不由框架决定，而是取决于原诗使用什么字押韵，理论上这是一个开放的系统。第二项"音叶切语或直音"主要服务于被注字，与被注字一起成为框架中实体部分，它们都是整个框架结构服务的对象，它们不能决定整个框架结构的规则。若要讨论结构规则与音释意图，框架格式与音释术语才是重点。

三　框架中"音""叶"术语之功用及其异同

我们先看框架中的音释术语。从音释的角度来看，框架韵段中既有"……二反"式的注音术语，又有"叶……二反"的叶音术语，"音""叶"两种术语都有使用。一般地说，《诗集传》单字音释时，"音某"与"叶某"两种音释方式迥然不同。"音某"或"某某反"用于给疑难字注音正读，属于正常音注;"叶某"或"叶某某反"是解说特殊用韵的术语,属于非正常音读。比如"行"字"户郎反"一音,《诗集传》在某些韵段中用作注音,在另一些韵段用作叶音,使用术语不同,所注之音的性质就不同。下面各举一例:

注音例:唐风鸨羽三章:行户郎反桑梁尝常

叶音例:邶风击鼓一章:镗兵行叶户郎反

上面两个韵段中"行"字的押韵环境相同,全部韵脚除"行、兵"外都是今音阳唐韵的字,仅从韵读和谐的角度看,两个"行"都要读"户郎反"才行。但我们知道汉字常常多音多义,音义相关,音随义转,"行"字就是这样。在《鸨羽》中,"行"所在诗句"肃肃鸨行","行"作名词,义为"列也",当读户郎反。该音符合本诗押韵环境,朱熹用注音的方式,告诉读者这里本来要读户郎反。在《击鼓》中,"行"所在句"我独南行"义为"行走",动词,要读户庚切,该音与本诗押韵环境不合,若要韵读和谐就需要改"户庚反"为"户郎反"方可,所以朱熹就注"叶户郎反",告诉读者"行"在这里本不当读户郎反,读户郎反仅仅是为了满足押韵的需要而改读的,得称为"叶音"。此实为音义错位(参见刘晓南,2014)而注叶。可见"音""叶"术语单用的区别是鲜明而且严格的。

那么,二音、二叶框架中这两个术语区别仍然存在吗?我们不妨再做一番考察与比较。如果某个韵脚字,在甲韵段中被注二音,在乙韵段里被注二叶,我们就可以对比它们所表示语音的性质是否有不同,若不同,这个不同是否符合"音"或"叶"术语各自的内涵,以此来确认在"二音""二叶"框架中的"音"或"叶"术语是否仍然有严格的区别。我们从《诗集传》中找到了"濡、居"两个字,都在不同的韵段分别被注过"二音""二叶",可以进行比较,下面是两组对照例子:

第一组:濡

二音例:小雅皇皇者华二章:驹恭于、恭侯二反濡如朱、如由二反驱亏于、亏由二反诹子须、子侯二反

二叶例:郑风羔裘一章:濡叶而朱、而由二反侯叶洪姑、洪鉤二反渝叶容朱、容周二反

第二组:居

二音例:唐风羔裘一章:袪起居、起据二反居斤於、斤御二反故攻乎、古慕二反

二叶例:大雅韩奕五章:居叶斤御、斤於二反誉叶羊茹、羊诸二反

细致观察两组对照字的音叶,可以看到以下几个特点。

其一,两个被注字无论是二音还是二叶,其所在韵段的押韵环境相同。即从今音诗韵的角度看,"濡"字所在的2个韵段都是尤侯、虞两韵的混押,

"居"字所在都是鱼模韵平、去声羼杂的韵段。

其二，无论是二音还是二叶，每字所注切语的音类都是相同的。"居"二音与二叶的两组切语上下字完全相同，"濡"的两组切语上字虽然不同，但音类相同。

其三，核查韵书，两个被注字的二音叶，都是韵书所收录之音。"濡"字，朱熹所注的"如朱反"、所叶的"而朱反"二音相同，见收于《广韵》虞韵人朱切小韵；所注"如由反"，所叶的"而由反"二音相同，见收于《集韵》尤韵而由切小韵。"居"字的斤於反，《广韵》鱼韵作九鱼切，《集韵》正作斤於切，其另一音"斤御反"见于《集韵》御韵且切语上下字全同。

其四，两种术语的语用并无不同。从音义关系来看，两个字无论二音还是二叶，其中必有一个是被注字符合句中语义的"本读"、另一个是与句中语义不符的所谓"叶读"。"濡"字，朱熹在《皇皇者华》释曰"鲜泽也"，在《羔裘》释曰"润泽也"，两处的"濡"释义都符合《广韵》人朱切"霑濡"音义。而"濡"的另一音即《集韵》而由切，释为"柔忍也"，字又作"翻"，非其句中义。"濡"之两音，若以句中音义关系衡之，两个韵段中"濡"人朱切（如朱反、而朱反）都是"濡"字在句中的本读，正常应当都作为注音出现，其"而由切"（如由反）非本读，应当是叶音。同样，"居"字在《韩奕》"庆既令居"句中即韵书所谓"处也"义，该义读九鱼切（斤於反），则平声为本读，当为注音；去声非本读，当为叶读。《羔裘》"居"所在句"自我人居居"，朱注"居居，未详"。查《集韵》"居居"一词作去声斤御切。若依韵书则去声为本章本读，平声为叶读。

综合上述 4 条，丝毫看不出不同术语的区别何在。如果"音""叶"的区别在此仍然严格存在的话，按诗句中音义，正常的处理是任何一个字下都应当分两种音释方式作注，一作注音、一作叶音才对。现在看到的是一注音则两音皆为注音，一叶音则二音皆为叶音，无论"音"还是"叶"，所注的两个音切全都相同，<u>丝毫没有"……二反"一定是正常音注，而"叶……二反"一定就是非正常音读的意思</u>，甚至将每组的"叶"与不叶对调一下，也看不出有什么实质性的不同。显然，在二音二叶框架里面，注音即"……二反"与叶音即"叶……二反"术语的区别不明显了，这意味着音释术语原有之义在框架中已被严重削弱。极端的例子是"害"字，且看韵例：

大雅荡八章：揭纪竭、去例二反害许曷、瑕憩二反

朱熹给"害"字注"许曷反""瑕憩反"二音。查"害"字在本诗是"伤害"义，读《广韵》胡盖切，要注出该字正确的音无论如何应当是"胡盖反"，不可能是现在看到的"许曷、瑕憩二反"。而二反之中，"瑕憩反"一音韵书未收，"许曷反"应当对应于《集韵》"何葛切"一读，但朱熹的切

语与韵书切语上字有晓、匣之异，可能是朱熹将匣母误注为晓母，反映了宋代浊音清化后的喉音两纽混同。如果"许曷反"为"何葛切"之误注的推测不错，则"害"的"何葛切"一音，其义为"何也"，是疑问代词"曷"的假借，也不是"伤害"义的读音。可以说，所注二音都不是"害"字的本音，按照单字注音的条例，两音都应当用"叶"的术语。的确，朱熹对"害"字单字音注正是这样做的。查《诗集传》中"害"字共入韵7次，除本次注二音外，有两次朱认定韵段当押蟹摄去声洪音，"害"直接以本音入韵，不注音叶。剩下的4次因所在韵段去入羼杂，洪细混淆，必须调整韵读，因而都给"害"字注了叶音。4次叶音之中，3次"叶音曷"，分别见《小雅·蓼莪》《小雅·四月》《大雅·生民》，如前所论，这3个"叶音曷"应当对应于"二音"中的"许曷反"（按，颇疑"许曷反"的"曷"当为"葛"）。另1次"叶瑕憩反"也是"二音"中的另一音，见《鲁颂·閟宫》。可见，单字所叶的音与二音同注的音实在是同样的音，在单用时非常严格的"叶某音（反）"，一到二音同注就可以不要"叶"字了。这同样说明在二音同注的框架下，"音某""叶某"术语的不同作用大大降低了。

  我们从上述例子已经看到，在每个韵脚"同注二音"的两个音切之中，实际上可以包含专为解释特殊用韵的、应当作为"叶音"的音读，反之"二叶同现"的两个音切中也可以包含读为本音、应当作为"注音"的音读。尤其是"害"字的二音，单注时必须注叶，二音同现则不必注叶。这一切都说明，当一个韵段的每个韵脚字都同注二音或二叶时，注音的术语再也不像单用时那样严格区分，再也不必"……反"只作为释疑难字音使用，"叶……反"只作疏通特殊用韵使用。"音""叶"术语的区别作用由于受到框架的限定而变得模糊。无论是音还是叶，只要韵段中各个韵脚字都二音同现，就只有一个"这是特殊音注"的意思了。怎么特殊？同一框架之下，虽注二音，音中可以有叶；虽注二叶，叶中亦可以有音，框架控制术语，术语服从框架，这就是特殊。由此我们可以初步得出一个看法，在韵段中韵脚字全体二音二叶的情况下，"音""叶"术语原有的区别在框架格局限定下已被消弭殆尽。只要在框架之内，如何使用术语已不重要，在术语与整体框架之间，框架才是起主要作用的决定者。这就形成了一种有别于一般单字音释的独特的音释方式，即给韵段所有韵脚字同注二音或二叶的音释方式，可以命名为：二音二叶同注例或简称为"二音叶例"。

  通过讨论音叶术语在框架中"同"的一面，我们看到了框架的重要，但这些术语在框架中还有没有"异"的一面呢？亦即曰，虽然"二音叶例"中音释术语的作用已被削弱，但到底被弱化到一个什么程度呢？毕竟朱熹在一些韵段中使用二音，在另一些韵段又使用二叶，这种术语换用是不是信手拈来，漫无定准，毫无差别呢？将所有的二音、二叶的音切，逐个与韵书进行对照，可以发现"音""叶"两种术语在框架中的使用还是存在一种倾向性的差异。即，凡注"二音"的韵段，其所有韵脚的二音之中必有一个出于韵书（有些字有点特别，如"害、异、收"），甚至有不少字的两音全都出于韵书，这些韵段的二音多有韵书的依据，较多地符合诗韵规范，故朱子选用注音术语"某某二反"很少用"叶"字。而所有注"二叶"的韵脚，除个别情况（如"居"字）外，所有二叶的切语都至少有一个不出于韵书，甚至有一些字的两个叶音都不见于韵书，是朱熹根据其他原则推出来的音读，缺少韵书根据，本身就是非常特别之音，故朱熹选用"叶"的术语（详见下文第五章）。可以说，二音二叶同现的框架里面，"音""叶"的术语内涵虽然没有什么不同，但在使用上仍有多见于韵书者则倾向用"音"、少见于韵书者倾向用"叶"的差异。

四　框架的设立原因与音释意图

我们基本上是采用"排除法"考出《诗集传》中存在一种可名之曰"二音叶例"的音释方式。这种与通常单字音释方式迥异的框架结构该作何种解释呢？就像分析一个句子的结构意义要辨析主谓关系、动宾关系等语法关系一样，框架内面各个成分之间是什么关系、各起什么作用？这不但关系如何解释框架的结构关系与音释意图，正确地评价其语音作用，还关系对这批语音文献性质的认识，对于语音史也相当重要。但是我认为，要弄清框架的内涵，首先要探讨朱熹为什么要设立这么一种框架的原因。

（一）直接原因与根本原因

本文开篇就已指出《诗集传》音释有两个目的：解音与通韵，"二音叶例"当然也不例外。前文又指出二音或二叶中可以有一个是本音，一个是叶音，既然如此，取一音一叶方式不行吗，为什么非要突破音释术语，另造一个以韵段为单位的特殊框架？有这个必要吗？

要解答这个问题，我们有必要在韵段层面将二音叶例与单音叶例做一番比较，看看它们有何异同。只要将二音叶韵段与单音叶韵段仔细比较，就会发现二音叶的韵段绝不仅止于给出每个韵脚字的注音或叶读，而是在更高的层面——韵段层面增加了"两可叶读"的内容。简言之，二音叶韵段里所有韵脚字无论注二音，还是叶二音，实际上都是要告诉读者：该韵段的谐韵诵读有叶读为两种韵部的可能。一个韵段的叶读可以通用两种韵部，这一种全新的说韵方式是单音叶的韵段绝对没有的。试比较"华""厚"

两字在二音叶与单音叶的韵段里不同的押韵叶读情况：

第一组，"华"字二音与单音的比较：

二音例：召南何彼襛矣一章：华芳无、胡瓜二反车斥於、尺奢二反

单音例：小雅皇皇者华一章：华芳无反，与夫叶夫

在《何彼襛矣》中"华"与"车"字都分别注上遇摄三等虞鱼部以及假摄麻韵二等、三等的音，是说"华、车"两字韵段既可叶读为押虞、模韵又可读为押麻韵的音。而在《皇皇者华》"华"字单注"芳无反"音则只能"与夫叶"，叶读虞韵，没有又叶麻韵的内容。附带说一下《周南·兔罝》第一章"罝"下注"子斜反，又子余反，与夫叶"，所注又音与此相同，"罝"字下的二音实际就是一音一叶的音释。

第二组，"厚"字二叶与单叶：

二叶例：大雅卷阿三章：厚叶狠口、下主二反主叶当口、肿庚二反

单叶例：小雅巧言五章：口叶孔五反厚叶胡五反

同样《卷阿》的"厚"字与"主"韵段既可读为押流摄侯韵上声又可读为押遇摄虞韵上声，而《巧言》里还是这个"厚"，单叶一个音，就只能叶读侯韵上声一个韵。

一个韵段可以同时叶读两个韵部，如果这个叶读就是押韵的话，势必带来一个更大的疑问。自古至今，中国诗歌都是一个韵段只押一种韵部，一韵段同时押两个不同的韵部这是不可思议的。即算唐宋诗歌千千万万，也从未见过有那么一个韵段，其韵脚字可同时既押七虞又押六麻之类两个韵部。可是《诗集传》的二音二叶同现例则是非常清晰地确认该韵段需要分别读作两个不同的韵，如此说韵，岂非无中生有？我们认为，朱熹如此处理并不是师心作古，强说是非，而是另有意图。他之所以认可一个诗经的韵段有必要叶读两种韵部，决不是要臆说诗经本身如此这般地押两种韵、他决不至犯如此低级的错误，而是出于周全考虑的一种人为的从权安排。可惜的是，朱熹没有专门说明。细读《诗集传》，我们找到了一些蛛丝马迹，发现至少有 3 个例子可以从两个方面揭示他安排二音叶的直接原因。

其一，存异说。先看例子：

《豳风七月》一章：发叶方吠反烈叶力制反褐音曷叶许例反岁或曰发、烈、褐皆如字，而岁读如雪

本章 4 个韵脚，依照宋代常用语音来读，有 3 个入声字，1 个去声字。但常读去声的"岁"字，《集韵》又有苏绝切一读；而入声字"烈、发"在古籍中又有去声的读音。如"烈"可读"厉"，见《左传》昭公二十九年"有烈山氏之子曰柱"，释文："烈如字，《礼记》作厉山"（中华合订本十三经注疏第 2124 页中栏）；"发"可读"废"，如《小雅·宾之初筵》"献尔发功"

释文："发如字，徐音废"（十三经注疏第 484 页下栏）等。故吴棫《毛诗补音》本韵段叶去声：岁如字，发叶方吠切，烈叶力制切（此两叶见杨简《慈湖诗传》引），褐叶许厕切（此见《韵补》）。朱将本韵段叶去声，显然取吴氏说，只是"褐叶许例反"的切语下字有所更动而已。但朱熹并不完全同意吴说，因为一个韵段 4 个韵脚中有 3 个都读入声，仅一个去声，而这个去声字又可以读入声，为什么一定要叶去声？所以，朱熹在"岁"字下特地加一句："或曰发、烈、褐皆如字，而岁读如雪"，所谓"或曰"很可能就是朱熹自己的意见。朱不否定吴说，因为吴说确有根据，遂难定其非，且早有影响，如王质《诗总闻》亦取吴说。他不否定吴说，只是将不同意见以"或曰"的方式注明，指明取另一种方式押韵也能说得通。这样就出现了一个古诗韵段读为两个韵部都有理据的两可现象，这应当是他将一个古诗韵段判为可以二韵通用的原因之一。据此我们可以推知朱熹注二音叶的第一个考虑：存异说。因为毕竟是解说古诗，古诗押何韵虽然只可能有一种，但由于时过境迁，韵有古今，后人往往需要考证方可通其韵，或有不同的理解亦属正常。既有不同理解就有多种可能，如果两说都有理据，与其执一之说，不如暂存两说，可以示传闻见，且可供读者选择。

其二，难取舍。先看下面《周颂》两诗，朱熹都在各诗末尾的标题之下作注说韵。

《周颂·烈文》篇末标题下注曰："此篇以公疆两韵相叶，未详当从何读，意亦互用也"。

《周颂·丝衣》篇末标题下注曰："此诗或紑俅牛鼒柔休并叶基韵，或基鼒并叶紑韵"。

《诗经》中《周颂》的用韵历来号称难解，朱熹在《周颂》第一篇《清庙》尾句下有一注曰："周颂多不叶韵，未详其说"，相当发凡于此，告诉读者《周颂》31 首的韵多有说不清的地方。相应地，在《诗集传》中《周颂》各诗也是少见注叶，偶见注"无韵未详"。《烈文》《丝衣》两诗就是正文不见一叶，亦无"无韵未详"之文，但两诗并非无韵之诗，稍有一点《诗经》阅读经验的人都可读得出该两诗都有韵，下面是两诗的韵脚：

《烈文》："公疆邦崇功皇忘"，从今音诗韵看此乃东、江、阳韵的混用；

《丝衣》："紑俅基牛鼒觥柔休"，从今音诗韵看此乃尤、之两韵混用。

原来，两诗韵脚下一概不作叶音，就在于两诗都有朱熹自己所说的"两韵相叶"的问题。两韵混杂相押都是"abab"式的间杂排列，绝对不是中途换韵，也不能看作交韵，若交韵则是"两韵分叶"而非"两韵相叶"，既然他说"两韵相叶"，就不是指交韵。"东—江、阳"与"之—尤"两种混押在《诗经》其他地方多见，况且"东—阳相通"，还有闽方音作为根据（详见刘晓南，1999、2001），所以，两诗都只能看作一个韵段押同一韵部，由此确认两首诗中分属今音诗韵几种不同韵部的韵脚字本为同部通押。

但确认或论证今音不通的两韵古可通用是一回事，将两种通押的韵和谐地读出来又是另一回事。如《烈文》的"东—江、阳"相通今人该如何诵读？虽然江、阳两韵宋人读来无别，但东、江阳两种韵却发音不同，若要确定其叶音的诵读，是读江、阳为东呢，还是读东为江、阳，或另读为别的什么音？朱熹确实犹疑再三，不能一之。请看下面两诗及其叶音：

鄘风桑中一章：唐乡姜中叶诸良反宫叶居王反上

齐风南山二章：双叶所终反庸从

两诗同是"东—江阳"混用，朱熹的注叶完全不同。《桑中》6个韵脚，4个阳唐韵字，2个东韵字，朱熹将东韵字改叶阳韵读，注叶之后全诗阳唐韵。而《南山》3个韵脚，1个江韵字，2个东韵字，朱熹就改江韵字叶东钟，全诗叶读东钟韵。呈现出既可叶读江、阳，亦可读东、钟的倾向，似乎只是改动数量少的韵字去叶读多的，以少从多。可是《周颂·烈文》有7个韵脚，3个东韵字，3个阳唐韵字，1个江韵字，字数基本均衡且间杂出现，看不出哪边占绝对优势。所以，朱熹在诗的正文中不作叶音，在标题下总说一句，表达两层意思，一是该诗有韵，且属于"东—江阳通押"一韵到底，二是现在无法确认该诗的诵读方式是必当叶读江阳韵还是必当叶读东钟韵，故"未详当从何读，意亦互用也"，何为"互用"？你用江阳唐韵去读全诗亦可，用东钟韵的音读全诗亦可，如果用江阳韵则可将东韵字叶阳唐，反之用东钟韵则可以将江阳唐字叶东钟，两种读法都可用，这就是"互用"。

《丝衣》全诗8个韵脚，"紑俅牛觩柔休"6字属今音尤韵，"基鼒"2字属今音之韵，可称为"之—尤"相通。朱熹这里没有说"互用"，而是根据《诗经》所有"之—尤相通"韵段的特点直接说出两种可能，一是"紑"等6字叶"基"字韵，一是"基"等2字叶"紑"字韵，也就是说，该韵段要么都叶读尤韵，把"基"等2字改叶尤韵；要么都叶之韵，把"紑"等6字改叶之韵。如果按照这样的意思去给8个韵脚字作注，完成诗句中的音叶，则每个韵脚字肯定都要注出其二个韵读的音切，毫无疑问就是二音或二叶例，实质上仍是两韵"互用"。

从上文可以看出，二音叶例的目的与单音叶其实并没有什么不同，仍是为了妥善解决古诗韵段中今音不通而古可通押的韵脚字、如何比较可靠地读出和谐的声音的问题，只是处理方式不同。读古诗通其韵，仅仅论证韵脚字古诗可以通用还只是一个理性认定而已，于诗之实际诵读无补，只有将这些韵段按理论所示去和谐地诵读，才可以表现出《诗经》的音韵优美。所以，朱熹注上叶音，是要将理论上的古韵相通实际读出来，希望通过它们还原或创造诗经优美之旋律。为了准确确定韵脚该叶读何音，朱熹十分慎重，当断则断，难断则"阙疑"，存两可之异说，既然需要保留叶音的异说，必然就会发生"注二叶"的客观需求。所以，我们可以非常肯定地说，在确定古韵相通的前提下，当难以确认韵段必当叶读何韵时，为了稳妥周全，取多闻阙疑的态度，提供两种叶读方案给读者参考，这才是促使"二音叶例"产生的根本原因。

（二）框架结构关系的解读

"二音叶例"的设立，不是为了规定《诗经》某些韵段的韵既要这样读又要那样读，而是在难以确认韵段应该叶读何种韵部的前提下，提供两种可能的韵读选择，确认这一点非常重要。它提醒我们韵段中每个韵脚字无论注二音还是叶二音，其本意决不是说被注字应当读为两种音，决不能将两音等同看待。尤其是从韵段整体来看，必然是音中有叶，叶中有音。概括地说，所注二音之中必定有一个充当叶音，而两叶之中或有一个是其本音，或两音皆为叶音，但诵读时只可选其一。韵段全体韵脚的二音或二叶，必须要从两个方面来理解，一是顺序对应，二是条件句法。"顺序对应"是指二音叶韵段各个韵脚的两个音，其排序是确定的，绝对不能颠倒错置，各韵脚字下排第一的音互相对应成为一组，排第二的互相对应为第二组。所谓"条件句法"，是说两组音之中，如果取第一组的话，就全按第一组来读，其中某些字是本音，其他字的音是叶读。意思是说如果整个韵段取某些字的本音确定其韵读的话，那么另一些字就得叶读与之相应的韵。取第二组亦然。下面例子出于朱熹另一本讲叶音的著作《楚辞集注》（李庆甲点校，上海古籍出版社1979年版）：

《离骚》第15韵段：索所格反，一叶苏故反妬若索音素，即妬如字；若索从所格读，则妬叶音跖。

也是二叶同注，但朱熹的注文尚未做成二音叶的框架，仅是二叶的原始表述，这种类似"源代码"式的注文，却很好地展示了二叶例的意图及其解读。该韵段两个韵脚，一个入声字"索"，一个去声字"妬"，两者必然古韵通用，但该如何读？朱熹提出两种可能，一是若按"妬"字读去声，则入声字"索叶苏故反"；若按"索"字读入声，则去声字"妬"叶音跖。试将这个意思以"二音叶例"写出如下：

二音例：《离骚》第15韵段：索所格，苏故二反妬之石，当故二反。

二叶例：《离骚》第15韵段：索叶所格，苏故二反妬叶之石，当故二反。

其中"所格、之石"二反是对应的一组，"苏故、当故"二反是对应的另一组,如果取第一组,则"索从所格读"即"索"读如字,那么"妠"就可"叶音跖","跖"即之石反;如果取第二组,则"妠如字"读当故反,"索"即"叶苏故反"。《诗集传》中所有的二音叶例都要如此解读才符合朱熹的音释意图。

二音叶例实际是一种有条件的两可叶读选择式,用自然语言完整地表达必得使用较多的文字,增加注文的累赘烦琐,如《离骚》第15韵段区区两个韵脚字,注文就用了27字,才基本说清可能有两种叶读的意图。如果韵脚字再多一些岂不注文更加烦琐?将同样的意思转化为二音例,注文只需12字,二叶例也仅为14字,减少将近一半,可见取二音叶例的框架能最大限度地简化表述,以一个类似于特定符号的框架格式进行特殊的处理,其实就是将比较复杂的条件句子简明地表述出来。这也许就是朱熹面对叶读的两可选择,为什么要设立二音叶框架的技术上的原因吧。

五 二音叶例的内容与形式

二音二叶例虽然是一种独特的音释方式,但朱熹在《诗集传》中并非毫无节制普遍使用,在什么情况下使用其实是很谨慎的。《诗集传》究竟有多少二音叶韵段?《二音考》提出21段,分列归入"并列古今(或今古)音""四声互用"两类,这是从来源或语音根据的角度立论的。为了全面了解二音叶例,我们需要换一个角度,从韵段的语音内涵和结构形式两个方面来看《诗集传》中二音叶韵段的全貌。

所谓"语音内涵",简单地说,就是二音叶中所包含的内容。与一般音叶不同,二音叶例表明了古诗韵段存在两种可能的叶读选择,那么,两可叶读是框架的核心内容,也是框架之所以设立的关键。穷尽《诗集传》所有的二音叶韵段,分别考察各个韵段都有一些什么样的两可叶读,如上文提及的"之—尤两叶"等,以两可叶读方式为纲可以归纳出朱熹所认定的古韵"互用"条理,达到以简驭繁地把握该种叶音方式的目的。

从形式上看,二音叶例正常是需要每个韵脚都注"……二反(音)"或"叶……二反(音)"字样,这样形成其正式的格局,符合这种形式的框架可称为二音叶正例。此外,二叶的韵段还有一些特殊情况,或"叶"字术语位置有移动、或隐去某些成分、或增加某些说明文字等,形式上略有变异,内容上仍是二音叶同现,这种情况可视为二音叶的变例。

下面按两叶的语音内涵设立条例全面展示《诗集传》的两可叶读,每个两叶条例下先列正例,再列变例,正变例下又分立二音例、二叶例,有则列,无则缺。再对音叶的内涵及相关内容略做说明。《周颂·丝衣》《烈文》两诗比较特殊，其尾注说韵的性质是两可叶读，但没有在正文韵脚下作二音叶注，不属于二音叶框架，且上文已经分析，故此下文不再列出。

（一）鱼—麻二叶

"鱼"指今音诗韵鱼虞模三个韵系，"麻"即麻韵系，鱼—麻二叶的韵段后人归入古韵系的鱼部。《诗集传》鱼—麻二叶共有 4 个韵段，涉及 8 个韵脚字，去除重复为 3 字：华家车，4 段全部都为二音正例：

（1）周南桃夭一章：华芳无、呼瓜二反 家古胡、古牙二反
（2）召南何彼襛矣一章：华芳无、胡瓜二反 车斤於、尺奢二反
（3）桧风隰有苌楚二章：华芳无、胡瓜二反 家古胡、古牙二反
（4）鹿鸣之什采薇四章：华芳无、胡瓜二反 车斤於、尺奢二反

3 个韵脚字，今音全归麻韵，照常理常读麻韵即可，不必二音。朱熹根据 3 个韵脚字在其他韵段中有押鱼、摸部的倾向，又根据"车"字韵书又读斤於反（《广韵》九鱼切），而"华"之芳无反、"家"之古胡反也有古文献和方音的根据（参见刘晓南，1999；雷励、余颂辉，2011），因而定其又可叶读鱼韵，麻—鱼互用，由此定为二音例。3 个字的 6 个叶音切语均有文献支持且其中 4 个出于韵书，所以朱熹都采用二音例，不作二叶例。

（二）尤—鱼二叶

"尤"指流摄的三个韵系，尤—鱼两叶后人归侯部。此种二音叶有 5 个韵段，涉及 17 个韵脚字，去掉重复为 15 字：枢、榆、娄、驱、驹、愉、濡、诹、侯、渝、厚、主、醹、斗、耇。

二音正例 2 段 8 字：枢、榆、娄、驱、愉、驹、濡、诹

（5）唐风山有枢一章：枢乌侯、昌朱二反 榆夷周、以朱二反 娄力侯、力俱二反 驱祛尤、亏于二反 愉他侯、以朱二反
（6）小雅皇皇者华二章：驹恭于、恭侯二反 濡如朱、如由二反 驱亏于、亏由二反 诹子须、子侯二反

8 个韵脚字除"榆"字外，其他 7 字的两音均见于韵书，这是取注二音术语的原因。

二叶正例 2 例 5 字：濡、侯、渝、厚、主

（7）郑风羔裘一章：濡叶而朱、而由二反 侯叶洪姑、洪鉤二反 渝叶容朱、容周二反
（8）大雅卷阿三章：厚叶狠口、下主二反 主叶当口、肿庚二反

5 个韵脚字仅"濡"的两音见于韵书，其他都仅一个见于韵书，相对来说韵书的根据较弱，所以用二叶术语。

变例 1 段 4 字：主、醹、斗、耇

（9）大雅行苇四章：主如字、或叶当口反醻如主反、或叶奴口反斗叶肿庚反、或如字耇叶果五反、或如字

该韵段 4 个韵脚字，前 2 个字取先音后叶的方式，看起来是一音一叶，但与后两字联系起来看，对应的两叶清晰，凡"如字"则为本读，其条件明确，仍是两叶并注。

（三）支—尤二叶

"支"指止摄四个韵系，支—尤二叶后人归之部。支—尤二叶仅正例 1 段 3 字：仇、又、时。

（10）小雅宾之初筵二章：仇音拘，叶求、其二音又叶由、夷二音时叶酬、时二音

3 个韵脚的 6 个叶音中，5 个不见于韵书，故此用二叶例。"仇"下注"音拘"，朱又释云"仇，读曰觩"，《广韵》"觩，捐也，酌也"举朱切，正是"拘"音，因而"仇音拘"是说其假借。又《周颂·丝衣》的语音内涵也是支尤二叶，说见前文，此略。

（四）支—歌（麻）二叶

"歌"指果摄两韵系，但实例中混入麻韵字，朱熹将这些麻韵字均叶入歌韵，故为支—歌二叶。支—歌两叶后人归歌部。共 6 段 15 字，去除重复为 14 字：猗、破、牺、宜、多、加、绮、仪、嘉、何、摧、绥、黑、蛇。

二音正例，2 段 5 字：猗、破、牺、宜、多

（11）小雅车攻六章：猗於寄、於箇二反破彼寄、普过二反

（12）鲁颂閟宫三章：牺虚宜、虚何二反宜牛奇、牛何二反多章移、当何二反

《车攻》需略做说明，该韵段共 4 句，韵脚字"猗破"都是偶句尾字，属于必入韵字，朱熹认定为支韵去声与歌韵去声的二种叶读，分别注其二音相对应，但在奇句第三句末字"驰"仅注"叶徒臥反"，此注认定当全韵段取歌韵去声叶读时，"驰"可以叶"徒臥反"入韵，但另一叶读则"驰"不必入韵。这是因为"驰"字位于奇数句，属于可入韵亦可不入韵之列，故朱子于此只认可其一叶，没有将其归入框架之中，不必看作框架中的成员。

支—歌两音的两段 5 字之中，"破"字两音均见韵书，另 4 字两音都有一音见于韵书。

二叶正例，3 段 8 字：加、宜、绮、仪、嘉、何、摧、绥

（13）郑风女曰鸡鸣二章：加叶居之、居何二反宜叶鱼奇、鱼何二反

（14）豳风东山四章：绮叶离、罗二音仪叶宜、俄二音嘉叶居宜、居何二反何叶奚、河二音

(15) 小雅鸳鸯四章：摧叶徂为、采臥二反 绥叶宣佳、土果二反

其中"加、嘉"的两叶音都不见于韵书，而"摧、绥"又叶歌韵也是很特异的，故用二叶例。

变例1段2字：罴、蛇

(16) 小雅斯干六章：罴彼宜反，叶彼何反 蛇市奢反，叶于其、土何二反

本韵段"罴"字下"叶"字后移，"蛇"下增加了本音之注，故有所变异。

（五）支—皆二叶

"皆"指蟹摄洪音一二等，支—皆二叶后人归为之部，仅变例1例，3字：霾来思。

(17) 邶风终风二章：霾亡皆反，叶音貍 来叶如字、又陵之反 来思叶新才、新赘二反

同样，"霾"下"叶"字后移了，故为变例。

（六）侵—谈二叶

"侵"指深摄舒声韵，"谈"指咸摄舒声韵，此种二叶后人归侵部。二叶正例1段2字：簟、寝

(18) 小雅斯干六章：簟叶徒检、徒锦二反 寝叶于检、于锦二反

"寝"的叶音切语上字"于"似误，被切字"寝"属精纽，不当改叶后变为喻三，查八卷本《诗集传》（世界书局1943年版，第99页）"于"作"子"，是也。

6种条例全是今音跨韵摄的互用，此外，还有《周颂·烈文》以全诗尾注方式作的"东—江阳二叶"1段，说见前文，此略。《二音考》的考源研究涉及了其中"鱼—麻二叶""尤—鱼二叶"，将这种跨今音韵摄的互用认作"并列今、古音"的一类，如"枢"注读"乌侯反"属古读等。但有必要指明一点，朱熹如此释音，本意仍然只是想说，在涉及诸如今音尤侯与虞韵混押的这些韵段中，该叶读何韵比较难以确定，故暂取两可之读叶之。

（七）平、仄二叶与去、入二叶

这两种条例的共同点是不同声调间的叶读。平仄两叶，除个别情况外，都是同一韵系平声与上去入之间声调不同叶读。但去入两叶则大与《广韵》音系的阳入相配不同，入声全都与阴声韵之去声作两可叶读，不过，所与叶读的去、入声大概都在宋代韵图之入声兼配阴声韵系的范围内，实际上表现了入声在宋代语音中的变化。本文只讨论二音叶条例，仅做客观归纳，

至于其中体现的宋代实际语音阴入相配问题，姑留待将来。

1. 平仄二音叶例

平仄二音正例 5 段 12 字：袪、居、故、汤、上、望、骎、谂、雠、重、有、收

（19）唐风羔裘一章：袪起居、起据二反 居斤於、斤御二反 故攻乎、古慕二反

（20）陈风宛丘一章：汤他郎、他浪二反 上辰羊、辰亮二反 望武方、武放二反

（21）小雅四牡五章：骎侵、寝二音 谂深、审二音

（22）小雅无将大车三章：雠於勇、於容二反 重直勇、直龙二反

（23）大雅瞻卬二章：有酉、由二音 收殖酉、殖由二反

《瞻卬》二章的"收"所注二音"殖酉、殖由二反"，上字均为禅母，此二音不见于韵书，但考虑到宋代全浊清化，禅母混入审母，那么此"殖由反"当即《广韵》式州切，《集韵》尸周切。

平仄二音变例 2 段 5 字：薁、异、贻、裕、瘉

（24）邶风静女三章：薁徒兮、徒计二反 异夷、曳二音 贻与异同

（25）小雅角弓三章：裕预、与二音 瘉同上

《静女》的"异"注"夷、曳"二音，显然是以"曳"注"异"的本音，"异"韵书为羊吏切，"曳"韵书馀制切，一属志韵，一属祭韵，两者在韵书不同韵。但宋代通语蟹摄细音混入止摄，以"曳"注异，正反映了当时祭志两韵混同。"贻"下注"与异同"，是说"贻"也应当"夷、曳二音"。《角弓》"瘉，同上"也是说"瘉"与上面"裕"一样"预、与二音"。

上 7 个韵段，17 个韵脚字，其中"袪、居、汤、望、重、贻"6 字的两音全见于韵书。

平仄二叶正例 3 段 6 字：来、又、坏、畏、居、誉

（26）小雅南有嘉鱼四章：来叶六直、陵之二反 又叶夷昔反、或如字

（27）大雅板七章：坏叶胡罪、胡威二反 畏叶纡会、於非二反

（28）大雅韩奕五章：居叶斤御、斤於二反 誉叶羊茹、羊诸二反

《南有嘉鱼》"又"的"或如字"有误，若作如字则读去声，与前面"来"字对应的"叶陵之反"不合，此亦当与《宾之初筵》第二章的"又叶由、夷二音"相同，后叶当为"夷"音。"又"的两叶其实都不见于韵书。

平仄二叶变例 1 段 2 字：欲、孝

（29）大雅文王有声三章：欲礼记作猶 孝叶许六反，或呼侯反

本韵段是以异文说二叶。"欲"本读入声"余蜀切"，朱指出《礼记》有一异文"猶"，读平声"以周切"，故"欲"算上异文的话，可以有入、平两读。去声字"孝"与"欲"叶韵，则亦对应叶入、平两种韵，王质《诗总闻》以《礼记》有"孝，畜也"的声训，认为孝读入声叶韵是"以义取

声"（丛书集成本第三册第 272 页），若声训是其一个依据，则叶入声韵的另一根据四声互用，另一叶平声"呼侯反"则有方言的根据。"孝"的二叶都不见于韵书。

2. 去入二叶音例，8 段，音、叶各 4 段，共 19 字。另有一段上入二叶附于此。

去入二音正例 4 段 8 字：没、芾、罩、乐、鞏、逝、揭、害

（30）曹风候人一章：没都律、都外二反芾芳勿、蒲昧二反

（31）小雅南有嘉鱼一章：罩张教、竹卓二反乐五教、历各二反

（32）小雅车鞏一章：鞏胡瞎、下介二反逝石列、石例二反

（33）大雅荡八章：揭纪竭、去例二反害许曷、瑕憩二反

8 个韵脚中"害"字两音不见于韵书，但"许曷反"当为韵书何曷切，说见上文。又由于宋代非敷混，"芾"的芳勿反当即韵书方勿切。此外，"罩、乐、揭"3 字的两音全见于韵书，此其取二音例的原因。

去入二叶正例 2 段 4 字：识、又、拨、世

（34）小雅宾之初筵五章：识叶失、志二音又叶夷益、夷豉二反

（35）大雅荡八章：拨蒲末反叶方吠、笔烈二反世叶始制、私列二反

2 段 4 字之中，"又拨"的二叶均不见于韵书，此其取二叶例的原因。

去入二叶变例，2 段 7 字：軷、烈、岁、驱、续、彀、斁

（36）大雅生民七章：軷蒲末反叶蒲昧反烈如字叶力制反岁叶音雪又如字（说见上文第四章）

（37）秦风小戎一音：驱叶居惧反又居录反续叶辞屡反又如字彀叶又去声斁之树反、又之录反

《小戎》4 个韵脚字，"驱、续"明确地注出二叶，"彀"用"叶又"的术语隐去了二叶的另一个"叶如字"，详见第 38 例《鸱鸮》一章的说明。"斁"字所注两音，"之树反"是其本读，"又之录反"是其叶音，此处隐去了"叶"字。

附：上入二叶的变例 1 段 2 字：子、室

（38）豳风鸱鸮一章：子又叶入声室又叶上声。

《二音考》将该例定为"叶二音、二反的简化形式"（第 300 页），这是不错的。全韵段关键在一个"又"字，"又叶"是指本条音注在叶音之外还有一条不必注明的音，这个音太普通了，以至于不言自明，这样的音只可能是"如字"。"子又叶入声"是说"子"在本诗可以读如字，又可叶入声；与"室又叶上声"相对应。即当"子"读如字时，室叶上声；当"室"读如字时，子叶入声。

（八）关于"俟涘"的二叶

3 段，先看韵段：
（1）鄘风相鼠二章：齿止止俟叶羽己反，又音始
（2）王风葛藟二章：涘音俟，叶矣、始二音母叶满彼反有叶羽己反
（3）秦风蒹葭三章：采叶此履反已涘叶以、始二反右叶羽轨反沚

《蒹葭》涘"叶以、始二反"，"反"字不对，此处所注的明显是直音不当用"反"字，"反"当为"音"，像《葛藟》"涘"下注一样。凤凰出版社2007年版《诗集传》简体横排标点本《蒹葭》"涘"下"二反"校改作"二音"，是也，但未注明其依据或出处，当补。

上 3 段中都只有"俟"或"涘"一个字下注二叶，其他韵脚或无音注或是一音、一叶，全韵段没有顺序对应，自然也就没有条件关系了，所以整个韵段不属于二音叶例。"涘俟"字下的叶二音其实未改韵，仅改声。这是因为吴棫、朱熹均以"涘俟"等从矣得声之字，古本当读作"矣"，喻母，故又可叶音"羽己反"，羽己反为所谓古音，故此定为两音均可谐韵。

六　结语

《诗集传》的二音二叶看似混杂，实则自有条理。它是在古诗韵段出现了今音两韵或多韵通用而又一时难以确定叶读何韵的情况下，通过给韵段每个韵脚注二音或二叶，新创建的一个"两可叶读"的音释方式，故命之曰：二音二叶同注例简称二音叶例。该种叶读条例以二音叶框架为其形式标志。框架中的每个音切都不是孤立的，各自之间有着"顺序对应"与"条件句法"两种关系，共同表达一个复杂的音释意图，即韵段中每个韵脚字都按一定的顺序各注本音与叶音，本、叶音之间各依其顺序遥相对应归为两组，每组都代表韵段可能的一种叶读，都以其中某些字的本音为条件假定整个韵段的叶读，表达的是如果韵段按这些字的本音谐韵的话，另一些字则需要相应地叶读，因而两组的叶读具有同等的价值，读者诵读时可以自行选择。

设立二音叶例是为了全面展示古韵叶读的可能所取的一种从权音释方式，朱熹实际使用是非常谨慎的，在《诗经》一千六百多个韵段中，今音206韵的两韵或多韵混押非常之多，但朱熹仅在7种两韵混用的情况下用之，并非漫无边际随便乱用，从整个《诗集传》叶音来看，二音叶例仅38个韵段，再加上内容属于二叶但形式上不用其框架的 2 段，总计也只有 40 段，仅占总数的 2.5%左右，涉及韵脚字仅81字（不计重复），可见其慎重，不

到不得已时，他不会二音叶同注。

尽管朱熹非常谨慎，但毕竟还是注出了一字二音叶，更有甚者，在单字音叶时，同一字在不同的韵段叶不同的音现象更加常见，这一切都留给人们一个"叶音混乱，大道多歧"的负面印象。后人据此批评他的古音漫无定准、乱改字音，我们已经指出这个批评并非完全是事实，尽管不大符合事理，但他的叶音是讲究证据的（刘晓南，2003）。他所作一字叶多音除了或多或少都有语音上的根据外，实际上还得到了由贡举条例"元祐新制"所确立的"二音或多音通用"规则的法理支持（刘晓南，2012、2013），现在我们通过分析二音叶例又可以看到，他不但讲究音有根据，而且还非常谨慎地处理一些棘手的问题，多闻阙疑，求同存异，尽可能避免主观臆断。虽受时代局限，其古音学说及音叶行为都有很不成熟之处，但在批判地继承传统文化以创新学术的今天，这种实事求是的态度，还是应当肯定的。

参考文献：

雷励、余颂辉：《朱熹〈诗集传〉所注二反、二音考》，《语言科学》2011年第3期。

刘晓南：《宋代闽音考》，岳麓书社1999年版。

刘晓南：《朱熹与闽方音》，《方言》2001年第1期。

刘晓南：《朱熹诗骚叶音的语音依据及其价值》，《古汉语研究》2003年第4期。

刘晓南：《试论宋代诗人诗歌创作叶音及其语音根据》，《语文研究》2012年第4期。

刘晓南：《元祐新制与宋代叶韵》，《古汉语研究》2013年第4期。

刘晓南：《〈诗集传〉叶音的音义错位现象》（未刊稿）。

［附记］本文发表于《汉语史学报》第十六辑（浙江大学汉语史研究中心编，上海教育出版社2016年版）。

作者简介：

刘晓南，复旦大学古籍整理研究所教授、博士研究生导师，第二届赣鄱语言学博士论坛（2015年11月，宜春）特邀讲座学者。

台湾汉语音韵学史"母体"意识
及其东亚视阈学术定位

厦门大学　李无未

摘　要：本文考察自元代开始各个历史时期台湾汉语音韵学研究与大陆汉语音韵学"母体"关系，并站在东亚语言学历史和现实所形成的近亲缘关系角度看待台湾汉语音韵学史，由此归纳东亚整体内部之间汉语音韵学的各种复杂关系。

关键词：台湾；汉语音韵学史；大陆；母体意识；东南亚

一　台湾汉语音韵学史"母体"意识

竺家宁《台湾的语言与方言及其形成之历史》（2013）认为，台湾并没有本土语言，所有台湾现存的语言都是外来移民汇聚而成。即使目前一般称为"原住民"的南岛语系，也是较早的时候，从中国大陆南方和南洋群岛迁移过来的。在台湾的历史上，先后有四次大移民，带来了各式各样的口音，使台湾形成了一个"移民形态的多语社会"。其第一批移民带来了南岛语，第二批移民带来了闽南语，第三批移民带来了客家话，第四批移民带来了吴方言、粤方言、北方话。由此，台湾汉语音韵学史的研究也和移民语言的传入息息相关，其"母体意识"，深深根植其中。[①]

（一）元代台湾与大陆汉语音韵学"母体"关系

竺家宁（2013）提到，元顺帝至正二十年（1360），设"澎湖巡检司"，这时一些移民台湾的人们使用的是"官话"。这种说法是可信的。如果是如此，那么，人们就对汉语语音问题有所关注了。这就开了研究汉语音韵学的先河。这和大陆汉语官话，奉以《中原音韵》一系韵书"南系官话"为

[①] 竺家宁：《台湾的语言与方言及其形成之历史——北京师范大学"励耘学术论坛"2013年3月11日讲演稿》，《励耘学刊（语言卷）》2013年第2期。

正宗，不无关系。

（二）荷兰占领时期台湾与大陆汉语音韵学"母体"关系

一部台湾汉语音韵学史，尽管在荷兰占领时期（1624—1662）有着传教士语言教育 39 年的影响，但汉语音韵学研究主流仍然以汉语为主，中国文化"母体"意识始终没有间断过。荷兰人占据台湾后，为了开垦土地而急需劳动力，招引大量汉族移民台湾。1659 年以后，汉族人口增至 25000—30000 人之众。尽管荷兰人对他们也进行荷兰殖民化教育，但这些汉族仍然以保留中国传统语言文化为荣。这是中国文化"母体"意识的真切反映。明天启八年（1628），荷属巴达维亚总督派干治士牧师（Rev. Georgeius Candiaius），编成《新港语字汇》，用的就是台语罗马字。很显然，和中国大陆所传入的闽南语应用有关。

（三）"明郑时期"台湾与大陆汉语音韵学"母体"关系

张博宇《台湾地区国语运动史料》（台湾商务印书馆 1974 年版）提到，陈永华在清康熙五年（1666）建圣庙，设置明伦堂，并通令各里社，广设学校，延聘中土通儒，以教子弟。这等于说，闽南语虽然通行于台湾汉族中间，但官话也在台湾开始传播。这和大陆通行的"官话"不会有很大的区别，只不过是使用了"南方官话"而已。无论是闽南语也好，还是"南方官话"也好，都伴随着汉语音韵学文献的进入，直接促成了大陆汉语音韵学文献在台湾的传播和使用。[①]竺家宁（2013）也说，郑成功、刘铭传处理公务，用的是"官话"，台湾各地的书院，培育的人才用官话切磋学术，以及郑芝龙庞大的商船队来往于五湖四海，与东南亚、日本各地的华人贸易通商，用的也是官话。当然，这应当是汉语音韵学得以存在的语言基础。

（四）清代台湾与大陆汉语音韵学"母体"关系

竺家宁（2013）说，雍正七年（1729），台湾先后设立三所"正音书院"于台北、凤山、诸罗三县。在清廷治台 200 多年间，全台设立书院达 60 多所，几乎遍及于台湾南北各地。台湾书院的分布与发展，标志着官话共同语在台湾通行的范围十分广阔。

（五）日本占领期间台湾与大陆汉语音韵学"母体"关系

日本占领台湾后，也曾极力将日语变成台湾国语，并限制官话和闽南

[①] 张博宇：《台湾地区国语运动史料》，台湾商务印书馆 1974 年版，第 1—10 页。

话通行，但仍然不得不设置汉文科。到了 1922 年，公立学校汉文科改为随意科。直到 1937 年 1 月，公立学校才取消汉文，并禁止学生说台湾话。尽管如此，台湾学者保卫"国语"的意识十分强烈。比如在"书房"教授汉文；成立诗社、文社吟诵汉诗，熟悉诗韵。1899 年，章太炎为躲避清政府通缉，来到了台湾，主编《台湾日日新报》社汉文栏主笔，传播中国文化。1911 年，对汉语音韵学具有一定研究成果的学者梁启超就曾来台湾，就是栎社接待的。他们接续的是汉语音韵学的种子。在台湾的日本学者中，也有个别人秉承着中日两国汉语音韵学传统研究汉语音韵学文献的，比如大矢透、后藤朝太郎等。

（六）台湾回归中国期间与大陆汉语音韵学"母体"关系

1945 年，台湾回归中国，台湾社会如何"脱日本化"而"中国化"，很自然，"国语"由日语转换为汉语就是最为迫切的议题。汉语音韵学家魏建功不遗余力地推行的国语运动，以及在实践中确立的有关汉语中国语与闽南方言关系研究原则和方法，都对后来的汉语音韵学研究产生了十分重要的影响，国语运动带来了人们对汉语官话"国语"地位的新认识。比如对国字读音，强调从"孔子白"（台湾闽南腔读音）过渡到"国音"。伴随着国语运动的开展，在台湾省内，汉语音韵学教学和研究也就逐步得到重视。

（七）两岸分离，台湾与大陆汉语音韵学"母体"关系

从大陆来的汉语音韵学者，以光复中国传统文化为己任，培养了一批又一批的汉语音韵学人才，为汉语音韵学的发展和繁荣做出了突出的贡献。林尹、陈新雄，乃至于竺家宁先生把台湾汉语音韵学史与"大中国汉语音韵学史"结合考察的观念，就是中国汉语音韵学"母体"意识的直接体现，反映了当前台湾主流汉语音韵学史研究者的心声，是非常客观的。

丁邦新在《〈李方桂全集〉总序》"现代语言学领航者"一节持有一个观点，就是中国大陆和台湾汉语音韵学"继续的是史语所的传统，并发扬光大。"[①]他的理由是：史语所三位研究员赵元任、罗常培、李方桂，是领航者，史语所是一个卓越的平台，有一个研究语言学的团队。他们在语言学界发挥了巨大的影响力。当然开拓一门学问的新路，引领一种研究的风气，必须要有一批志同道合的朋友。当时从事语言学研究的学者还有黎锦

---

① 参见丁邦新《〈李方桂全集〉总序》，《语言学论丛》第 20 辑，商务印书馆，2006 年版，第 356—371、625—626 页；丁邦新《中国语言学论文集》，中华书局 2008 年版，第 623—635 页。

熙、刘半农、陆志韦、林语堂、王力、魏建功、袁家骅、岑麒祥、吕叔湘等。这些先生们当然也发挥了各自的影响力，都有重要的研究著作，培养了许多后进。但综合起来说，就没有史语所的三位先生影响之既深且广。具体来说，他们三位合作翻译了高本汉《中国音韵学研究》，并展开了讨论，开启了中国学者研究古音的大门，对后来的研究产生了深远的影响。他们在史语所工作期间，训练研究人员，有以下17位：杨时逢、黄淬伯、于道泉、刘学睿、王静如、丁声树、白涤洲、吴宗济、葛毅卿、周一良、周祖谟、董同龢、张世禄、张琨、马学良、刘念和、周法高。1949年之后，赵、李两位先生在美国及台湾；罗先生在大陆，1951年任中国科学院语言研究所所长。除去早逝的白涤洲、赴美的张琨外，上面这个名单中的学者分处在大陆及台湾两地，继续史语所的学术传统，并发扬光大，分别调教出许多语言学界的后起之秀。李方桂先生身在美国，但对搬迁至台湾的史语所继续扶持，奠定了今天"中研院"语言所的基础。

丁邦新强调，没有赵元任、罗常培、李方桂先生的领导，现代语言学的进展一定不是今天这种面貌。现在重温这一段近代史，领航的这三位大师实在功不可没。在语言学方面，他们真正做到了傅斯年先生在《旨趣》文末的期待："我们要科学的东方学之正统在中国！"

丁邦新在这里主要是就史语所的三位先生对中国现代语言学所做的巨大贡献而言的，有些观点不一定为一些学者们所赞同，比如史语所之外的林语堂、王力、魏建功对中国汉语音韵学的建树所发挥的作用也是极为突出的，是不是可以忽略不计？其实不是这样的，丁邦新的基本意思是清楚的，中国大陆和台湾汉语音韵学"源出一辙"。在传统语言学领域，并结合现代语言学理论实际进行研究，也有几位大师级的学者，比如章太炎、黄侃等学者，1949年以后，对中国大陆和台湾汉语音韵学发展也具有不可估量的影响，从这个角度上说，两岸分离，台湾与大陆汉语音韵学"母体"关系基本上仍然没有多少改变。

梅祖麟《中国语言学的传统和创新》（《汉藏比较暨历史方言论集》，中西书局2014年版，第52—76页）总结七十年史语所成绩，其中以"新语言学简志"为题目加以概括，主要是描写语言学、结构主义、比较研究几方面。涉及"传统和创新"，从继承清代朴学传统入手，比如"同声必同部"与谐声字研究、《切韵》的性质两个具体问题。讲"同声必同部"与谐声字研究，先提及段玉裁"同声必同部"观念。高本汉《分析字典》（1923）专门谈"谐声字原则"，但也承认有例外。李方桂研究上古音，就是利用了"同声必同部"理论。王力《上古韵母系统研究》（1937）倡导"脂微分部"，而董同龢《上古音表稿》（1948）则大量参考谐声字，加以证明。龚煌城利用汉藏比较手段，获得了来母字二等字谐声的直接证据。《切韵》的性质，根据丁邦新的研究，《切韵》中有金陵、邺下两个音系。现代诸大方言的来源也要重新考虑。由此，可以肯定的是，史语所带头的新语言学，里面有传统朴学的成分；历史和语言这两门学科是相辅相成的；有了方法和理论，才能把原料变成研究资料。他们确实做到了让"科学的东方学之正统在中国"，并且为世界范围内汉语音韵学发展奠定了坚实的基础，取得了举世公认的巨大成就。

二 东亚视阈与台湾汉语音韵学史定位

站在东亚语言学历史和现实所形成的近亲缘关系角度看待台湾汉语音韵学史，就可以意识到东亚整体内部之间汉语音韵学的各种复杂关系，有时候超出人们的想象，很难简单地用一两句话去加以定位。

（一）汉语音韵学史中台湾的"主体意识"

"汉字古今音数据库"（Chinese Character Readings，CCR），是一个为方便检索汉字古今音而设计的在线汉语音韵学数据库，它的功能在于，提供给数据库用户，可以根据字头查询古今字音，或依需要设计各种检索条件做数据的阅读和分析。这个数据库是台湾"行政院国家科学委员会"支持下的"汉学研究数据库"研发计划的成果之一。由台湾大学中文系黄沛荣教授担任总计划主持人，杨秀芳教授担任子计划主持人，"中央研究院"语言学研究所何大安研究员为共同主持人。

"汉字古今音数据库"研究者声称，这个数据库，从 1997 年开始，进行基本架构的设计以及语料的审读，并开发出一个雏形系统。随着汉语音韵学数据的日益完备，以及信息技术的日新月异，这个数据库历经多次扩充及改版，以便增强使用功能，方便用户在网上检索。2009 年，"中央研究院"信息科学研究所文献处理实验室获邀加入研发团队，协助修改系统，重新调整数据库架构，并参与数据维护等相关工作，使数据库最终能够改善体质，并在 2011 年 9 月开始开放，供各界人士使用。

如果我们仔细考察，就会发现，"汉字古今音数据库"收录的语音系统仍然以台湾汉语音韵学研究成果为主，实际上，等于承认了中国台湾地区汉语音韵学研究成果在整个世界范围内汉语音韵学研究体系中的主体地位，这是汉语音韵学研究中，台湾学者所具有的台湾"主体意识"的集中反映。除了收录声韵系统（含方言点）417 个，数据 1156736 笔之外。上古先秦语音系统的选择，也是有倾向性的。比如有王力、董同龢、周法高、李方桂、陈新雄五家，除了王力一家是大陆的之外，其余四家都和台湾汉语音韵学关系密切。

（二）台湾汉语音韵学与中国大陆以及其他国家研究"互动"效应

1. 与韩国汉语音韵学研究的"互动"效应。1949年以后，台湾培养的汉语音韵学博士硕士，一段时间以来，成为韩国汉语音韵学研究的主力之一，其中有一些卓然成家，比如成元庆、崔玲爱、全广镇、陈泰夏、朴万圭、蔡瑛纯、姜忠姬、金钟赞等。这可以从任少英《现代韩国汉语音韵学研究概况》（中国音韵学研究会编《音韵论丛》，齐鲁书社2004年版）中可以看到。[①]这些学者不但自己研究汉语音韵学，还将中国大陆和台湾地区汉语音韵学著作译成韩文，有的就成为韩国学者学习汉语音韵学的教科书。比如李新魁撰，朴万圭译《中国声韵学概论》（大光文化社1990年版）；李方桂撰，全广镇译《中国语上古音》（《中国语文论译丛刊》1997年第1期）等。所以，我们研究韩国60多年以来的汉语音韵学史，就不能不注意到台湾汉语音韵学对韩国汉语音韵学产生的重要影响这个议题。

2. 与日本汉语音韵学研究的"互动效应"。虽然也有一些日本学者在台湾接受汉语音韵学教育，并获得了学位，但我们认为，对日本汉语音韵学研究人才培养的影响有限。台湾学者与日本学者的互动，表现在有一些学者是在日本留学的。比如王育德，以闽语语音为研究对象获得了东京大学博士学位，对台湾闽语研究的影响是显而易见的。还有一些学者在日本参与学术活动和教学工作，获得了日本学者的承认，比如林庆勋教授。日本学者参与台湾的学术活动不少，比如平山久雄在台湾发表了《重纽问题在日本》论文，[②]他向台湾学者介绍了日本学者研究"重纽"的历史。平山久雄介绍说，《韵镜》《七音略》韵图上唇牙喉音三、四等重纽的问题，在日本较早受到学者的注意，因为古代日本的"万叶假名"里面有元音甲类和乙类的区别，日语甲类i的音节多用重纽四等的汉字来表示，乙类i的音节多用三等的汉字来表示。桥本进吉《日语语音史研究》（1927）就指出了这一对应关系，并说，就汉语本身无法明白原来三、四等是怎样区别的，但就朝鲜汉字音仿佛可知一些实况，他是日本最早意识到这种情况的学者。真正有意识地提出重纽音值的是有坂秀世。有坂秀世在《万叶假名杂考》（1935）、《关于汉字朝鲜音》（1936）中已经指出，但叙述都是简短摘要性的。到了《评高本汉拗音说》（1937—1939）才进行了详细而系统的说明。

---

① 任少英：《现代韩国汉语音韵学研究概况》，中国音韵学研究会编《音韵论丛》，齐鲁书社2004年版，第662—701页。
② 平山久雄：《重纽问题在日本》，《声韵论丛》第六辑，台湾学生书局1997年版，第5—35页。

河野六郎《朝鲜汉字音的一个特点》(1939) 也提出了与有坂几乎一致的拟音。他把《切韵》及《玉篇》(据《玉篇残卷》与《篆隶万象名义》) 里止摄支、脂两韵的反切联系起来，参考朝鲜音加以调整，证明两韵的牙喉音反切都基本可以分成四类，即开、合口三、四等。这在日本几乎一直被视为定论。战后三根谷彻《关于〈韵镜〉的三四等》(1953) 提出了新的音位解释，认为在音位的层次上重纽是声母包含腭化成分（四等）与不包含腭化成分（三等）的对立，指出这样就可消除舌上音与来母字的介音是[i]还是[ï]的疑难问题。平山久雄赞同三根谷彻的解释，但认为在语音的层次上重纽是相当复杂的现象，其语音表现视声母、声调及方言等条件而有所不同，如此假定，才能理解重纽在《切韵》反切上与外国借音上反映的具体状况。

平山久雄在台湾还发表了《"轻读音变"中介音的脱落现象》(《声韵论丛》第十一辑，台湾学生书局 2001 年版，第 17—24 页) 论文。平山久雄看到，在汉语口语中，有些常用词往往被说得程度极弱或者由于态度粗率而轻易出口，这就使得这些词语的语音形式发生了音变规律之外的特殊变化。平山久雄把这种现象称为"轻读音变"。"轻读音变"中一个重要类型是介音的脱落，它又可分为介音[i]的脱落和介音[u]的脱落。介音的脱落，特别是介音[i]的脱落，也会引起声母、韵母的例外演变。比如"么"（疑问代词）："什么""干么"的"么"是由"何物"的"物"而来，那么它至今演变的过程当是："物"miuʹt>muʹt>muʹ>mʹ。再如"去"（白话音）："去"字在很多方言中除了正规音变的[tɕhy]，还有[khʹ]去、[khi]去等白话音，其中[khʹ]、[khʔ]可能是它的中古音[khiʔʹ]去脱掉了介音而产生的。平山久雄对这些"轻读"使介音脱落的例子加以具体的分析，附带也讨论"轻读音变"的一些一般性问题。

平山久雄《汉语中产生语音演变规律例外的原因》(《声韵论丛》第十四辑，台湾学生书局 2006 年版，第 1—12 页)，是在第九届国际暨二十三届全国声韵学学术研讨会 (2005 年 5 月于静宜大学) 上的专题演讲稿。

向台湾介绍日本研究成果的学者也是存在的，比如渡边雪羽翻译的藤堂明保《中国语音韵论》部分内容，以"日本汉字音——藤堂明保著《中国语音韵论》第四章第二节第六小节"为题，发表在《中国书目季刊》第 25 卷第 4 期 (1992) 上。

台湾早就有学者关注日本学者的汉语音韵学研究成果，并把它作为一个研究课题来做，这是比较突出的"互动"行为，比如陈宏昌《藤堂明保之等韵说》(文津出版社 1973 年版)，以及吴圣雄《日本吴音研究》，系台湾师范大学国文研究所博士论文 (1991)。吴圣雄所发表的其他论文吸取了日本学者的许多研究成果，比如《日本汉字音能为重纽的解释提供什么线索》[《第四届国际暨第十三届全国声韵学研讨会会前论文集》，（A9）第 1—28。收入《声韵论丛》第六辑，台湾学生书局 1997 年版，第 371—414 页]、《由长承本〈蒙求〉看日本汉字音的传承》（《第十五届全国声韵学学术研讨会会前论文集》，廿七卅 1—16。收入《声韵论丛》第七辑，台湾学生书局 1998 年版，第 155—189 页）、《平安时代假名文学所反映的日本汉字音》（《第六届国际暨第十七届全国声韵学研讨会会前论文》，1—23。收入《声韵论丛》第九辑，台湾学生书局 2000 年版，第 423—456 页）、《〈新撰字镜〉所载日本汉字音之研究·直音部分》（《第十八届中国声韵学学术研讨会论文集》，《声韵论丛》第十辑，台湾学生书局 2001 年版，第 525—560 页）、《由〈奉同源澄才子河原院赋〉的格律论源顺对汉语声调的掌握》（《中国学术年刊》第二十九期 2007 年）等。台湾第四代学者曾若涵赴日本任教，对日本汉语音韵学成果很感兴趣。她的《字书化的佛经音义书——珠光〈净土三部经音义〉对〈玉篇〉的接受》（《人文论丛：三重大学人文学部文化学科研究纪要》第 32 号，2015 年，第 43—57 页）、《江户时代的〈玉篇〉接受——以〈增续大广益会玉篇大全〉为例》（台湾东吴大学举办的第十四届暨第三十三届全国声韵学学术研讨会论文，2015 年 10 月）等论文的发表，也是值得注意的新学术动向。

3. 对越南汉语音韵学研究的"互动"效应。李方桂先生在《语言学在台湾》（1967）中称赞道："越南语的研究工作，一向是陈荆和个人的独立贡献。陈荆和对 16 世纪（或更早）汉越译音的考释（《〈安南译语〉考释》，《台大文史哲学报》第 5 期，1953 年；第 6 期，1954 年）。现存的词汇汇编有六个版本（或复本），其中五个已经收在他编译的专著里；他先对文本加以注释，再根据汉语对音，讨论 16 世纪的越南语音。尽管仍然需要更为深入的历史音韵学探讨，这个工作对早期越南语的研究提供了重要的语料。"①其实，在陈荆和之前，中国王力先生已经发表了《汉越语研究》（1948）一文。日本三根谷彻教授已经做了不少的工作。比如《〈安南译语〉研究》（1943）、《汉字的安南音》（1948）、《有关汉字安南音的研究》（1951）、《安南语声调体系》（1953）等。台湾越南汉字音研究，受王力、三根谷彻、陈荆和等人的影响，近些年来，出现了一批值得关注的成果，比如江嘉璐《越南汉字音的历史层次》（博士学位论文，台湾师范大学，2008 年）。无论是研究的深度还是文献收集视野的广度，也是非常出色的。也引起了海内外同行，

---

① 李方桂：《语言学在台湾》，《李方桂全集·汉藏语论文集》，清华大学出版社 2012 年版，第 575—583 页。

包括越南学者的注意。这种"互动"效应是十分明显的。

4. 对欧美，主要是美国汉语音韵学的"互动"效应。一个需要注意的事实就是，台湾汉语音韵学与欧美，主要是美国汉语音韵学的"互动"关系之密切程度，是超出我们的想象的。台湾与美国汉语音韵学的"双向互动"关系，比如一批台湾学者在台湾接受了正统的包括汉语音韵学在内的传统"小学"和方言学训练之后，又在美国接受历史比较语言学的多方位训练，回到台湾后，带动了台湾汉语音韵学研究的迅捷当代化，研究的理论意识明显不同于没有走出中国之门的学者。由此，导致台湾汉语音韵学研究走向"多元化"，从学术流派上讲，已经明显分为两大阵营：章黄王力传统学派和李方桂等现代学派。两种路数，两种研究"范式"，确实很难搭界和调和。不过，最近十几年来，台湾汉语音韵学研究的多元化，使得学派之间互相包容、互相融合的倾向越来越明显。我们从陈新雄教授晚年的上古音构拟，以及丁邦新教授的部分论文的表述上就可以看出这个端倪。汉语音韵学成果评价体系与标准不再单一化，而是各自独立操作，这是明显带有时代特点的研究情况。

除了赵元任、李方桂、张琨等老一辈"华裔"学者曾任职于台湾"中央研究院"之外，现代学者中，也不乏欧美国家学者在台湾倾力研究中国大陆及台湾语言及其相关课题。比如齐莉莎，台湾"中央研究院"语言学研究所研究员，法国巴黎第七大学博士，研究领域主要为：台湾南岛语言暨语言学（Formosan languages and linguistics）。近年来的研究工作，主要为台湾南岛语言之研究（包括邹语、鲁凯语、赛夏语、布农语、泰雅语、巴宰语、卑南语、雅美语），历史语言学（鲁凯语方言比较、古南岛语的构拟），数位典藏之建立，人才培育（包括鲁凯族、邹族、赛夏族、泰雅族、布农族、排湾族、赛德克族）。所培养的学生中，有的学生的学位论文内容就和汉语音韵学相关。她还主办过"二十一世纪汉藏语比较语言学研讨会"（2010年6月24—26日）。此外，还有余文生，台湾"中央研究院"语言学研究所副研究员，美国加州大学柏克莱分校语言学博士，一直以四川羌族（藏缅语）语音和历史形态为研究方向。他最为感兴趣的是，语言内部和外部因素是如何影响藏缅语语音历史发展问题的。

5. 与中国大陆汉语音韵学研究的"互动"。25年来，随着两岸关系的日益密切，汉语音韵学的学术交流日益频繁。台湾学者的研究成果，对大陆的汉语音韵学研究意识"潜在"的影响也是不可低估的。比如在汉语音韵学研究中的"语音层次分析""词汇扩散""生成音系学""语音优选论"等理论和方法的运用，使得大陆的汉语音韵学研究不再以文史考据和高本汉历史语音"构拟"为"一统天下"的理论与方法，而是走向了多元化。

如果你比较一下潘悟云等学者的汉语音韵学研究和丁邦新等学者的汉语音韵学研究（丁邦新主编《历史层次与方言研究》，上海教育出版社2007年），就会看得很清楚。大陆汉语音韵学研究理论意识走向"分歧"不可避免，研究的路数，研究的意趣，大不相同。这种能动性的学术意识的浸染，是潜在的，无形的，但驱动力很大，需要我们以事实为依据进行有效梳理，如此，才能解释大陆汉语音韵学理论意识发生关键性"异动"的前因和后果。

从1993年开始，几乎每两年都有大陆汉语音韵学学者应邀赴台，在台湾声韵学会会议上发表论文的中国大陆汉语音韵学学者越来越多。这其中丁邦新、陈新雄、何大安、竺家宁、姚荣松、李添富、孔仲温、林庆勋、叶键得等人，付出了巨大的努力。为了做好这方面的工作，每一届声韵学会会议的主持人，都想方设法，筹集资金，免费提供住宿，甚至往来交通费用，创造一切可能的机会进行多方面的深层次交流，由此，双方获得了很大程度上的学术沟通和理解。无形之中，两岸之间的汉语音韵学学术"共同体"逐渐形成，这对汉语音韵学研究向着更高层次迈进，起到了巨大的推动作用。

台湾声韵学会主办的《声韵论丛》，刊载了大量的大陆汉语音韵学学者的论文，比如：宁继福《〈礼部韵略〉的增补与〈古今韵会举要〉的失误》（《声韵论丛》第五辑，1996）；李如龙《声母对韵母和声调的影响》（《声韵论丛》第五辑，1996）；郑张尚芳《重纽的来源及其反映》（《声韵论丛》第六辑，1998）；许宝华《中古阳声韵类在现代吴语中的演变》（《声韵论丛》第六辑，1998）；向光忠《古声韵与古文字之参究刍说》（《声韵论丛》第九辑，2000）；耿振生《明代学术思想变迁与明代音韵学的发展》（《声韵论丛》第九辑，2000）；王硕荃《韵式"成格"浅析——词的音律探讨之一》（《声韵论丛》第九辑，2000）；冯蒸《论中国戏曲音韵学的学科体系——音韵学与中国戏曲学的整合研究》（《声韵论丛》第九辑，2000）；唐作藩《江永的音韵学与历史语言学》（《声韵论丛》第九辑，2000）；麦耘《汉语语音史上词汇扩散现象一例——卷舌咝音使 i/j 消变得过程》（《声韵论丛》第九辑，2000）；李思敬《现代北京话的轻音和儿化溯源——传统音韵学和现代汉语语音研究的结合举隅》（《声韵论丛》第九辑，2000）；虞万里《〈黄庭经〉用韵时代新考》（《声韵论丛》第十辑，2001）；施向东《古籍研读札记——汉藏比较与古音研究的若干用例》（《声韵论丛》第十辑，2001）；李无未《南宋孙奕俗读"平分阴阳"存在的基础》（《声韵论丛》第十辑，2001）；叶宝奎《关于汉语近代音的几个问题》（《声韵论丛》第十辑，2001）；杨剑桥《再论近代汉语唇音字的 u 介音》（《声韵论丛》第十一辑，2001）；王洪君《关于汉语介音在音节中的地位问题》(《声韵论丛》第十一辑，2001)；刘镇发《庄组跟介音[i]的语音配列与内外转》(《声韵论丛》第十一辑，2001)；鲁国尧《"谈覃"与"寒桓"》(《声韵论丛》第十一辑，2001)；潘悟云《吴闽语中的音韵特征词——三等读入二等的音韵特征词》(《声韵论丛》第十二辑，2002)；游汝杰《吴语内部各片的音韵对应》(《声韵论丛》第十二辑，2002)；徐时仪《〈切韵逸文考〉补正》(《声韵论丛》第十三辑，2004)；高永安《〈音韵正讹〉的韵母系统》(《声韵论丛》第十五辑，2007)；王宁《谈传统上古音研究的观念和方法》(《声韵论丛》第十六辑，2009)；曹强《江有诰〈诗经〉韵例研究》(《声韵论丛》第十七辑，2012)；刘一梦《官话区全浊上声演变速率研究》(《声韵论丛》第十八辑，2014)等，参与多次台湾音韵学会的主题研讨会的讨论。

与中国香港学者的呼应，除了周法高等学者之外，比如黄坤尧《〈史记〉三家注异常声纽之考察》(《声韵论丛》第一辑》)、余迺永《中古重纽之上古来源及其语素性质》(《声韵论丛》第六辑)等。

台湾《历史语言研究所集刊》，从1928年创刊，至1949年转移到台湾，始终延续着汉语音韵学传统，发表了大量的汉语音韵学论文，被称为台湾汉语音韵学研究的理论创新及发散源地之一。2009年4月，北京中华书局出版了全6册《中研院历史语言研究所集刊论文类编·语言文字编·音韵卷》汇集了1928—2000年发表的汉语音韵学论文，就是集中体现。[①]1949年之前，卓越的学者刘复，以及一批后来留在大陆的学者，诸如罗常培、王静如、赵荫棠、丁声树、黄淬伯、刘文锦、闻宥等，是《历史语言研究所集刊》刊发汉语音韵学研究论文的主要人物，星光灿烂，引领着汉语音韵学发展的方向。1949年以后，赵元任、李方桂、董同龢、周法高、张琨、龚煌城、龙宇纯、丁邦新、陈新雄、郑再发、何大安等成为发表汉语音韵学研究论文的主要人物。欧美语言学理论与汉语语言学实际的结合，孕育了汉语音韵学研究新的生机。这些论著也给大陆汉语音韵学学者以莫大的启发。

《中研院历史语言研究所集刊论文类编·语言文字编·方言卷》，汇集了1928—2000年发表的汉语方言学论文。[②]1949年之前，刊发论文的有赵元任、罗常培、刘文锦、白涤洲、杨时逢、贺登崧、董同龢等学者。1949年之后，大陆学者陈忠敏也发表了《论邵武方言入声化字的实质》(《中央研究院历史语言研究所集刊》第63本4卷，1993年，第815—830页)一文。

[①]《中研院历史语言研究所集刊论文类编·语言文字编·音韵卷》，全6册，中华书局2009年版。
[②]《中研院历史语言研究所集刊论文类编·语言文字编·方言卷》，中华书局2009年版。

与大陆学者研究遥相呼应，也是一道亮丽的风景。王松木《论"音韵思想史"及其必要性——从"鲁国尧问题"谈起》(《声韵论丛》第十七辑，2012)就是典型的论文。鲁国尧教授是享誉海内外的大陆汉语音韵学学者。近十多年来，一直重视汉语音韵学的跨学科研究，发表了大量的视野极其开阔，并具有启发性意义的论著。比如：《论"历史文献考证法"与"历史比较法"的结合——兼议汉语研究中的"犬马鬼魅法则"》《就独独缺〈中国语言学思想史〉!?》《语言学和接受学》《语言学与美学的会通：读木华〈海赋〉》等。[①] 在这当中，"中国语言学思想史"研究的意识尤其强烈而突出，成为海内外汉语音韵学学术界关注的焦点之一。他发现，当代学科大多有"思想史"的专著，但却不解为何独独中国语言学领域至今仍然欠缺"思想史"的研究？

王松木将鲁国尧教授"语言学该不该有《语言学思想史》"的疑惑称为"鲁国尧问题"。王松木沿着"鲁国尧问题"的思路走下去，将观察的焦点集中在汉语音韵学领域上思考，即："为何汉语音韵学至今仍然欠缺思想史的研究？"原来，人们受到了思维惯性的蒙蔽。如何解"音韵思想史"蔽？王松木认为，解"音韵思想史"蔽之道在于：观看者必须勇敢地走出自己的专业领域，以全新的视角对该领域长期接受的观点提出挑战，唯有先卸下固执的信念，做到"不以己藏害所将受"，方能破除思维的盲点、看见新的可能。同样道理，想要发现"音韵思想史"的空缺，研究者也必须走出音韵学的专业领域，以更宏观的视角鸟瞰全局，透过与其他学科之间的相互对比，才能让那些实际存在。可以看到，音韵学、语法学却只有"形而下"的"语音史""语法史"，欠缺"形而上"的"音韵思想史"与"语(文)法思想史"。王松木对何为"音韵思想史"内涵也进行了界定。"音韵思想史"就是借由思想史的研究方法探究古人的音韵思想及其发展脉络。

在这个根本的问题上，王松木又延伸出对几个旁枝问题的思考，比如，从"思想史"路径研究汉语音韵学是否可行？倘若可行，为何迟至今日仍未受到学者的关注？阻碍"音韵思想史"研究的因素为何？前人对于"音韵思想史"是否已经有所触及？有哪些典型的研究范例？"音韵思想史"的建构，对于未来音韵学的发展有何必要性？

经过论证，王松木得到这样的一些基本结论，就是自20世纪初期以来，因受制于科学主义所形成的思维盲点，致使音韵研究者未能意识到"音韵

---

① 鲁国尧：《论"历史文献考证法"与"历史比较法"的结合——兼议汉语研究中的"犬马鬼魅法则"》，《古汉语研究》2003年第1期；《就独独缺〈中国语言学思想史〉!?》，《语言学文集：考证、义理、辞章》，上海人民出版社2008年版；《语言学和接受学》，《汉语学报》2011年第4期；《语言学与美学的会通：读木华〈海赋〉》，《古汉语研究》2012年第3期；等等。

思想史"的可能存在及其必要性。然而，随着后现代思潮的渗入，音韵研究者终将摆脱以自然科学方法为唯一路径的迷思，从"祛魅"转向"返魅"，音韵学的人文特质必将再度受到重视；再者，因中国的崛起、民族自信心恢复，如何建立"具有中国人文特色的汉语音韵学"已是必须正面看待的问题。在这些内因、外缘的聚合下，可以乐观预期："音韵思想史"的种子已落在适合生长的土壤中，不久即将生根发芽、破土而出。

王松木呼应大陆学者鲁国尧教授"汉语语言学思想史"的呼吁，从而引发了对"汉语语言学思想史"内涵中具体的"音韵思想史"问题的探讨，进一步深化了对相关问题的探讨力度，相对而言，王松木"音韵思想史"问题的思考，又直接触动了包括大陆在内的所有关心汉语音韵学未来命运学者的"神经"，进而，更加细化对相关问题的研究，迸发出更为激烈的思想火花。这可以看作中国大陆与台湾汉语音韵学研究"互动"的一个典范，所生发出的积极学术效应是无可估量的。

1928年，"中央研究院"《历史语言研究所集刊》第一本第一分册出版，傅斯年所长发表了《历史语言研究所工作之旨趣》，其中说道："最近一世语言学所达到的地步，已经是生物发生学、环境学、生理学了。无论综比的系族语学，如印度日耳曼族语学，等等。或各种的专语学，如日耳曼语学、芬兰语学、伊斯兰语学，等等，在现在都成大国。本来语言即是思想，一个民族的语言即是这一个民族精神上的富有，所以，语言学总是一个大题目，而直到现在的语言学的成就也很能副这一个大题目。"[①]

"语言即是思想"，从汉语来说，"汉语言即是思想"。照这个理论，研究汉语思想史，就是研究"汉语语言学思想史"。而研究汉语音韵学史的，就是研究"汉语音韵学思想史"。傅斯年近90年前所提出的语言观念，正可以为这种两岸"互动"加一个绝好的注解。

台湾学生以当代大陆汉语音韵学者为研究对象而作学位论文者有之，比如杨渚豪的《郑张尚芳上古音系统研究》[②]。

杨渚豪认为，郑张系统是近年来大规模运用同族语研究成果来构拟上古音的一套新兴系统，在上古音韵系统的构拟上，主要于声母系统承继李方桂，韵母系统承继王力皆有所创新。除了使用汉语本身的文献材料外，还大量加入丰富的语言材料，参酌类型学、历史比较、内部构拟、汉语关系词等材料方法，将上古汉语的音位体系与音变规则做出完整的诠释。因此，郑张先生的上古音系统是目前古音学界解释性最强的系统之一。

---

① 傅斯年：《历史语言研究所工作之旨趣》，"中央研究院"《历史语言研究所集刊》第一本第一分册1928年，第3页。

② 杨渚豪：《郑张尚芳上古音系统研究》，硕士学位论文，中兴大学，2013年。

杨潽豪论文内容分作五章：第一章，绪论。主要包括本论文撰写之动机与目的，和所研究之范围与研究方法，以及前人对前人郑张系统研究的回顾。第二章，郑张尚芳之生平及其论著述要。简介郑张先生之生平，并概述郑张先生有关上古音之重要论著，最后叙述郑张系统对上古音研究的基本观点，及其系统的继承与开拓。第三章，郑张尚芳之上古声母系统。分为两个主要内容：上古单声母与上古复声母。上古单声母部分，分为25类基本声母。其中影、晓、云上古主要来源为小舌音，将匣母二分解释其与塞音接触又与擦音接触的现象。而少数以母字谐声与云母相关者，早期应归于云母。郑张系统也赞成上古来母与以元音值互换说，即上古来母为r-、以母为l-。单声母系统较有特色的是将"抚、滩、哭、胎、宠"五类后来变作送气塞音的清鼻流音声母独立，与后世变作擦音的h-冠鼻流音声母区别，并独创古无塞擦音声母说，认为齿音精组、庄组、章组的塞擦音皆为后起。复声母方面分为带-j-、-w-、-r-、-l-四种垫音的后垫式复声母，以及带"ʔ（s-）""喉（/-、h-、ʔ-）""鼻（m-、N-）""流（r-）""塞（p-、t-、k-）"五类冠音的前冠式复声母，也有既带前冠音又带后垫音的前冠后垫式复声母。后垫式复声母具谐声功能，前冠式则无。第四章，郑张尚芳之上古韵母系统。分为三节，首先介绍郑张系统古无介音的说法，叙述四类垫音的演变及重纽三、四等的区别在于带-r-与否的论点。其后点出郑张系统中来母与二等拼合的困难，进而提出古无来母二等字之说。郑张元音系统上，本文做出六元音系统a、i、u、e、o、ə的建立与异部通变关系，以及收唇、收舌之韵部三分的理据，并从语言事实上证明三等短元音与非三等长元音的对立。韵尾部分，由于宵、药与部分幽、觉韵部早期带有唇化成分韵尾，故归入收唇韵部中，并认为上古入声收浊塞尾。声调方面，郑张系统赞成声调起源于辅音韵尾说，即认为上古时期并未产生以音高作区别的声调。上古平声为响音尾，仄声为非响音尾，带-ʔ者为上古上声，带-s尾者为上古去声，带-b、-d、-g尾者为上古入声。第五章，结论。针对前四章所进行的研究成果作总结。

　　研究郑张尚芳上古音系统，肯定与研究王力、魏建功等中国大陆早期汉语音韵学学者不同，因为郑张尚芳毕竟是1949年以后在中国大陆成长起来的汉语音韵学学者，从旧有的观念意识上说，中国台湾地区学者一般是不会将他作为音韵学史研究对象的。但现在则不同，台湾地区学者汉语音韵学观念意识已经呈现新的态势，开放、大气，是明显的特征。可见，台湾地区学者对大陆学者汉语音韵学成果的关注角度有所转变，突破了意识形态的束缚。这是两岸汉语音韵学学者1990年以来"互动而生长"的产物。

（三）东亚各国汉语音韵学学术差异及价值

1. 东亚汉语音韵学学术差异形成东亚各国虽然同属于汉字文化圈，并且形成了比较稳定的汉语音韵学研究传统，其基本研究理论与方法大体一致，这是毋庸讳言的。但因为各自国家制度、语言、文化的差异，决定了其学术发展道路肯定不会"雷同"，甚至差别很大，汉语音韵学也是一样。日本学者菅原是善从公元8—9世纪（有学者认为是860—880年），借鉴和改造《切韵》韵书，而编出《东宫切韵》，这之后，又出现了《季纲切韵》《小切韵》《倭注切韵》《聚分韵略》《伊吕波韵》等韵书，逐渐形成了自己的韵书谱系（大友信一《韵书的谱系》，《冈山大学法文学部纪要》第17号，1991）。《东宫切韵》，源出于《切韵》，但不同于《切韵》，后来的《东宫切韵》系韵书逐渐与陆法言《切韵》走向分野，由此形成了自己的韵书系统。朝鲜时代《训民正音》问世，带来了朝鲜汉语韵书的发展和变化，比如《洪武正韵译训》与《东国正韵》虽然"原型"源出于中国，但也是经过"朝鲜朝式"的改造，逐渐地形成了自己的特色。

研究东亚汉语音韵学学术差异，一方面可以理清各自学术延续的关系和学术"血脉"脉络，另一方面，也给我们研究东亚各国汉语音韵学学术价值提供了全新的观察与比较的视野，在比较中，寻求汉语音韵学的最佳学术途径，"优选"意味着"优胜劣汰"，"优选"还意味着一个学术生命的"新生"。研究东亚汉语音韵学学术差异的意义也由此凸显出来。

2. 东亚汉语音韵学学术差异特点。中国汉语音韵传统与日本朝鲜半岛汉语音韵学研究的传统最大的不同点，就是一直没有将进行不同语言语音的比较意识作为自己的学术立脚点。由此，视野局限性十分明显。其次，汉字作为语音研究主要标记长期存在，"固守田园"，制约了汉语音韵学学术发展的历史进程，由此，以模仿和创新为主汉语音韵学研究意识的日本和韩国，思维方式发生了重大变化，"后来居上"，并不奇怪。进入20世纪后，高本汉汉语音韵学"范式"，成为东亚各国汉语音韵学研究的主流，尽管东亚各国汉语音韵学研究"趋同"趋势明显，但还是保持了各自的优势，比如日本，在高本汉汉语音韵学"范式"旗帜下，日本"国语语音"和汉语音韵学齐头并进，相互融合，相互促进，赢得了更为广阔的发展空间。而中国则以方言语音研究和民族语言语音研究为两翼，发掘汉语语音的特点，则更具勃勃生机。台湾汉语音韵学在汉藏语、闽南语、客家语语音研究上异军突起，激活了汉语音韵学的创新欲望，带动了整个中国汉语音韵学研究的质量大提升，发挥了独特的历史性作用。东亚各国汉语音韵学研究的特点不同，有互补，有依存，有独立，各自汉语音韵学存在的价值和意义是明显的，谁也替代不了谁，这是必须认识到的一个关键性问题。

3. 东亚语言学视阈下的汉语音韵学学术差异的价值。"东亚语言学视阈"，指的是中国朝鲜韩国日本越南语言学研究最优"整体性"视野，这超越了"国别"范畴和"语系"范畴，着眼于历史上"汉字文化圈"内"跨文化"互动而形成东亚文明的语言学学术观照理念。借用布罗代尔语，东亚汉语音韵学"创造产生于相互运动，相互浸透，相互作用的生成系统之中"。透过中国、日本、朝鲜、韩国汉语音韵学史，我们还看到了什么？我们看到了"汉字文化圈"内"跨文化"之间的互动，蕴含着十分丰富的知识背景，政治的、经济的、教育的、文化的交流，各种因素综合在一起，促成了"汉语语音"在东亚各国的"环流"，在东亚各国的"环流"过程中，形成了各自的语言学传统，这当然包含了各自丰富的语言学理论内涵。台湾汉语音韵学与大陆汉语音韵学"母体"之间，既"吮吸"而成长，又"反哺"母体。1992年以后，大陆与台湾汉语音韵学，在陈新雄与唐作藩等先生的超常规促动下，开启了汉语音韵学的"破冰之旅"。此后，"学术对接"日益频繁。台湾汉语音韵学研究质量之高，涉足领域之多，学术视野之宽阔，学术批评之科学，都令大陆学者为之震撼。使大陆学者感到，台湾汉语音韵学研究在很多方面已经走在了大陆的前列，大陆学者要想迎头赶上，必须奋起直追。由此，台湾学者的许多先进的研究理念输入到了大陆，丰富了大陆的汉语音韵学研究内涵。[①]

在1992年之前，韩国汉语音韵学博硕士生培养主要由台湾学者承担，而这些韩国学者回国后，又成为韩国汉语音韵学研究领军人物，成元庆、崔玲爱、金相根、朴万圭、金钟赞、金泰成、姜忠姬、郑镇椌、蔡瑛纯、许璧、林东锡、康寔镇、陈泰夏、吴钟林、吴世畯、全广镇、丁玟声等教授，代表了现代韩国汉语音韵学研究的学术水平。

从日本汉语音韵学史可知，日本学者对台湾汉语音韵学的关注是不遗余力的。比如藤堂明保《中国语音韵论》（1957）、小仓肇《上古汉语的音韵体系》（1978、1979）对董同龢上古音研究的重视；上田正《切韵残卷诸本补正》（1973）对潘重规《瀛涯敦煌韵辑新编》（1972）的补充与订正；花登正宏《古今韵会举要研究》（1997）对竺家宁《古今韵会举要的语音系统》（1986）的赞许，等等，都可以说是日本学者对当代台湾汉语音韵学研究的充分肯定。

[①] 李无未：《定位与谱系：台湾汉语音韵学史"解构"及其意义》，《吉林大学社会科学学报》2016年第2期。

台湾地区汉语音韵学在东亚，乃至于在世界汉语音韵学的崇高地位是完全可以肯定的，它代表了中国汉语音韵学所取得的多方面成就是无可置疑的。

［附记］本文系 2012 年度国家社会科学基金重大招标项目"东亚珍藏明清汉语文献发掘与研究"（项目编号：12&ZD178）成果之一，也是李无未所著《台湾汉语音韵学史》（中华书局 2017 年版）之一节。

作者简介：

李无未，厦门大学中文系特聘教授、博士研究生导师，第二届赣鄱语言学博士论坛（2015 年 11 月，宜春）特邀讲座学者。

方言语法研究的对象与要求

华中师范大学　汪国胜

摘　要：方言语法研究的对象是方言语法事实，研究方言语法也就是研究方言语料。收集方言语料可以有4种途径，要注意对方言语料的甄别，并在甄别的基础上注意语料的采用。研究方言语法要力求全面、清楚、客观。

关键词：方言；语法研究；对象；要求

一　研究的对象

方言语法研究的对象是方言语法事实，而事实是表现在语料中的，因此从某种意义上可以说，研究方言语法，也就是研究方言语料。语料决定研究的结果。

（一）语料的收集

语料的收集可以有4种途径。

1. 通过"内省"获得语料。即根据研究的需要，自造例句，凭借研究者的母语语感来搜集语料。研究者如果是研究自己的方言（母语），就免不了要用自己的话作为研究的对象。但应注意，由于研究者成长的语言环境并不单纯，可能受到普通话或其他方言的影响而使自己的话变得并不纯正，或者说夹杂着外来成分，因此，通过"内省"自拟例句也要十分谨慎，似是而非或没有把握的，就要听听家乡人的意见，用地道的家乡话来检验。

2. 通过调查表格获得语料。方言语音的调查一般是利用《方言调查字表》（以下简称《字表》），《字表》设计得十分完美，非常管用；方言词汇的调查通常是利用《汉语方言词汇调查表》，也很有效。但语法既隐蔽又复杂，很难编制出像《字表》那样的精密周全、可以用于所有方言的调查表格。不过，针对方言中的某一具体问题设计一份调查表格，这是可以做到的，也是很有必要的。比如，为了调查鄂东南方言跟北京话"的"字相当的语法成分，我们曾编制了一份包含 300 多条例句的调查表格，这一表格在调查中起到了很好的作用。

3. 利用方言作品收集语料。小说、电视剧、地方戏曲等作品，有的是用方言写的，或者夹用了不少的方言说法，有的电视和广播栏目用的是方言（如湖北电视台的《都市茶座》、湖北经视的《经视哏天》、湖北交通广播的《好吃佬》），这些作品和栏目也是方言语料的一个重要来源。

4. 通过录音收集自然语料。自然谈话的语料最地道、最可信。有的方言现象，特别是一些很"土"的现象，处于退化、濒临消亡的现象，一般很难调查出来，但往往会在自然语料中得到显露，而这些现象却是很有价值的。比如，钟祥方言的颤音"r"，《湖北方言调查报告》中没有反映，但事实是存在的，不光是过去（20 世纪 30 年代），现在还很活跃，不光是钟祥有，周边方言（宜昌、当阳）也有。这虽然是个语音问题，但提示我们，在语法层面同样会存在这样的问题，而且还可能更突出。比如，大冶方言的定指成分"a"就是从自然语料中发现的；"V 得得"的说法也是从日常口语中听到的，而且这一现象至少在湖北境内有一定的分布。（汪国胜，1998）自然语料除了地道真实之外，还有一个重要的好处，就是包含节律成分，有的节律成分是跟语法相关的。有人就说，如果能有 30 万字左右的自然谈话语料，一种方言的语法的基本面貌就可以反映出来了。

（二）语料的甄别

通过不同途径获得的语料，有可能夹杂着不可靠、不一致的成分，如果我们依据的语料不可靠，就不可能得到可信的结论，因此需要对语料进行仔细的甄别。一是分辨真伪，要剔除那些似是而非、方言中根本不用的说法。特别是对"内省"得到的语料，要严格鉴定。有人为了说明"规律"，造出了方言里实际并不出现的用例，这是应该避免的。二是区别层次，要分清哪是方言固有的成分，哪是语言接触（方言与共同语、方言与方言、方言与民族语）的结果，哪是口语的格式，哪是书面的格式；哪是老辈人的习惯说法，哪是年轻人的新兴说法。比如湖北方言（如武汉话），双宾句的两种说法都会出现，但直接宾语（表物）在前的说法是方言固有的，用的概率较高；间接宾语在前的说法是从普通话进入的，书面上会采用这种说法。又比如，表示"总括"的范围副词"哈"和"都"，从大冶话里都可以听到，但"都"的书面性强，来自普通话，乡下的老辈人一般只会用"哈"，不会用"都"。语料的不一致有两种情况，一个是真伪的问题，这就需要去伪存真；另一个是层次的问题，这就需要分清层次。

（三）语料的采用

这是在语料甄别的基础上对于语料的选择。语言现象是复杂的，内部不可能是匀质的，会夹杂着一些别的成分，也不可能是很整齐的，有一般情况，也会有特殊情形。普通话是这样，方言也是如此。内部的不均匀，需要分清层次，上文已述；语料的不整齐，需要客观对待。这两种情况，都要求我们在语料的取舍上特别谨慎。研究中如果有意回避甚至隐瞒特殊情况或者"不听话"的例子，这不是一种科学的态度。

二 研究的要求

李荣先生（1983）讲道："研究语言，研究方言，跟研究其他事物一样，无非是六个字：摆事实，讲道理。"张振兴先生（2012）把这六个字当作汉语方言调查研究的基本法则，我们可以把它作为方言语法研究的基本要求。六个字说起来简单，做起来困难，要做好更不容易。

摆事实就是要说明语法事实。有的事实比较单纯，容易描述清楚；有的事实比较复杂，不易看清眉目。面对复杂的语法事实，要努力做到"三个力求"。

第一，力求全面。要尽可能细致周全，不遗漏事实，避免把复杂的问题简单化。在事实的描写上不要怕琐细，因为事实本身就这么复杂。不细致，细节的问题就可能反映不出来，而方言语法与普通话语法的差异、方言语法之间的差异常常是表现在细节上。

第二，力求清楚。对于纷繁的现象、复杂的事实，要尽可能梳理清楚，做到条分缕析。处理语料的时候，特别要注意分清层次。有的语法成分看起来像是一样东西，有的句式看起来像是一种类型，其实内部并不是同一的，而是包含着不同的层次。比如，北京话的"的"实际上是3个成分："的$_1$"是副词后缀（渐渐地）；"的$_2$"是状态形容词后缀（好好儿的）；"的$_3$"是助词，是构名成分。（朱德熙，1880）又如，大冶话的"倒"也是3个，"倒$_1$"是动词（听倒了），"倒$_2$"是动态助词（落倒雨），"倒$_3$"是结构助词（气倒哭）。再如，大冶话的"N＋V得＋倒"句式，实际包含3种不同的情况（书买得倒/车骑得倒/钱用得倒）。（汪国胜，1994）

第三，力求客观。要尊重事实，我们的任务就是要把事实原原本本地呈现出来；不能隐瞒事实，更不可歪曲事实，甚至捏造事实。方言语法研究有它的特殊性，研究者隐瞒、歪曲或者捏造了事实，别人不容易发现，因此，方言语法研究要特别强调科学态度和学术良心。

讲道理就是要对事实做出解释，揭示语法规律。规律是从实际用例中概括总结出来的，结论是依据事实得出的。讲道理要注意3点：

首先，正确对待。正确对待一般和特殊。"一般"指一般规律，"特殊"指特殊现象。不能为维护一般而无视特殊，也不能以特殊来否定一般。特殊中往往也有一定的规律。"例不十，法不立。""例不十，法不破。"

其次，合理解释。解释要有依据，要讲实证。不能牵强附会，不可主观臆断。

最后，谨慎立论。立论要谨慎，切忌武断。"说有易，说无难。"揭示的规律，得出的结论，都要接受事实的检验。在事实面前通得过，规律和结论才能够成立。

邢福义先生（1995）曾提出语法研究的"三个充分"，即观察充分，描写充分，解释充分。这虽然是就现代汉语（普通话）语法而言的，但同样适用于方言语法的研究。

参考文献：

李荣：《方言研究中的若干问题》，《方言》1983年第2期。
汪国胜：《可能式"得"字句的句法不对称现象》，《语言研究》1998年第1期。
汪国胜：《大冶方言的有定成分"a"》，《语言研究》2012年第2期。
邢福义：《现代汉语语法研究的"三个充分"》，《湖北大学学报》1991年第6期。
张振兴：《说摆事实讲道理》，《汉语学报》2012年第3期。
赵元任：《汉语口语语法》，吕叔湘译，商务印书馆1979年版。
朱德熙：《现代汉语语法研究》，商务印书馆1980年版。

［附记］本文作为《谈谈方言语法研究》的一部分，发表于《华中师范大学学报》2014年第5期，人大复印报刊资料《语言文字学》2014年第12期全文转载。

作者简介：

汪国胜，华中师范大学语言研究所教授、博士研究生导师，第二届赣鄱语言学博士论坛（2015年11月，宜春）特邀讲座学者。

《广雅疏证》音义关系论

江西师范大学 李福言

摘　要：从"一声之转""之言""声近义同""犹"四个术语对《广雅疏证》音义问题计量与考据研究之后，认为，"一声之转""之言""声近义同"更多地属于语言学的范畴，"犹"更多地属于语文学的范畴。进而概括《广雅疏证》四个术语音义关系的总特征：《广雅疏证》音义关系是历时音义和共时音义的统一，是异质音义和同质音义的统一。

关键词：《广雅疏证》；因声求义；术语；音义关系

数据显示，《广雅疏证》"一声之转"有132例，"之言"有762例，"声近义同"有151例，"犹"有185例，共计1230例。"一声之转"部分有两个词间"一声之转"、多个词间"一声之转"等情况。"声近义同"和"犹"的情况与"一声之转"情况类似，为便于讨论，都拆分成两两对应的形式。布隆菲尔德在《语言论》中说，"语言研究必须从语音形式开始而不是从意义形式开始。"[①]首先从声韵关系开始，并以声韵关系为标记，讨论形义问题。声韵关系上，从同声、旁纽、准旁纽、准双声四种声转关系出发，分析四个术语在四种声转统辖下的声韵情况。形体关系主要对四个术语联系字词构形情况进行讨论，分为形体结构有关（包含同形符和同声符两种）、形体结构相异两类。词（字）义关系上主要从三个角度展开讨论，分别是训释条件下的义、形、音。义的方面主要指同源、义近、义远、反训等具体关系。形的方面主要是异体、古今字、正俗字等。音的方面主要是方言音近、音近假借等。

下面对《广雅疏证》性质及其音义问题做讨论。

---

① 布龙菲尔德著：《语言论》，袁家骅等译，商务印书馆2009年版，第221页。

一 《广雅疏证》四个术语的功能性异同

分析《广雅疏证》四个术语的功能性异同问题主要从四个术语表现出的音形义特点进行比较讨论。

数据[①]显示，在声韵关系上，"一声之转"以双声为主。双声有 227 对，旁纽有 67 对，准旁纽有 32 对，准双声有 12 对。双声的量最多，旁纽其次。在双声统辖下的韵转关系中，异类相转量最多，有 75 对，占 33.04%，旁对转其次，有 43 例，占 18.94%。另外，通转、旁转、对转、叠韵都有一定的量。叠韵的量最少，有 19 例，占 8.37%。"一声之转"从声韵关系上说，首先是双声条件下的韵类变换。双声居多的原因，钱坫在《诗音表·序》中曾论及，"双声者何？兒声也。凡古人之以两字相续者，非有所本，古人皆以意造。或以其形，或以其事，或以其声，皆肖之耳。故兒者，意也。取其意之近似也。"[②]双声在原初意义上能以声造意，声中有意，可作为重要的训释手段。另外，"一声之转"旁纽、准旁纽、准双声统辖下的各自韵转情况比"之言""声近义同""犹"都较均衡。可以说，"一声之转"也指在旁纽、准旁纽、准双声条件下的韵类变换。词（字）义关系上，以同源和义近为主，分别为 159 对、123 对。义无关有 52 对，有一定量。"一声之转"常用来系联联绵词。据考，义无关主要指涉联绵词间的字与字的意义关系。另外，没有异体、古今字等字形方面的用例。音近、音转有少量用例。可见，"一声之转"主要指在声同声近并且韵类转变情况下的同源义近关系。戴震曾在《转语二十章序》中论及声近义通问题，"人之语言万变，而声气之微，有自然之节限。是故六书依声托事，假借相禅，其用至博，操之至约也。学士茫然，莫究（所以）。今别为二十章，各从乎声，以原其义。夫声自微而之显，言者未终，闻者已解，辨于口不繁，则耳治不惑。人口始喉下底唇末，按位以谱之，其为声之大限五，小限各四，于是互相参伍，而声之用盖备矣。……凡同位则同声，同声则可以通乎其义。位同则声变而同，声变而同则其义亦可以比之而通。更就方音焉，吾郡歙邑读若"摄"（失叶切），唐张参《五经文字》、颜师古注《汉书·地理志》已然。"歙"之正音读如"翕"，"翕"与"歙"，声之位同者也。用事听五方之音及少儿学语未清者，其展转讹溷，必各如其位。斯足证声之节限位次，自然而成，

[①] 李福言：《〈广雅疏证〉音义关系术语略考》，台北花木兰出版社 2016 年版，第 375—376 页。
[②]（清）钱坫：《诗音表·序》，严式诲编《音韵学丛书》第九册，国家图书馆出版社 2011 年版，第 543 页。

不假人意厝设也……"①"同位"即发音部位相同,"位同"即发音方法一致,在这种情况下,声同声近则义通义近。王念孙在《广雅疏证》中用"一声之转"等术语具体实践了其师戴震的这一音义思想。李葆嘉在《清代古声纽学》一书中对《经传释词》古声纽排序法的研究,也认为"高邮王氏父子的'一声之转',源自戴震的'转语说'"②。

"之言"的声韵关系很有特点。在同声、旁纽、准旁纽、准双声四类中,以同声为主,有393对,占55.82%。在同声中,又以同声同韵为主,有301对,占76.59%。在旁纽、准旁纽、准双声三类统辖下的韵转关系中,又都以同韵为主。其中旁纽同韵有108对,占旁纽总量的73.47%。准旁纽同韵有97对,占准旁纽总量的75.19%。准双声同韵有27对,占准双声总量的77.14%。说明"之言"的声韵特点以声同韵同或声近韵同为主。形体关系上,"之言"同声符的量有355对,在"之言"形体关系中是最多的,与其他三个术语中同声符情况相比,也是最多的。声符有示声示源作用。据考,"之言"同声(包括同声韵)且同声符中的同源有176对,占同声(包括同声韵)总量比重的62.63%。"之言"同韵且同声符中的同源有85例,占同韵总量比重的48.85%。说明两个词间的声韵联系越紧密,两个词同源的可能性就越大。

"声近义同"中的"声近"从声韵关系上看,首先指涉同声、旁纽、准旁纽这三种,分别有82对、63对、67对。以同声的量最多。准双声的比重较小,只有11对。具体看来,在同声韵转关系中,同声同韵(同声韵)的量最多,有59对,占同声比重的71.95%。在旁纽韵转关系中,旁纽同韵的量最多,有47对,占旁纽比重的74.60%。在准旁纽韵转关系中,准旁纽同韵的量最多,有45对,占准旁纽比重的67.16%。这种情况与"之言"类似。可见,"声近义同"中的"声近"具体还指涉同声韵、旁纽同韵、准旁纽同韵这样三种声同韵同或声近韵同情况。准双声同韵的量不多,这一点与"之言"准双声同韵情况不同。从形体关系上看,"声近义同"同声符有104对,占总量的72.73%。可以说,"声近义同"中的"声近"还暗示"同声符"情况。词义关系上,同源102对,义近90对,分别占总量的48.11%、42.45%。可见,"声近义同"中的"义同"主要包含词(字)义同源和义近两种情况。

"犹"在声韵关系上也以同声、旁纽、准旁纽为主,分别有64对、29对、86对。准双声量最少。具体各部分看,在同声韵转中,同声同韵(同

---

① (清)戴震著,杨应芹整理:《东原文集》(增编),黄山书社2008年版,第139—140页。
② 李葆嘉:《清代古声纽学》,上海古籍出版社2012年版,第139页。

声韵）的量最多，有 34 对，占同声比重的 53.13%。旁纽韵转关系中，旁纽同韵的量最多，有 10 对，占旁纽总量的 34.48%。在准旁纽韵转关系中，准旁纽同韵的量最多，有 32 对，占准旁纽总量的 37.21%。说明"犹"的声韵关系以声同韵同或声近韵同为主。这与"之言""声近义同"声韵特点类似。形体关系上，"犹"连接的形体关系以字形相异为主。从词（字）义关系上看，以义近为主，词义无关为辅，同源的量较少。说明术语"犹"的训释性质更属于语文学[①]范畴。

从音形义关系上看，《广雅疏证》四个术语在形式和功能上有联系也有区别。声韵关系上，"一声之转"与"之言""声近义同""犹"不同，"一声之转"主要显示了声同声近关系下韵的异类相转关系。而后三者主要显示了声同韵同或声近韵同的声韵关系。"一声之转"更强调声类的联系。后三者更强调韵类的联系。形体关系上，"一声之转"与"犹"有相似性，即都以形体相异为主。形体有关（同声符和同形符）的量不占多数。这一点与"之言""声近义同"不同。后两者以形体有关（同声符和同形符）为主，形体相异为辅。且同声符的量多于形体相异的量。"一声之转"和"犹"多强调形体的异，而"之言"和"声近义同"多强调形体的同。利用谐声关系进行训释是术语"之言"和"声近义同"的重要特色。词（字）义关系上，"一声之转""之言""声近义同"词（字）义同源的量在词（字）义情况比重中最大，而"犹"词（字）义义近的量在词（字）义情况比重中最大。"一声之转"词（字）义关系中，词（字）义无关的量也较多。考察发现，这主要指联绵词的两个字字义无关。"犹"的词（字）义关系中，词（字）义无关的量也较多。这主要指"犹"连接的词来源于两种不同的概念。可以说，"一声之转""之言""声近义同"更多地属于语言学的范畴，"犹"更多地属于语文学的范畴。加上没有列入表格的"犹"连接两个音义短句的用例，可以更清楚地认识到王念孙在《广雅疏证》中运用术语"犹"主要是进行语文学实践。

二 《广雅疏证》四个术语的音义关系性质

下面从三个角度讨论《广雅疏证》四个术语的音义关系性质。

第一，从发生学上讲，音义关系是音义偶然性与必然性的统一、有序和无序的统一。段玉裁曾在《广雅疏证·序》中论及形音义的相关问题，"小学有形、有音、有义，三者互相求，举一可以得其二；有古形、有今形、

[①] 这里，"语言学"范畴侧重形音义直接关联，"语文学"范畴侧重不同意义的音形关联。

有古音、有今音、有古义、有今义，六者互相求，举一可以得其五。古今者，不定之名也。三代为古，则汉为今；汉魏晋为古，则唐宋以下为今。圣人制字，有义而后有音，有音而后有形。学者之考字，因形以得其音，因音以得其义。治经莫重于得义，得义莫切于得音。周官六书，指事、象形、形声、会意四者，形也；转注、假借二者，驭形者也，音与义也。……《尔雅》《方言》《释名》《广雅》者，转注假借之条目也，义属于形，是为转注，义属于声，是为假借。"①段玉裁认为汉字的形音义具有历时性、层次性。这种认识是对的。蒋绍愚在《音义关系析论》一文中从音义发生的角度讨论了音义关系的特点。首先举例归纳古汉语的音义关系类型，如"音表事物的特征""一组音表一组义""一组音表多组义""多组音表一组义""多组音表多组义"，进而分析认为，"古汉语的音义是有一定联系的，但这种联系只存在于一定的范围之内，从总体上看，音义间的关系是任意的。"②从总体上看，实际上是指从"音义发生"的角度看，作者在后文的分析说明了这一点。蒋绍愚先生引用索绪尔在《普通语言学教程》中对语言符号的任意性的论述，将词的音义关系分为三类，一是"音来自所指的某一特征"，二是"音来自另一个（组）相关的词的音"，三是"音是任意的符号"。蒋绍愚先生认为，前两类多是可论证的，有一定理据性，后一类是不可论证的，是绝对任意的。但"理据性"也是相对可论证的，"是在语言符号系统任意性的大前提下，存在于一部分词之中的"。蒋绍愚又说，"从整体上说，语言符号系统的任意性是无可非议的，印欧语是如此，汉语也是如此。"蒋绍愚着重引用索绪尔的话论述这一认识，"一切都是不能论证的语言是不存在的，一切都可以论证的语言，在定义上也是不能设想的。"也就是说，音义关系是任意的。但这种任意性主要是从音义发生的角度来讲的。因此，此文的重点可能还是在强调音义发生学上的任意性，也就是偶然性。齐冲天③不赞成音义联系的任意性，强调音义联系的必然性。这种观点侧重从共时性来看音义联系。陆宗达、王宁曾论及"音与义的关系"，指出两种情况。一种即蒋绍愚先生所论的音义关系的偶然性，陆宗达、王宁用《荀子·正名论》所说的"名无固宜，约之以命，约定俗成谓之宜，异于约，则谓之宜"的理论论述之。另一种情况，就是音义结合的必然性，"同一语根的派生词——即同根词——往往音相近，义相通。在同一词族中，派生词的音和义是从其语根的早已约定俗成而结合在一起的音和义发展而来的，因此

---

① 王念孙：《广雅疏证》，江苏古籍出版社1984年版，第2页。
② 蒋绍愚：《音义关系析论》，《中国语文研究》2001年第1期，以下所引蒋论本此。
③ 齐冲天：《论音义联系》，《南大语言学》第四编，商务印书馆2012年版，第255—259页。

带有了历史的、可以追索的必然性。这就是所谓的'音近义通'现象。"①陆宗达、王宁强调音与义关系的两点，即音义结合的偶然性与必然性。这种说法很有道理。

通过对《广雅疏证》音义问题的分析，结合以上诸家的讨论，从发生学上讲，音义关系是音义偶然性与必然性的统一、有序和无序的统一。音义关系的这一特点是思维和社会长期发展的结果。"之言"同声韵且形体结构相异的82例中，同源有49例，如"柄—秉"，柄、秉同源，共同义素为把。柄、秉，帮母阳韵。用帮母阳韵这个音指称"成把成束的"这一义素是任意的、偶然的、无序的，柄，在六书属形声，秉，在六书属象形。用这个"秉"形指称这个音义是任意的、偶然的、无序的。有学者指出，"柄"与"秉"同源，有可能是谐声假借造成的，即声符"丙"借"秉"字音义造成"柄"与"秉"同源。谐声假借是必然性、有序性的体现。"柄"的声符为"丙"，形符为"木"，用"丙"这个形指称"帮母阳韵"这个音却是偶然的、任意的、无序的。但一经约定俗成，就有了必然性、有序性。"柄"与"秉"声音相同、词义同源，就成了一种必然性、有序性。

从词义关系上看，同源和义近的量最大。同源、义近在一定意义上都是"带有了历史的、可以追索的必然性"，但同源、义近的两个词各自在发生学上，其音义结合又是任意的、偶然的。《广雅疏证》四个术语显示的音义关系多是层累的共时地呈现在文本上的，都是音义结合的"必然性""有序性"，但从历时上看，又暗示了"偶然性""无序性"。

第二，《广雅疏证》四个术语显示的音义关系具有层次性。②在《广雅疏证》"之言""声近义同"两个术语中，形体关系以同声符为主。声符和形符是形声字两部分。声符在训释中扮演着重要作用，功能比较复杂。声符，一般示声，有时示源。曾昭聪先生论及声符示源有多种类型和特点。③实质上显示了音义关系的层次性。沈兼士在《右文说在训诂学上之沿革及其推阐》一文中评述从晋杨泉《物理论》、宋人王安石《字说》、王子韶"右文说"、王观国《学林》"字母说"、张世南《游宦纪闻》、戴侗《六书故·六书通释》"六书推类说"、明末黄生《字诂》、钱塘《溉亭述古录·与王无言书》"声同则义得相通"说、段玉裁《说文解字注》"以声为义"、王念孙《释大》、郝懿行《尔雅义疏》、焦循《易余钥录》、阮元《揅经室集》卷一《释

---

① 陆宗达、王宁：《"因声求义"论》，《辽宁师院学报》1980年第12期。
② 黄易青先生在《上古汉语同源词意义系统研究》一书中也谈到层次问题，他说，"这种层次性是从系联的程序发现的，也是依系联的程序安排的。"（《上古汉语同源词意义系统研究》，商务印书馆2007年版，第119页）
③ 曾昭聪：《形声字声符示源功能述论》，黄山书社2002年版。

且》《释门》、宋保《谐声补逸·自序》、陈诗庭《读〈说文〉证疑》、朱骏声《说文通训定声》、近人章太炎《国故论衡·语言缘起说》《文始》、刘师培《左盦集》卷四"字义起于字音说"等"右文说"理论,在此基础上揭示了右文的一般公式,重点分"音符为本义者"和"音符为借音者"两种。在右文一般公式中,沈兼士较系统地讨论了音义关系的七种类型,如"本义分化式""引申义分化式""借音分化式""本义与借音混合分化式""复式音符分化式""相反义分化式"等①。这些类型实际上显示了音义关系的层次性。刘又辛先生在《"右文说"说》②一文中讨论了"形声字的声符(右文)为什么有的有意义,有的只有表音作用"的问题,认为这与声符的层次不同。这种说法是正确的。音义关系有层次性。"借音分化式"和"本义与借音混合分化式"都显示了音义在不同层次上的对应。《广雅疏证》"之言"同声韵中,声符为训释字有83例,其中声符示源示声的有61例。声符示源示声即沈兼士所论的"音符为本义者"或"本义分化式"情况。这是最基本的情况。《广雅疏证》"之言"同声韵关系中,声符仅示声时,声符与被训释字有多层级的音义关系,如"本义与引申义义近""引申义义近""本义与借义义近"等。"本义与借义义近"类似于沈兼士"借音分化式"情况,如"裎—呈",裎,本义为裸露,呈,本义为平,借义为露出,二者本义与借义义近,皆有裸露义。本义、借义、引申义三者显示了词义的层次性。《广雅疏证》其他术语同样显示了音义的层次性,如两个词间"声近义同"术语中,义近情况包含了本义与借义、借义与借义、借义与引申义、借义与反训义、引申义与引申义、引申义与本义等不同层次的音义关系。总之,《广雅疏证》四个术语联系的词之间显示了音义关系的层次性。

第三,在《广雅疏证》四个术语中,语音形式与概念的复杂关系表现在音义之间对称性与不对称性的统一。对称性是语音形式和概念之间相似性的体现,不对称性是语音形式和概念之间区别性的体现。孟蓬生③论及同源词语音关系的规律性,认为同源词语音关系有聚合性和游离性两种。所谓聚合性,指同源词的语音相对集中地聚集在若干声纽或韵部的情形。所谓游离性,指一部分同源词跟本组大部分同源词语音关系相对较远的情形。从讨论中可知,语音关系的聚合性和游离性都是词义关系的聚合性和游离性的体现。在我们看来,语音关系和词义关系的聚合性和游离性都是语音

---

① 沈兼士:《右文说在训诂学上的沿革及其推阐》,《沈兼士学术论文集》,中华书局1986年版,第124—154页。
② 刘又辛:《"右文说"说》,《文字训诂论集》,中华书局1993年版,第88—89页。
③ 孟蓬生:《上古汉语同源词语音关系研究》,北京师范大学出版社2001年版,第201—218页。

形式和概念复杂对应的体现，是音义之间对称性和不对称性的统一。观察分析《广雅疏证》"之言"同声韵和同韵中频次最高的元部[①]的词义关系，可以发现和理解音义对称性和不对称性相统一这种特点。

元部的词义层级可分为表层义、次深层义、深层义、原始义四级[②]。表层义有同源和义近两种构成，表层义的词义种类较多，有曲义、回旋义、迅速义、大义、好义等。表层义经过提取，可以化归到次深层义。次深层义有弯曲义、回旋义、连续义、安放义、迅疾义、大义、美好义等。次深层义经过提取，可以化归到深层义。深层义有"弯曲的、围绕的、束缚的、安全的""来回运动的时间短""大的、独有的、根本的""美好的"四类。原始义是在深层义上的提取与化归，元部的原始义就是"圆形"[③]。从一个声音表达一个概念的要求来看，表层义、次深层义、深层义与元部的关系是不对称的。这里，元部表达了多层概念。但从原始义与元部的关系来看，又是对称的。这种对称性可看作语音形式与概念之间的相似性。元部经典地表达了"圆形"这一概念。"元"字本身与"圆"同音，元部与"圆义"的关系是声中有义，义中有声。词义层级建立在词义联系的基础上，原始义与深层义、次深层义、表层义之间虽有层义关系，但内部又有一致性。词义间的层级关系体现了人类对外部世界认知时具有选择性特征，这种选择性又是建立在概念本身的规定性上。"圆形"的事物一般是弯曲的，这形成一个词族；"圆形"的事物隐喻了美好、团圆这些概念，这形成一个词族；"圆形"的事物来回运动速度快，这又形成一个词族；"圆形"的事物有生发义，如混沌生成万物，因而又有"根本""大""本始"义，这又形成一个词族。词族与词族之间一般有家族相似性，这种相似性的基因就是声音相关（声相关或者韵相关）。历代学者[④]对这种语音形式与概念的相似性都有论述，说明王念孙在《广雅疏证》"之言"中的音义训释也是对前代学者的继承与发扬。

综上，可以概括《广雅疏证》四个术语音义关系的总特征：《广雅疏证》音义关系是历时音义和共时音义的统一，是异质[⑤]音义和同质音义的统一。例如，同声韵条件下的同源、义近显示了共时音义或同质音义的问题，双声韵转或声转叠韵条件下的同源、义近显示了历时音义或异质音义的问题。

[①] 李福音：《广雅疏证因声求义研究》，博士学位论文，武汉大学，2014年。
[②] 任继昉在《汉语词源学》中对词族的结构层次分析类似于本篇的"原始义、深层义、次深层义、表层义"四个层次，这里附带说明。（任继昉：《汉语词源学》，重庆出版社2004年版，第140—141页）
[③] 张相平：《"圆"词族系统性研究》，暨南大学出版社2012年版。
[④] 如沈兼士《右文说在训诂学上的沿革及其推阐》，《沈兼士学术论文集》，中华书局1986年版，第124—154页。
[⑤] 关于异质语言理论的探讨，可参见李开《试论历史语言学研究中的异质语言理论问题》，《语言科学》2005年第4期。

项目基金：

江西师范大学 2017 年青年英才培育计划；

2015 年度江西省高校人文社科项目（项目编号：YY1525）。

作者简介：

李福言，江西师范大学文学院讲师，武汉大学中国古典文献学专业博士，学位论文《〈广雅疏证〉因声求义研究》（2014）。

从《齐民要术》看汉语名词后缀"子"发展成熟的时代

江西农业大学 潘志刚

摘 要：汉语名词后缀"子"是由实词逐渐虚化演变而来，这一发展演变过程大致在中古汉语阶段已经完成。中古汉语时期带"子"语素的合成词的数量较上古汉语时期激增，使用也较普遍，且"子"在这样的合成词中都丧失了实在的词汇意义，或者成为一个凑足音节的羡余语素，或者成为一个改变词根语法功能的虚语素，这些事实都表明"子"附加在其他实语素后形成一个名词性的派生式合成词的用法，在此时期已经发展成熟，这种合成词后的"子"已经是一个典型的名词后缀。

关键词：后缀"子"；中古汉语；《齐民要术》；典型后缀

从语素在构词中所起的作用来看，语素可以分为词根和词缀两大类。词根是词的核心部分，词义主要由词根体现，词根既可单独成词，也可以彼此组合成词，而词缀是只能黏附在词根上的非核心语素，主要表达某种虚化的词汇附加意义或语法意义。汉语是形态变化比较贫乏的孤立语，语素构词主要以词根加词根的复合法为主，而词根与词缀结合的派生构词法只是汉语中次要的构词模式。现代汉语中"子"是一个成熟的后缀，它可以附着在实语素后面构成名词，比如"柱子""绳子""梯子""瓶子""棍子""盘子""锯子""刀子""胖子""矮子""瘦子"等。如果从历时发展的角度来看，很多学者都认为"子"这个名词后缀是从实词"子"逐渐虚化而形成的，这是有关名词后缀"子"如何形成的这一问题的共识。尽管如此，但对于名词后缀"子"的历时形成过程仍然有值得深入探讨的地方，比如，它是什么时候成为一个成熟的名词后缀的？本文拟以《齐民要术》中带"子"语素的合成词的使用为重要依据，结合中古其他文献中这类合成词的使用情况，分析名词后缀"子"形成的时期。

一　判定名词后缀"子"成熟的参考因素

"子"作名词后缀的用法，是由作名词的"子"逐渐虚化演变而产生的。这是一个比较长的历时过程。但是，"子"作为名词后缀，附着在实语素后构成合成词，究竟成熟于哪个时期，至今学界仍有不同的观点。王力（1980）、太田辰夫（1989）、向熹（1993）、殷国光等（2011）认为"子"在上古时代已经有了词缀化的迹象，六朝时期用法迅速扩展，到了唐代才成为成熟的名词后缀。洪诚［2000（1964）］认为："'子'字词尾化在西汉已经成熟，魏晋已盛行。"志村良治（1995）、江蓝生（1988）、柳士镇（1992）、周俊勋（2009）、王云路（2010）认为"子"的名词后缀用法应该是完成于中古汉语时期，即学界目前普遍认同的东汉至隋这一时段。那么，名词后缀"子"究竟是在西汉、魏晋南北朝和唐代中的哪个时期发展成熟的呢？我们认为，判断"子"在什么时期已成为成熟的名词后缀，可以通过对汉语史这三个时期的历史文献语料的考察，从附着了后缀"子"的名词数量、使用频次、"子"附着在一个实语素后是否成为羡余语素或者能否使这个词的意义、功能跟原来的实语素有明显不同这些因素来综合确定。

二　《齐民要术》中带"子"语素的合成词的使用

《齐民要术》是北魏贾思勰所著的一本综合性农学著作，由于作者所写的都是农业生产技术方面的内容，作者所设定的读者对象都是文化程度不高的农民及手工业者，因此语言尽量通俗易懂，在同时期的著作中可以说是口语化程度很高的一部，这可以为我们考察魏晋南北朝时期汉语的语法现象提供一个观察的窗口。前期研究名词后缀"子"形成的学者也注意到了《齐民要术》的重要性，在分析论证时也举了这本书中的部分用例，如王力（1989）、志村良治（1995）都举了"种子"这个例子，柳士镇（1992）举了"犊子""羔子""鐅子""算子""杷子""袋子""瓶子""盆子""构子""笼子""种子""麻子""瓠子""茄子""块子""饼子"16个词的用例，向熹（1993）举了"袋子"一词的例子，殷国光等（2011）举了"瓮子""构子"两个词的用例，汪维辉（2007）的《〈齐民要术〉新词新义词典》中列举了"大老子""袋子""弹子""刀子""丁子""锯子""儿女子""孔子""块子""麦子""杷子""构子""算子""瓦子""碗子""瓮子""杏子""秕子""饼子"19个词。将这些学者举到的附带"子"语素的合成词加以统计，不计重复，共有29个词，另据我们对《齐民要术》中带"子"的合成词的考察，还有"谷子""豚子""雏子""石子""渠子"五个可以看作加了后缀"子"的名词。这样，《齐民要术》一书共有 34 个附加了"子"语素的合成词。中古汉语其他文献因所写内容口语化程度较低或与百姓的日常生活距离较远，带名词后缀"子"的合成词的使用远不及《齐民要术》，因此，我们可以通过考察《齐民要术》中这类合成词来推断名词后缀"子"的发展情况。

（一）表示人物称谓的名词

表示人物称谓的名词，《齐民要术》中有"大老子""儿女子"，如：

（1）牧羊必须大老子、心性宛顺者，起居以时，调其宜适。（《齐民要术》卷六"养羊"）

（2）三月初，叶大如钱，逐概处拔大者卖之。十手拔，乃禁取。儿女子七岁以上，皆得充事也。（《齐民要术》卷三"种葵"）

（二）表示植物或植物果实名称的名词

《齐民要术》中有"杏子""秕子""种子""谷子""茄子"等，如：

"杏子"，共 2 例，举其中一例：

（3）《神仙传》曰："其杏子熟，于林中所在作仓。"（《齐民要术》卷四"种梅杏"）（《神仙传》，东晋葛洪撰，十卷，今存。）"秕子"。

（4）白麻子为雄麻。颜色虽白，啮枯燥无膏润者，秕子也，亦不中种。（《齐民要术》卷二"种麻"）

"种子"，共 4 例，举其中一例：

（5）斫后复生，……唯须一人守护、指挥、处分，既无牛、犁、种子、人功之费，不虑水、旱、风、虫之灾，比之谷田，劳逸万倍。（《齐民要术》卷五"种榆、白杨"）

"茄子"，共 3 例，举其中一例：

（6）种茄子法：茄子，九月熟时摘取，擘破，水淘子，取沈者，速曝干裹置。至二月畦种。（《齐民要术》卷二"种瓜"）"谷子"。

（7）并州豌豆，度井陉以东，山东谷子，入壶关、上党，苗而无实。皆余目所亲见，非信传疑：盖土地之异者也。（《齐民要术》卷三"种蒜"）

（三）表示动物名称的名词

表示动物名称的名词，《齐民要术》中有"雏子""犊子""羔子""豚子"，如：

（8）凡驴马牛羊收犊子、驹、羔法：常于市上伺候，见含重垂欲生者，辄买取。(《齐民要术》卷六"养羊")

（9）鸡种，取桑落时生者良。(形小，浅毛，脚细短者是也，守窠，少声，善育雏子。)(《齐民要术》卷六"养鸡")

（10）瘦死牛羊及羔犊弥精。小羔子，全浸之。(先用暖汤净洗，无复腥气，乃浸之。)(《齐民要术》卷八"脯腊")

（11）黄霸为颍川，……乡部书言，霸具为区处：某所大木，可以为棺；某亭豚子，可以祭。(《齐民要术》序)

（四）表示器物名称的名词

表示器物名称的名词，《齐民要术》中有"袋子""刀子""丁子""锯子""杷子""杓子""盆子""瓮子""镊子""椀子""笼子"等，如：

（12）盖冒至夜，泻去上清汁，至淳处止，倾著帛练角袋子中悬之。(《齐民要术》卷五"种红蓝花、栀子")

（13）治马患喉痹欲死方：缠刀子露锋刃一寸，刺咽喉，令溃破即愈。不治，必死也。(《齐民要术》卷六"养牛、马、驴、骡")

（14）香鸡舌，俗人以其似丁子，故为"丁子香"也。(《齐民要术》卷五"种红蓝花、栀子")(缪启愉注释"丁"即"钉"字)

（15）以锯子割所患蹄头前正当中，斜割之，令上狭下阔，如锯齿形；去之，如剪箭括。(《齐民要术》卷六"养牛、马、驴、骡")

（16）旦起，泻酪著瓮中炙，直至日西南角，起手抨之，令杷子常至瓮底。……于此时，杷子不须复达瓮底，酥已浮出故也。(《齐民要术》卷六"养羊")

（17）大铛中煮汤；以小杓子挹粉著铜钵内，顿钵著沸汤中，以指急旋钵，令粉悉著钵中四畔。(《齐民要术》卷九"饼法")

（18）预前多买新瓦盆子容受二斗者，抒粥著盆子中，仰头勿盖。(《齐民要术》卷九"醴酪")

（19）布鱼于瓮子中，一行鱼，一行糁，以满为限。腹腴居上。(《齐民要术》卷八"作鱼鲊")

"椀子"，共3例，"碗"作"盌""椀"，三者为异体字，现代汉语字为"碗"，举其中一例，如：

（20）蜜姜：生姜一升，净洗，刮去皮，算子切，不患长，大如细漆箸。……椀子盛，合汁减半奠；用箸，二人共。(《齐民要术》卷九"素食")

（21）白瀹(瀹，煮也。)豚法：用乳下肥豚。……若有粗毛，镊子拔却，柔毛则剔之。(《齐民要术》卷八"菹绿")

（22）用胡叶汤令沸，笼子中盛麴五六饼许，著汤中，少时出，卧置灰中，用生胡叶覆上。(《齐民要术》卷二"白醪麹")

（五）表示经过加工的其他事物的名称的名词

表示经过加工的其他事物的名称的名词，《齐民要术》中有"弹子""孔子""块子""算子""瓦子""饼子""石子""渠子"等，如：

（23）《临海异物志》曰："其子大如弹子，正赤，五月熟。似梅，味甜算。"（《齐民要术》卷十"杨梅"）

（24）七日后，酢香熟，便下水，令相淹渍。经宿，酳孔子下之。(《齐民要术》卷八"作酢法"）（酳是"以孔下酒"。）

（25）然后净淘米，炊为再馏，摊令冷，细擘麹破，勿令有块子，一顿下酿，更不重投。（《齐民要术》卷八"作酢法"）

（26）蜜姜：生姜一升，净洗，刮去皮，算子切，不患长，大如细漆箸。（《齐民要术》卷九"素食"）

（27）瓦子垄底，置独瓣蒜于瓦上，以土覆之，蒜科横阔而大，形容殊别，亦足以为异。（《齐民要术》卷三"种蒜"）

（28）看附骨尽，取冷水净洗疮上，刮取车轴头脂作饼子，著疮上，还以净布急裹之。（《齐民要术》卷六"养牛、马、驴、骡"）

（29）受二石以下甕子，以石子二三升蔽甕底。（《齐民要术》卷七"笨麹并酒"）

（30）《氾胜之书》区种瓠法："旱时须浇之：坑畔周匝小渠子，深四五寸，以水停之，令其遥润，不得坑中下水。"（《齐民要术》卷二"种瓠"）

以上《齐民要术》中带"子"语素的合成词都是名词，这个"子"没有实在的词汇意义，可以确定为一个构词后缀。这些词指称的事物类型相当广泛，尤以表示器物和经加工而成的事物的名词为多，有的词使用频次也较多，这可以表明汉语发展到6世纪前期，运用"子"作为后缀来构成附加式合成词已经成为比较普遍的现象，如果我们再考察一下魏晋南北朝时期的其他文献，可以更加清楚地看到"子"用作名词后缀的普遍性。

三 中古汉语其他文献中带"子"语素的合成词的使用

《齐民要术》中附加了后缀"子"的名词共有34个，而据我们考察中古其他文献，也发现有较多的附加了语素"子"的名词，仍可按上文的分类来例示之。

（一）表示人物称谓的名词

中古其他文献中还能见到较多带"子"语素的表示人物称谓的名词，有"奴子""婢子""姑子""汉子""郎子""监子""狱子""门子""厨子""憨子""盲子""老子""悭子""水火子"等，如：

（31）（索万）兴令奴子逐至厅事东头灭，恶之，因得疾亡。（《古小说钩沉·述异记》）

（32）有婢子二人：大者萱支，小者松支。（《搜神记》卷一）

（33）淑女总角时，唤作小姑子。（《乐府诗集·欢好曲》）

（34）何物汉子，我与官，不肯就！（《北齐书·魏兰根传》）

（35）此郎子有好相表，大必为良将。（《北齐书·暴显传》）

（36）杨太妃骤遣监子去来参察。（《宋书·始安王休仁传》）

（37）中下药，食两口便觉，回乞狱子。（《南齐书·王奂传》）

（38）阿周陀窟及门子供养盲父母处，皆有塔记。（《洛阳伽蓝记》卷五）

（39）夫为王者，养民为事，方临厨子，杀人为食。（北魏慧觉等译《贤愚经》卷一一）

（40）何大怒，骂殷曰："憨子敢尔！取节来！"（《古小说钩沉·俗说》）

（41）乃往去世时有王，名不现面。尔时多聚会盲子。便问盲子："汝曹宁知象所类不？"（西晋法炬等译《大楼炭经》卷三）

（42）君年少，何以轻穿文凿句，而妄讥诮老子邪？（《古小说钩沉·幽明录》）

（43）犹若悭子，贪刀刃之勘蜜，不知有截舌之患。（三国吴康僧会译《六度集经》卷四）

（44）怨家水火子，夺之或烧没。（西晋竺法护译《生经》卷一）

（二）表示植物、动物名称的名词

中古汉语其他文献中可见一些附加了"子"语素表示植物、动物名称的名词，如"松树子""椹子""桃子""狗子""师子""貉子""马子""鹞子""燕子""龟子""猫子""蚁子""鼠子"等，这些表示动物的合成词后面的"子"并不表示"动物的幼子"这样的实义，附加了"子"的合成词跟"子"前的词根语素的意义相同，因此，这样的"子"应视为构词后缀，如：

（45）松树子非不楚楚可怜，但永无栋梁用耳。（《世说新语·言语》）

（46）眠，梦有人以七枚椹子与之。（南朝宋刘敬叔《异苑》卷七"王戎"条）

(47) 有一群女来，各持三五桃子。(《古小说钩沉·幽明录》)

(48) 譬如狗子，从大家得食不肯食之，反作务者索食。(东汉支谶《般若道行品经》卷四)

(49) 乌弋有桃拔、师子、犀牛。(《汉书·西域志》)

(50) 妻尝妒，乃骂秀为貉子。(《世说新语·惑溺》)

(51) 城东马子莫咙哅，比至三日缠汝鬃。(《宋书·五行志》)

(52) 鹞子经天飞，群雀两向波。(《乐府诗集·企喻歌》)

(53) 秋去春还双燕子，愿衔杨花入窠里。(《乐府诗集·杨白花》)

(54) 有一军人於武昌市见人卖一白龟子，长四五寸，洁白可爱，便买取持归。(《搜神后记》卷十)

(55) 时聚落中有一猫子。(元魏吉迦夜共昙曜译《杂宝藏经》卷三)

(56) 汝今见此地中蚁子不耶？(北魏慧觉等译《贤愚经》卷十)

(57) 异时忽见一蛇从像后缘壁上屋，须臾有一鼠子从屋脱地，涎唾沐身，状如已死。(梁释慧皎《高僧传》卷十三"宋释昙颖")

(三) 表示器物名称的名词

《齐民要术》中附加了语素"子"表示器物的名词已较多，中古其他文献也能见到一些这样的名词，其中有《齐民要术》中见使用"刀子""笼子"，也有《齐民要术》中未见的"舸子""艇子""盒子""桦子""竹管子""床子"等，如：

(58) 女始病时，弄小刀子，母夺取不与，伤母手。(《古小说钩沉·冥祥记》)

(59) 尝行，见一人担担，上有小笼子，可受升余。(《古小说钩沉·灵鬼志》)

(60) 又作小舸子，长八尺，七艘，木人长二尺许，乘此船以行酒。(《古小说钩沉·水饰》)

(61) 送郎乘艇子，不作遭风虑。(《乐府诗集·杨叛儿》)

(62) 陇西辛道度者，游学至雍州城四五里，……(女)即命取床后盒子开之，取金枕一枚，与度为信。(《搜神记》卷十六)

(63) 于狱以物画漆桦子中出密报家。(《南齐书·王奂传》)(桦子：盘子)

(64) 甲与乙斗争，甲啮下乙鼻。官吏欲断之，甲称乙自啮落。吏曰："夫人鼻高耳口低，岂能就啮之乎？"甲曰："他踏床子就啮之。"(《古小说钩沉·笑林》)

(65) 昔菩萨八万伎乐供养佛，尚不如至心。今吹竹管子，打死牛皮，此何足道。(梁释慧皎《高僧传》卷十三齐"释法愿")

(四) 表示经过加工的其他事物的名称的名词

中古其他文献中也可见到附加了"子"语素表示经过加工的事物的名称的合成词，如"耒子""帖子""珠子""石子""局子"等。如：

(66) 官钱每出，民间即模效之，而大小厚薄，皆不及也，无轮郭，不磨鑢，如今之剪凿者，谓之耒子。(《宋书·颜竣传》)

(67) 检家赤贫，唯有质钱帖子数百。(《南齐书·萧坦之传》)

(68) 却与小姑别，泪落连珠子。(《乐府诗集·焦仲卿妻》)

(69) 往到其边，而为说法，教使系念。以白黑石子用当筹算。(北魏慧觉等译《贤愚经》卷十三)

(70) 好弈棋，颇用废事，太祖赐以局子。(《宋书·何承天传》)

四 名词后缀"子"发展成熟的标志

如果我们将《齐民要术》和上文所列的中古其他文献中所见的附加"子"语素的名词综合起来考察，可以发现这样的附加式合成词数量相当可观，达到了 67 个之多。从这些词表示的词义内容来看，表示人物称谓的有 16 个，表示植物或植物果实名称的有 8 个，表示动物名称的有 14 个，表示器物名称的有 17 个，表示经过加工的事物的名称的有 12 个，各个类型的数量比较接近，可见中古时期，"子"已广泛地跟别的词根语素结合构成了相当多的派生名词。我们运用语料库，检索了先秦至西汉的文献，发现这 67 个带语素"子"的名词只有"婢子""儿女子"两个词偶见使用，其余 65 个带"子"语素的名词都未见到，如：

(71) 父母有婢子若庶子、庶孙，甚爱之，虽父母没，没身敬之不衰。(《礼记·内则》)

(72) 信方斩，曰："吾悔不用蒯通之计，乃为儿女子所诈，岂非天哉！"(《史记·淮阴侯列传》)

(73) 酒罢，吕媪怒吕公曰："公始常欲奇此女，与贵人。沛令善公，求之不与，何自妄许与刘季？"吕公曰："此非儿女子所知也。"卒与刘季。(《史记·高祖本纪》)

例 71 中的"婢子"可以理解为奴婢，"婢子"跟"婢"意义基本相同，"子"可看成后缀。72 和 73 两例中的"儿女子"显然不是"儿女"的意思，而是"妇人"的意思，加了"子"后，使词根语素的意义发生了改变，因此"子"可以理解为起构词作用的后缀。但是，上古汉语中这样的词数量极少，即使加上王力（1989）所举的上古汉语时期出现的"童子""眸子""瞳子"这三个不容易断定是否为加后缀"子"的名词，也只有零星几个而已，因此我们不赞成"'子'字词尾化在西汉已经成熟"的观点，但从上面举的71—73这几例可以证明王力（1989）的"我们至少可以说，在上古时代，'子'字已经有了词尾化的迹象"这一论断是符合汉语发展事实的。而到了中古时期，带后缀"子"的名词数量急剧增加，并且使用遍及各种文献，这应视为后缀"子"趋于成熟的一个重要标志。

在中古汉语带"子"后缀的名词中，有些词使用比较频繁，既见于中土世俗文献，也见于佛教道教典籍，这似乎可以看成"子"作名词后缀趋于成熟的另一重要信号，如"石子""奴子"等。

（74）走马上前阪，石子弹马蹄。（《乐府诗集·明下童曲》）

（75）三年后服练松脂，三十年后唯时吞小石子，石子下，辄复断酒脯杂果。（《古小说钩沉·冥祥记》）

（76）三年，有一人就饮，以一斗石子与之，使至高平好地有石处种之，云："玉当生其中。"（《搜神记》卷十一）

（77）绝谷饵柏实。柏实难得，复服松脂。后服细石子，一吞数枚，数日一服。（梁释慧皎《高僧传》卷九"释单道开"）

（78）先服方寸匕，乃吞石子大如雀卵十二枚，足辟百日，辄更服散，气力颜色如故也。（《抱朴子内篇·杂应》）

（79）小儿奴子，并青布裤衫。（《南齐书·豫章文献王传》）

（80）东间斋中一奴子，忽见一人着帻，牵一骢马，直从门入，负一物状如乌皮隐囊，置砌下，便牵马出门。（《古小说钩沉·述异记》）

（81）（慧）敬有一奴子及沙弥，忽为鬼所打。（梁释慧皎《高僧传》卷十三"释慧敬"）

中古汉语时期，"子"附着在一个实语素后，并没有实在的词汇意义，比如"盒子""杓子""碗子""瓮子""锯子""袋子""笼子"等器物名词后面的"子"并不含有表示事物很小这样的意义，附加了"子"语素的合成词的词义基本上跟这些词中的前一词根语素意义是相同的。而"貉子""鹞子""燕子""猫子""鼠子""师子""狗子""蚁子""马子"这样表示动物名称的合成词后面的"子"也不是动物的幼子的意思，也没有指小称的特殊含义，这些词的词义也跟其前一词根语素的意义完全相同。因此，这些合成词中的"子"可以看成一个羡余语素，作用是凑成双音节的词汇形式，与现代汉语中"桌子""凳子""杯子"等合成词后面的"子"并没有实质性的区别，完全可以将它看成一个构词后缀。这是"子"由上古汉语时期的实语素发展到中古时期的虚语素即名词后缀的又一显著标志。

此外，中古汉语带"子"语素的一些合成词，词性跟词根语素单独成词时的词性明显不同，比如"憨子""悭子""盲子"中的"憨""悭""盲"单独成词时是形容词，而加了"子"语素后都变成了名词。可见"子"的用法发展到中古时期，可以附加在非名词性的实语素后，使整个合成词转化为一个名词。这就像英语中的"-er"这个语素，通常就是附着在动词后面，使新产生的词变成名词，如"write"是动词"写"，而加了"-er"的"writer"就成了名词"作者"，我们都知道英语中这样的"-er"是典型的名词后缀。因此，能够附加于别的语素后并改变原来词根语素的语法功能，这是词缀的典型特征之一，也是词缀发展成熟的一个重要标志。

从上面的论述可知，"子"在上古汉语时期的确有了词缀化的迹象，但真正成为一个典型的名词后缀还是在中古汉语时期，因为中古时期带"子"语素的双音节合成词数量激增，使用也较普遍，而"子"在这样的合成词中都丧失了实在的词汇意义，或者成为一个凑足音节的羡余语素，或者成为一个改变词根语法功能的虚语素，这些比较明显的变化都可以视为"子"在中古汉语阶段已发展为一个成熟的名词后缀。

参考文献：

王力：《汉语语法史》，商务印书馆1989年版。

太田辰夫：《中国语历史文法》，蒋绍愚、徐昌华译，北京大学出版社1987年版。

向熹：《简明汉语史（修订本）》（下），商务印书馆2010年版。

殷国光等：《汉语史纲要》，中国人民大学出版社2011年版。

洪诚：《洪诚文集·雒诵庐论文集》，江苏古籍出版社2000年版。

志村良治：《中国中世语法史研究》，江蓝生、白维国译，中华书局1995年版。

江蓝生：《魏晋南北朝小说词语汇释》，语文出版社1988年版。

柳士镇：《魏晋南北朝历史语法》，南京大学出版社1992年版。

周俊勋：《中古汉语词汇研究纲要》，巴蜀书社2009年版。

王云路：《中古汉语词汇史》，商务印书馆2010年版。

汪维辉：《〈齐民要术〉词汇语法研究》，上海教育出版社2007年版。

缪启愉：《齐民要术校释》（第二版），中国农业出版社2009年版。

作者简介：

潘志刚，江西农业大学人文与公共管理学院讲师，四川大学汉语言文字学专业博士，学位论文《魏晋南北朝汉语连词研究》（2010）。

《明成化说唱词话》同素逆序双音词研究

宜春学院 李福唐

摘 要：作为一种特殊的语言现象，同素逆序词早已受到语言学界的广泛关注，各种研究成果层出不穷。《明成化说唱词话》中的同素逆序双音词可分成两大类：一是两个词形共现的同素逆序双音词；二是只出现一个词形的单向式同素逆序双音词。探究《明成化说唱词话》中的同素逆序双音词，并将其与不同历史时期的文献及现代汉语进行比较，可以窥见汉语同素逆序双音词发展演变的轨迹，能对今后的语文辞书编纂及订补工作提供一些借鉴和帮助。

关键词：《明成化说唱词话》；同素逆序双音词；演变

同素逆序双音词[①]作为一种特殊的语言现象，早已受到语言学界的广泛关注，各种研究成果层出不穷，如丁勉哉（1957）[②]、张永绵（1980）[③]等。其中专书中同素逆序词的研究硕果累累，如王森等（2000）[④]、黄建宁（2001）[⑤]、田照军等（2008）[⑥]和曹小云（2009）[⑦]等。《明成化说唱词话》（以下简称《成化》）是一种属于小说体系的唱本，鼓词、弹词的祖先，一

[①] 学界对此种现象有不同称法，如郑奠称为"字序对换的双音词"（郑奠：《古汉语中字序对换的双音词》，《中国语文》1964 年第 6 期）；曹先擢称为"同素异序词"（曹先擢：《并列式同素异序同义词》，《中国语文》1979年第6期）；武占坤、王勤称为"同素词"（武占坤、王勤：《现代汉语词汇概要》，内蒙古人民出版社 1983 年版，第 167—178 页）；佟慧君称为"同素反序词"（佟慧君：《常用同素反序词辨析》，湖南人民出版社 1983 年版，第 1—9 页）；谭汝为称为"同素逆序词"（谭汝为：《同素逆序词四论》，《词汇学新研究》，语文出版社 1995 年版，第 146—161 页）。

[②] 丁勉哉：《同素词的结构形式和意义关系》，《学术月刊》1957 年第 2 期。

[③] 张永绵：《近代汉语中字序对换的双音词》，《中国语文》1980 年第 3 期。

[④] 王森、王毅：《〈金瓶梅词话〉中字序对换的双音词》，《兰州大学学报》（社会科学版）2000 年第 6 期。

[⑤] 黄建宁：《〈太平经〉中的同素异序词》，《四川师范大学学报》2001 年第 1 期。

[⑥] 田照军、肖岚：《〈汤显祖戏曲集〉字序对换的双音词初探》，《北京航空航天大学学报》（社会科学版）2008 年第 2 期。

[⑦] 曹小云：《〈唐律疏议〉同素异序双音词研究》，《安徽理工大学学报》（社会科学版）2009 年第 4 期。

般以七言叙述体唱句为主，间有"说""白"及"攒十字"的小段。这种曲艺形式曾因统治者的严禁和士大夫的轻视而散失殆尽，这批文本的发现让人们得以看到元明"说唱词话"的原貌，是一份珍贵的"同时资料"。《成化》一经发现，就受到学界的重视，被认为是迄今发现的中国俗文学最早的刻本，文献价值较高。已有的研究大多从文学角度展开，并取得较多成果，从语言角度进行研究的成果较少。本文拟探究《成化》中的同素逆序双音词，并将其与不同历史时期的文献及现代汉语进行比较，以窥见同素逆序双音词发展演变的轨迹，以期对今后的语文辞书编纂及订补工作提供一些借鉴和帮助。

一 《成化》同素逆序双音词概貌

《成化》中的同素逆序双音词可分成两大类：一是两个词形共现的同素逆序双音词；二是只出现一个词形的单向式同素逆序双音词。

（一）两式共现的同素逆序双音词

依据发展变化情况，该类双音词可分为以下三种：

1. 《成化》中 AB、BA 两式共现，在现代汉语普通话中 AB、BA 两式皆沿用[①]。例：

【前日】【日前】

（1）元帅得知，怎生是好？前日一匹马有病死了，说道喂草不到，饿死了。那二人被杀了。今日不见此马，我二人性命难存。（《张文贵传》）

（2）日前使人家来说，你们只当耳边风。（《包龙图断曹国舅公案传》）

两者都是"前些日子、之前"的意思，在句中作时间状语，常与"今日""如今"等词对举。"前日"还有"前天"的意思，如白居易《赠梦得》诗："前日君家饮，昨日王家宴。今日过我庐，三日三会面。"

【日后】【后日】

（3）大儿子，所有弟媳妇张氏一段事，因他久后不说便好，倘或日后要与前夫报冤，犯了包家之手，如之奈何？（《包龙图断曹国舅公案传》）

（4）秀才传示知县："你把女儿还他，万事都休；不还他，由你，后日难见包公。"（《包待制陈州粜米记》）

"日后""后日"都作副词，都有"今后、此后"的意思。而"后日"

[①] 本文所说现代汉语普通话有无某词、以何种形式出现，均以《现代汉语词典》（商务印书馆 2016 年第 7 版）所收词为准。

还有"后天"的意思，如："好歹等那人明日回复，后日你陪我去寻他。"(《型世言》第二十六回)

【前生】【生前】

(5) 生死前生皆分定，怕死贪生做甚人？(《张文贵传》)

(6) 此事生前曾结会，五百年前非是今。(《张文贵传》)

两者都有"前世"的意思。"生前"此义唐代已见，如："仆二人，王粲、徐干也。足下生前是刘桢，为坤明侍中，以纳赂金谪为小吏，公今当不知矣。然公言辞历历，犹有记室音旨。"(《玄怪录》卷二)"生前"还可以指"死者还活着的时候"，《汉语大词典》"生前"条缺失"前世"义项，当补。现代汉语普通话"前生/生前"不再是同义词。

【喜欢】【欢喜】

(7) 来日巳时兴人马，个个儿郎尽喜欢。(《花关索传》)

(8) 关索见说心欢喜，见他好个大将军。(《花关索传》)

两词中古已见，清代还使用"欢喜"，如："不想两个媳妇这一圆和，老爷又这一夸奖，况且安老爷向日的方正脾气，从不听得他轻易夸一句儿子的，今日忽然这样谈起来，欢喜得老夫妻之间太太也合老爷闹了个'礼行科'"。(《儿女英雄传》第 33 回) 现代汉语普通话沿用。

这类词语还有"愿心/心愿、魂灵/灵魂、往来/来往、夜半/半夜、万千/千万"等。

2. 《成化》中 AB、BA 两式共现，现代汉语普通话中 AB 式沿用，BA 式消亡。例：

【留传】【传留】

(9) 听唱包龙图一本，留传劝谕世间人。(《包待制出身传》)

(10) 盘古王，分天下，传留己〔几〕代。(《薛仁贵跨海征辽故事》)

谓从前的事物留下来传给后世。"留传"中古已见，"传留"明代始见，清代还在使用，如："飞将军数奇，古今来大概如此。老先生这样功劳，至今还屈在卑位。这做诗的事，小弟自是领教。但老先生这一番汗马的功劳，限于资格，料是不能载入史册的了。须得几位大手笔撰述一番，各家文集里传留下去，也不埋没了这半生忠悃。"(《儒林外史》第 40 回) 普通话"留传"沿用，"传留"消亡。

【姓名】【名姓】

(11) 这夫人道："相公，此事理会不得。不知他姓名，亦不知他乡贯住处。"(《张文贵传》)

(12) 好生前来通名姓，今朝降伏汉家人。(《花关索传》)

两词上古已见，清代还在使用，如："你或是为父母兄弟，你告诉我姓名，外头去叫小厮们打了包袱写上名姓去烧。"(《红楼梦》第五十八回)普通话"姓名"沿用，"名姓"只保存在闽方言里。这类词语还有"禀告/告禀、拷打/打拷、泄漏/漏泄、众人/人众、吉凶/凶吉、鬼神/神鬼、方才/才方、途程/程途"等。

3.《成化》中 AB、BA 两式共现，现代汉语普通话中 AB、BA 两式均消亡。例：

【知闻】【闻知】

(13) 婆婆两眼双流泪，伏惟丞相愿知闻。(《仁宗认母传》)

(14) 闻知四个皇亲歹，了事朝官不敢行。(《包待制陈州粜米记》)

两词中古已见，清代还常使用，如："再者，使外人闻知，亦甚不雅观。"(《红楼梦》第六十八回)"孙家铁棒久知闻，履真小圣声名播。"(《后西游记》第二十三回)

(二) 单向式同素逆序双音词

单向式同素逆序双音词可以分为以下两种：

1.《成化》中只出现 BA 式，现代汉语普通话中 AB、BA 两式并用。例：

【熬煎】

(15) 没由写下休书去，将他却打熬煎。(《刘知远还乡白兔记》)

"煎熬"比喻折磨，明代文献已经使用，如："乱纷纷眼前零落，急穰穰心下煎熬。"(冯惟敏《不伏老》第四折)

【平生】

(16) 如今先取得成都府，西川五十四州，尽属我汉家所管，尽教军兵，都去成都府驻扎，却去下西川三十四州了。那时节是我平生愿足。(《花关索传》)

两词上古已见，"生平"明代文献中已常使用，如："生平无他愿，愿作直言臣。"(《七十二朝人物演义》卷二十六)

2.《成化》中只出现 BA 式，现代汉语普通话只用 AB 式。例：

【气力】

(17) 醉后不知南共北，浑身气力并无星。(《张文贵传》)

"力气"明代文献中已经使用，如："闵母口虽答应，心里想道：有甚力气与这小猢狲翻绵衣，反坐住了，不肯动身。"(《七十二朝人物演义》卷十一)普通话中"力气"沿用。

【导引】

(18) 大一班，小一班，两边导引。(《仁宗认母传》)

"引导"明代文献中已经使用,如:"此去四五里路程,至今枝叶繁茂,请先乘了车子,我们引导。"(《七十二朝人物演义》卷三十)普通话中"引导"沿用。

【宿歇】

(19)有一秀才来宿歇,此人言道姓张人。(《张文贵传》)

"歇宿"明代文献中已经使用,如:"光武大喜,着邓禹就帐里歇宿。"(《国朝忠传》)"宿歇"元代已见,清代还在使用,如:"日间在潜亭上眺望,晚里归房宿歇,摸一摸,床头间五百文一个也不见了。"(《儒林外史》第12回)普通话中"歇宿"沿用。

【养赡】

(20)我在此山中,讨些少金银钱物,养赡军马。(《花关索传》)

"赡养"上古已见,明代文献中也常使用,如:"多蒙老官厚恩赐,我日工赡养老母足矣。"(《详刑公案》卷八)"养赡"中古已见,清代还常使用,如:"及至我要请他母女到家养赡,他又再三推辞。"(《儿女英雄传》第16回)普通话"赡养"沿用。这类词语还有"钱纸、赏玩、须胡、争竞"等。

正如袁宾所指出的,逆序词语产生主要有三个方面原因。一是近代汉语属于双音词的逐渐凝固时期,当词序尚未完全凝固时,自然可前可后。二是有时逆序词与方言习惯有关。如"姓名/名姓"等,在普通话中,"名姓"等词语已经被淘汰,但在闽方言中还在继续使用。另如"知闻、气力"等词也没有完全消亡,而是保存在现代汉语方言里。三是有时是为了调平仄、凑韵脚而临时调换词序。[①]

二 与上古、清代、现代同素逆序双音词的比较

笔者选择《史记》《成化》和《红楼梦》作为西汉、明代和清代的代表语料,与现代汉语中出现的部分同素逆序双音词进行比较,其使用情况见表1(表中用甲、乙来表示AB、BA两式)。

由表1可见,同素逆序双音词的发展是不整齐的,往往伴随大量的脱落且具有反复性。有些词可能很早的时候成对出现,后来变成甲式或乙式,现在仍然以成对的面目出现,如"生平/平生";有些词由成对变成乙式再到甲式,如"姓名/名姓"等。同素逆序双音词发展曲折,具有连续性,时代相距较近的变化不显著,时代相距久远的变化较大。如《史记》中同素逆

---

① 袁宾:《近代汉语概论》,上海教育出版社1992年版,第119页。

序双音词有 62 对[①]，成对出现的到《成化》和《红楼梦》以及现在仍然成对出现的有 6 组，而《成化》中成对出现到《红楼梦》中仍然成对出现的有 16 组，体现了同素逆序双音词的连续性。从《史记》到《成化》出现的相同的同素逆序双音词很少，从《成化》到《红楼梦》相同的同素逆序双音词则出现很多。可见，时代相近的同素逆序双音词变化不大，时代相距较远的则变化较大。

表1 《史记》《成化》《红楼梦》与现代汉语中的部分同素逆序双音词比较

例词\语料	《史记》	《成化》	《红楼梦》	《现代汉语词典》
子弟/弟子	甲、乙	甲、乙	甲、乙	甲、乙
姓名/名姓	甲、乙	甲、乙	甲、乙	甲
生平/平生	甲、乙	乙	甲、乙	甲、乙
赡养/养赡	甲	乙	乙	甲
留传/传留	—	甲、乙	—	甲
泄漏/漏泄	乙	甲、乙	甲	甲
知闻/闻知	—	甲、乙	乙	—

逆序词中的某一个消失的原因主要是声调顺序和意义差别。同素逆序双音词发展到现代汉语，是以 AB 的形式保留下来的，大部分符合"平、上、去、入"四声的顺序。汉语构词讲究音节和谐，语素以四声为序，能体现抑扬顿挫的音乐美。如"宿歇/歇宿""挂牵／牵挂"等同素逆序双音词，在现代汉语中只保留后一序，当与声调顺序有关。意义差别的作用也不可忽略，人们在选择字序时习惯于尊者在前、卑者在后；通指在前、专指在后；吉、正、好义之词在前，凶、反、坏义之词在后等，这源于汉族的传统观念和文化心理等因素。[②]

《成化》中的同素逆序双音词有些可能只是为了押韵目的而采用的，但大多"反映了汉语词汇复音化过程中语素结合的灵活性和构词的功能，解决了语言发展中词义的丰富性、多样性与表达的单一性、明确性之间的矛盾，增强了语言的表现力"[③]。本文的研究是一个封闭的系统，《成化》中没有 BA 式的某词，并不代表在明代的其他文献中也没有，要深入研究这种

---

① 韩陈其：《〈史记〉中字序对换的双音词》，《中国语文》1983 年第 3 期。
② 曹小云：《〈唐律疏议〉同素异序双音词研究》，《安徽理工大学学报》（社会科学版）2009 年第 4 期。
③ 徐时仪：《近代汉语词汇学》，暨南大学出版社 2013 年版，第 153 页。

现象，还有待于在更大范围内做系统的考察和统计。

参考文献：

陈练军：《〈刘知远诸宫调〉与明成化本〈白兔记〉词语比较》，《忻州师范学院学报》2008 年第 3 期。

方胜：《〈明成化说唱词话〉人称代词研究》，《现代语文》（语言研究版）2009 年第 1 期。

李福唐：《试论〈明成化说唱词话〉的用字特点》，《青海师范大学学报》（哲学社会科学版）2016 年第 4 期。

刘光民编：《古代说唱辨体析篇》，首都师范大学出版社 1996 年版。

游汝杰：《明成化本南戏〈白兔记〉中的吴语成分》，《杭州师范学院学报》1998 年第 5 期。

朱一玄校点：《明成化说唱词话丛刊》，中州古籍出版社 1997 年版。

项目基金：

江西省 2017 年度高校人文社会科学研究青年项目"明成化说唱词话的用字与词汇研究"（项目编号：YY17226）。

作者简介：

李福唐，宜春学院文学与新闻传播学院讲师，南京大学汉语言文字学专业博士，学位论文《元代直解作品词汇研究》（2010）。

商承祚先生的汉字学思想

江西师范大学 吴 慧

摘 要：商承祚是我国近现代著名的文字学家，在甲骨金石、简帛写卷、玺印漆器、历史考古、书法创作等多个领域都卓有建树，学术影响深远。本文将其散见于各著述中的文字学思想加以整理，总结和评述他在文字起源、文字发展阶段、古文字演化规律、汉字结构方式等方面的认识。

关键词：商承祚；汉字学；思想

"汉字学思想"是人类关于汉字学这门客观科学的主观认识、理性观念，包括对汉字起源、发展、性质、体系、汉字的形音义的关系，正字法以及个别汉字演变的情况等方面的认识和观念。[1]作为享誉盛名的古文字学家和书法家，商承祚先生虽无专文探讨相关问题，但从其文字学著述，从他在古文字考释对汉字特点的零星的、不成体系的表述中，我们仍可窥见其汉字学思想。

一 汉字起源

关于汉字起源，赵诚归纳为六种："仓颉造字说""结绳说""八卦说""书契说""记号说"和"图画说"。[2]近年来，随着地下考古资料的不断出土和文字学研究的深入，图画与汉字有密切关系的观点已为越来越多的学者所接受，也即赞同汉字起源于"图画说"。商承祚亦持此论："我国文字源于图画，凡象形诸文，皆图画也。上古图画无存于今者，其工巧若何，殊难考见，若甲骨文中之龙、凤、龟、虎、豹、象、马、牛、羊、鸡、犬、豕、鹿、兔、猴、燕、鱼、蚕诸字，妙肖生动，一望而知其为何物，并可

---

[1] 张玉梅：《王筠汉字学思想述论》，上海交通大学出版社2009年版，第8页。
[2] 赵诚：《甲骨文字学纲要》，商务印书馆1993年版，第17—27页。

以推见古代画意。"①文字和图画渊源深远，自古就有"书画同源"之说。商氏所举龙、凤等甲骨文字都具有图画意味浓厚的繁复字形。"羊角像其曲，鹿角像其歧，象像其鼻，豕像其竭尾，犬像其修体，虎像其巨口……因物赋形，恍若与图画无异。"②这些图画描绘出了概念中的名词实像，使得人们通过这些图画就能联想到所要表达的概念。缘此，文字由图画衍生而出，象形为其最早之形态，很有道理。商承祚对此在《谈廿、卅、卌及其起源》一文中做了进一步解释："象形文字的前身是从图画变而来的，为研究文字学的人们所公认。古代人民在生产过程中，对自然界的事物或动植物的状态与人体的某一部分来观察、体会，依据其不同的形象、动作描绘成图画。这种图画最初的结构必然比较复杂，经过后人不断的删繁就简，去掉其不必要的部件，保留其突出特点，乃成为轮廓式的线条象形文字，所以图画和文字有紧密的联系。"③

商承祚从发生学的角度推证图画与象形文字之间的相通关系，辩证地看待文字与图画之间的联系，既肯定象形文字来源于图画，又指出了象形文字与图画的区别，难能可贵。图画和文字不同，文字是为记录语言而产生的书写符号，受语言规律的制约；图画则不同，图画尽管能表达某种意思，但不能准确地记录语言。在文字初创时期，象形表意是主要的造字法，但这种造字法有很大局限，能够摹写的东西有限，且"有形可象但差别细微的事物间难以造出区别字，无形可象及难于用事物联想会意的抽象语词无法造字"④。

此外，商承祚还提出了一条判断文字起源的标准，即这个起源与语言是否有关联。汉字是记录汉语的书写符号系统，汉字产生的根本在于汉语。"无论文字起源于什么，在它还无法跟语言中的语词相对应并按照语序逐词逐句地记录语言之前，我们不能称之为文字。"⑤"结绳固然能起帮助记忆的作用，但若以为它就是一种原始的文字，或是认为文字起源于结绳，都是不符事实的说法。因为结绳和语言并没有直接的关系。"⑥商承祚从语言和文字的关系上来看汉字的产生，抓住了汉字是基于记录汉语的需要而形成的这一特点，显然更为科学合理。

---

① 商承祚：《甲骨文字研究》，天津古籍出版社 2008 年版，第 93—94 页。
② 容庚：《甲骨文字之发见及其考释》，《国学集刊》1924 年第 1 期。
③ 商志醰编：《商承祚文集》，中山大学出版社 2004 年版，第 298 页。
④ 张振林：《古文字中的羨符——与字音字义无关的笔画》，《中国文字研究》2001 年第 00 期。
⑤ 叶玉英：《古文字构形与上古音研究》，厦门大学出版社 2009 年版，第 384 页。
⑥ 商志醰编：《商承祚文集》，中山大学出版社 2004 年版，第 298 页。

二 汉字发展

商承祚的汉字发展思想体现在对汉字性质、特点、字体结构等各方面的揭示中。他将自己对汉字发展演变原理和规则的认识贯穿于整个古文字研究实践，如在古文字考释中将甲骨金文与后世文字进行比较，寻其发展演变之迹，不仅据此考释出了不少古文字，还辨证分析了古文字在发展过程中讹误的形式和原因。

（一）文字发展观

商承祚曾"因字触谊，而推其初"作《由甲骨文字推想上古人民生活之程序》一文。在该文中，他由上古人民"由渔猎而游牧，而农业，而信仰与宗教，而政治与刑法，而思想与艺术"五种程序推论了文字的产生发展与社会的发展变化息息相关、密不可分，并提炼出"造字者亦由社会普通之心理而图成之也""农事既生，文字亦出"[①]等观点。文字不仅是记录语言的书写符号系统，也是人类社会生活的一面镜子，且积淀着汉民族实践的历史尤其是认知的历史，凝聚着汉民族先民复杂的心智劳动、独特的思维方式和文化心理。

商承祚用辩证的眼光看待汉字发展演变的历史，认识到文字随社会的发展而发展。认为"文字非一代所能备，亦非一人所能齐集，世愈下，文字之孳乳衍变亦至多，且一字之成，必经若干时期能定形。"[②]"每一个文字产生初期，异体繁多决不会统一其形的，从不固定到固定结构，必须经过不断修改的漫长过程缩小其异体的范围，是合乎客观规律的。"[③]

商承祚在论及小篆与古文、籀文的关系时，批评段氏"不知文字之变迁"，"今试就小篆及甲骨文金文观之，相合者不过十之一二，不合者十之七八"，进而诘问"古籀文何能异例乎？"商氏站在文字发展的角度正确地认识到了"小篆之于古籀，籍使相同亦不过小部分，绝不能尽合"。[④]

商承祚立足于语言文字的功用，指出"书同文字""澄清战国以来文字异形的混乱局面，奠定了后世统一文字的基础，厥功甚伟"，[⑤]肯定秦始皇统一文字的做法。他认为语言文字与社会发展息息相关，混乱的文字给社

---

① 商承祚：《甲骨文字研究》，天津古籍出版社2008年版，第87页。
② 商志醰编：《商承祚文集》，中山大学出版社2004年版，第46页。
③ 同上书，第299页。
④ 商承祚：《说文中之古文考》，上海古籍出版社1983年版，第2页。
⑤ 商志醰编：《商承祚文集》，中山大学出版社2004年版，第324页。

会生产发展带来混乱，因此文字要为社会发展服务，要努力顺应社会的发展，特别强调从社会治乱的角度评价语言文字的作用，辩证地看待文字的发展演变。

他又从汉字与汉语的关系出发，揭示汉字发展演变的实质和内在动因。"文化艺术包括文字在内，不断向前发展，我们从历史来看，文字在不断增益，是与语言词汇的产生发展有密切联系的。"[①]作为记录汉语的书写符号系统，汉字必然伴随着汉语的发展而发展，必然要在形音义方面反映社会的变迁，适应社会的发展。

（二）汉字繁简

文字形体变异，唐兰说：假如归纳起来，实在不外删简改易和变繁的两种。[②]汉字的繁简，指的是汉字在发展过程中笔画和偏旁有所增繁和删简。商承祚在古文字考释过程中对繁简现象多有讨论，如"古文字每省益。省之者如：甲骨文金文示作 示，商作 示，言作 言，例不胜举。增之者如：天甲骨文金文鉢文作 天，正金文作 正，平金文作 平，鬲金文作 鬲，可作 可，其例亦伙。""笔画增减乃古文字中纹饰之一种，于各体中皆有之。""纟、丝本一字，体有繁简也。"等总结性的评价均确切不易。

1. 论字之繁化。从形体上看，简化是汉字发展的主要趋势，但"就单字结构而论，在二百七十三年之中甲骨文字逐渐趋向繁复，是由简到繁，而不是由繁到简。这也说明汉字在甲骨文时代正在不断的创造、丰富之中"[③]。唐兰将文字的增繁分为三种：一是文字的结构趋向整齐，因是在许多地方添加一些笔画，使疏密匀称；二是因为形声字的盛行，在较古文字上面增加偏旁；三是因为文字的书法，成为艺术，常增加笔画或偏旁。[④]商承祚用历史的眼光看待文字的发展，发现并总结了不少汉字繁化现象。

增加形符或声符而造成繁化，如"跽"，甲骨文作 、、、、诸形，未见从心作者。商氏认为"从止从己，殆即许书之跽字，后世增心耳"得之。杨树达后补充曰："己象人跽形，许说非是。忌字从己得声，故己跽二字音同。象形字变为形声，其形声字之类即由本象形字所孳乳，此例往往有之"[⑤]。

增加笔画而造成繁化之字，如"聿"之初形作 聿，其"·"即为后世

---

① 商志醰编：《商承祚文集》，中山大学出版社2004年版，第513页。
② 唐兰：《古文字学导论》，齐鲁书社1981年版，第219页。
③ 陈炜湛：《甲骨文简论》，上海古籍出版社1987年版，第75页。
④ 唐兰：《古文字学导论》，齐鲁书社1981年版，第223—228页。
⑤ 杨树达：《中国文字学概要　文字形义学》，上海古籍出版社1988年版。

所写之一横。【字】字下部有"·"和"⌒"，由【字】到【字】是通过增加笔画而造成书写形式上的繁化。"'天'，甲骨文金文鉥文作【天】，'正'，金文作【正】，'平'，金文作【平】，'鬲'，金文作【鬲】，可作【可】，其例亦伙。"又如：表数字之一、二、三，甲骨文分别作一、二、三，《说文》古文分别作弌、弍、弎，是"加弋而填密之"。钱大昕《汗简》跋云："作字之始，先简而后繁，有一二三，然后有从弋之弌弍弎，而叔重注古文弌弍弎之下。吾以是知许所言古文者，古文之别字，非弌古于一也。"①商氏进一步指出，"殆一二三之字，笔画太简，与它字不能相称，至晚周遂加弋而填密之，是弋乃迆饰也。汉开庙石阙及袁安袁敞残碑，一二字皆作【一】、【二】，曲其下笔为垂脚，取姿媚与配合之一证，其意与从弋同也。"

商承祚指出"文字由进化而推衍，愈后则愈繁，故籀文详于古文，篆文详于籀文"②，看到了汉字繁化的现象，并指出汉字繁化的原因为"或取其美观，或以之实空"③。这有一定道理。王筠在《说文释例·文饰》中说："古人造字，取其百官以治，万民以察而已。沿袭既久，取其悦目，或欲整齐，或欲茂美，变而离其宗矣。此其理在六书之外。吾无以名之，强名曰文饰焉尔。"人们为了求得字形的整齐美观，加上了一些无实际意义的符号，因而使文字繁化。当然，繁化最主要的原因不是为了字形的美观，而是语义的不断引申发展，造成一字多职。为保证文字表达语言的准确性，往往在初文基础上增加某些表义构件，产生新字，区别词义，从而引起繁化。

2. 论字之简省。"图画最初的结构必然比较复杂，经过后人不断的删繁就简，去掉其不必要的部件，保留其突出特点，乃成为轮廓式的线条象形文字。"④将汉字形体上的主要变化归结为简化基本符合汉字发展的事实。因为，在使用汉字的过程中，构形简单的字便于书写、易于记忆，总是传承的主流因素。

简化是汉字演变的一个主要趋势，唐兰在《中国文字学》中说："文字原来是致用的工具，所以总是愈写愈简单。"⑤梁东汉、王凤阳对此均有过比较详细的论述，林沄在讨论"字形历史演变的规律"时，首先提及的就是"简化"。⑥高明曾总结汉字简化的途径主要有五种：变图形为符号，删除多余和重复的偏旁，用形体简单的偏旁替换复杂的偏旁，截取原字的一

---

① 郭忠恕、夏竦：《汗简古文四声韵》序，中华书局1983年版。
② 商承祚：《说文中之古文考》，上海古籍出版社1983年版，第2页。
③ 商承祚：《甲骨文字研究》，天津古籍出版社2008年版，第102页。
④ 商志𩾌编：《商承祚文集》，中山大学出版社2004年版，第298页。
⑤ 唐兰：《中国文字学》，上海古籍出版社2001年版，第107页。
⑥ 林沄：《古文字研究简论》，吉林大学出版社1986年版，第42—49页。

部分代替本字，用笔画简单的字体更代笔画复杂的字体。①其核心是将复杂的形体简省，把具体的意象转化为比较抽象简单的符号，使汉字更趋向于"文字化"。②汉字简化始于甲骨文，且常和省变结合在一起。这有两方面的事实为证：一是甲骨文本身繁简的事实，释为内证；二是殷金文繁复而甲骨文简省的事实，是为外证。③

如："车"，商承祚通过甲骨金文与《说文》籀文比较，指出甲骨文字有多种形体，有辕轭、车厢、两轮俱见之☒形，也有见辕轭之☒形，见车厢之☒形，或仅见车轮之☒形，繁简之形并存，简省之意已显。至金文则变图形为符号，删除多余的部分，省作☒形，便于书写，为小篆所本，在文字发展竞争中得以留存至今。

3. 论字之分化。字之分化即汉字孳乳。王筠曾提出"分别文""累增字"等概念来说明汉字的孳乳、衍生。王宁说："一个汉字因为引申或假借而造成用法的分化，为了区别，需要分开用两个或两个以上的字来记录，这组字就是分化字。"④字之分化从原因上可分为同音分化和同源分化，从字形来源与形成时间上可分为异体分化与后出分化。商承祚所讨论的字之分化主要有两种情况。一是用字需要，在原字基础之上增加示意符号以区别原字，如"公卿之卿、乡党之乡、飨食之飨，皆为一字，后世析而为三"⑤。二是"古文本一字，为后世写讹而别为二字甚多，幸古谊尚存，乃得证误，俎且其一例也"⑥。

如"庸"，王国维认为"庸"即"墉"，与"章（墉）""郭"古同为一字。商承祚深以为然，并明确指出三字通用的时代。在王氏所论的基础上，不厌其烦地列举毛公鼎、国差𦉜、召伯虎簋、柏簋盖等金文辞例和字形，又据古字书《玉篇》和《诗经》《周易》《礼记》等经典文献，将地下出土资料和纸质文献结合起来，从文字训诂角度进一步论证了"墉"由于词义的分化而在使用过程中析一为三。类似的例子还有"画划一字，划为后起"。

（三）汉字讹变

汉字讹变指的是"古文字演变过程中，由于使用文字的人误解了字形

---

① 高明：《中国古文字学通论》，北京大学出版社1996年版，第160—164页。
② 李孝定：《汉字史话》，联经出版社1997年版，第58页。
③ 陈炜湛：《汉字简化始于甲骨文说》，《陈炜湛语言文字论集》，上海古籍出版社2005年版，第186页。
④ 王宁主编：《汉字汉语基础》，科学出版社1997年版，第133页。
⑤ 罗振玉：《增订殷虚书契考释》，宋镇豪、段志洪主编《甲骨文文献集成》（第七册），四川大学出版社2001年版，第98页。
⑥ 商承祚：《说文中之古文考》，上海古籍出版社1983年版，第158页。

与原义的关系，而将它的某些部件误写成与它意义不同的其它部件，以致造成结构上的错误的现象"①，也是汉字演化的方式之一。商承祚对古文字被篡改致原貌多不存颇感痛心，对古文字形义被妄说尤有感触，曾言"结构任意，体多误合矣。""后世误形立说者，则未有不失之千里者矣"。②因此，在考释、梳理古文字时，极力辩证古文字被传写篡改的谬误，分析其讹误之由。商承祚所讨论的讹变有传写而讹、形近而讹、整齐而讹三种情形。

1. 传写而讹

传写而讹主要是文字在后世书写、传抄过程中，由于误书而造成的讹变。商承祚主要通过甲金文字与小篆的形体比较而得之，常直言"后世传写之误/失"。如："函"，甲骨文作 ⊛，象倒矢在函中，右上部所从之 ⊃ 为"其缄处，且所以持也"。商氏说："后世传写误 ⊃ 而为 ⼓，许君训舌，殆指此，谬于初意矣。""逃"，甲骨文作 ⺀、⺀、⺀ 之形，"此象二人背逃之形，许书之 ⺀，殆由 ⺀ 写讹误"。甚确。马叙伦曰："甲文逃字作 ⺀，传写讹变为 ⺀，又为卜兆之义所据，加乏成逃矣。"③这是后世不明部件寓意而造成的书写之讹。

商承祚指出因传写而讹的字还有：廾，甲骨文作 ⺀、⺀、⺀，"金文作 ⺀（毛公鼎丁未角巩玿字偏旁），今篆文作 ⺀，乃传误也。"爵，甲骨文作 ⺀、⺀、⺀，"金文作 ⺀（爵爵），⺀ 象杠与首之饰，⺀ 即斿形，篆文作 ⺀ 写误也。"皮，"《说文》古文作 ⺀，籀文作 ⺀，《汗简》引作 ⺀、⺀，所从之 ⺀、⺀、⺀，乃 ⺀ 之讹，⺀ 又 ⺀ 之讹。金文叔皮父簋作 ⺀，者减钟作 ⺀，可证。蚉壶作 ⺀，鉢文作 ⺀，亦误 ⺀ 为 ⺀。"贊，甲骨文作 ⺀，"⺀ 角两虎对争之形，即许书贊之本字，后世传写误正，成戯，遂加贝字以别戯，微此几晦其初形。"

2. 形近而讹

形近而讹主要是由于文字的相关构件相似，不易区别而在书写中将彼形误作此形造成的讹变。形近而讹既有同一文字系统内的讹误，也有不同文字系统之间的讹误。商氏常用"某与某形近易误""与……相混"等表述。如："攸"字，林义光释曰："按以 ⺀ 为水省，不显。古作 ⺀ [师嫠敦]，作 ⺀ [攸尊彝丁]，从攴从人，即修之古文。"④商承祚将其甲骨文、金文、石刻和小篆进行比

---

① 张桂光：《古文字论集》，中华书局2004年版，第1页。
② 商志馥编：《商承祚文集》，中山大学出版社2004年版，第212页。
③ 马叙伦：《说文解字六书疏证》（一），上海书店1985年版。
④ 林义光：《文源》，刘庆柱、段志洪、冯时主编《金文文献集成》（第十七册），线装书局2005年版，第513页。

较,知甲骨文"攸"从人从支不从水,金文已改之从氵从支,至今本《说文》从水省,疑⿰与⿰形近而致误,是也。商氏后在《说文中之古文考》进一步补充说:"甲骨文作⿰,金文王⿰尊同,颂毁、伊毁作⿰,师酉毁作⿰,颂壶作⿰。此从⿰作者,其⿰之讹欤。"①赵平安指出,"新出文字资料与明拓本基本相同,因此⿰当为⿰的讹误。"②

3. 整齐而讹

甲骨金文的形体结构不固定,繁简并存,能左能右,或分或合,书写相当随意,增减偏旁往往因人因时而异。后世文字用户为求整饬美观,取其悦目,"或欲整齐,或欲茂美,变而离其宗矣"③。但由于不明文字最初取象义,而在整理、规范过程中造成讹误,商承祚常用"因整齐失其形"言之。相对于传写而讹和形近而讹来说,整齐而讹是有意而为之。

商承祚曾言,"象形为文字之始,及至后世,日归整齐,遂不能尽似,此古文与篆文之分也。"④甲骨文的"马"其形虽屡变,"然一望而知其为马也。至周文字日趋整齐,愈变愈不肖"。进而总结了文字形体发展的一般规律:早期文字尤其是象形文字在由图画式结构向线条化演变过程中,为求整饬美观,日趋整齐,愈变愈难以窥见其最初形态,故而不明其取象义而造成讹误。商承祚明确指出因整齐失其形的例子还有:猴,"案猴乃后起字,其本体疑即《说文》训'母猴属'之禺。今篆作⿰者,整齐失其形也。"为,"甲骨文作⿰,金文宗妇毁作⿰,石鼓文同,皆象以手牵象助劳之意。金文后变作⿰、⿰_{召鼎、公伐郘钟},形已失。小篆整齐之作为,以人手为兽爪,象形为猴形,古文无所取义。"仆,"甲骨文仆作⿰,从两手捧⿰,似箕内盛有粪土之形。金文将箕置头上,又变其笔势。古文省略为⿰,小篆又整齐之为⿰。金文史仆壶作⿰,趠簋作⿰。奴仆从箕,示执贱役,逐步省误,由来已久,不自汉魏始矣。"

三 汉字结构方式

汉字创制问题在汉字学史上是借"六书"之名而发生发展的,千百年来,"六书"定名、次第以及是否为造字法问题一直是文字学界探讨的重要问题。《说文》首次总结六书条例,虽无"六书"为造字法之论断,但文字学家一直认为"六书"理论是文字发生理论。如戴侗提出"五书造字,假

---

① 商承祚:《说文中之古文考》,上海古籍出版社1983年版,第28页。
② 赵平安:《〈说文〉小篆研究》,广西教育出版社1999年版,第51页。
③ 王筠:《说文释例》,中华书局1987年版,第118页。
④ 商承祚:《甲骨文字研究》,天津古籍出版社2008年版,第107页。

借用字"说。杨慎提出"四经二纬"说。戴震提出"四体二用"说。商承祚在继承前人研究的基础上，对"六书"的性质、作用和相关概念亦做过一些探讨。他说："殷去古未远，文字简略，每多象形及简体表示之字以达其意。亦文字不足于用之征也。后世文字日繁，乃相孳乳，反虑其多而难识别，于是立六书以纳之。""人事日繁，则文字必孳乳繁变，若无系统以归纳之，则紊淆而不可究诘。此六书之所以应时产生，亦必然之趋势也。"①

商氏之意，"六书"是应文字发展之需而产生的，是文字发展的必然趋势，其作用是用来识别日益繁多的汉字。从性质上看，"六书"是文字孳乳繁变的系统归纳方法，而不是造字方法。较传统的六书理论来说，这种看法是独到的一得之新见，为一些学者所认同。如于省吾曰："六书者，乃后人用归纳方法把所有文字划分为六个范畴。"②

商承祚认为自汉代兴起的"六书"理论可以用来释读、分析较小篆古老的甲金文字，故在《甲骨文字研究》（下篇）开篇中说："凡读古文字，欲求易于贯彻，有条不紊，六书当矣。""六书"中，商承祚明确提及象形、指事、会意、假借四种。

1. 象形

从汉字构造形式来看，商承祚把象形排在第一位，认为其为造字之本。曾言，"以象其物之形故曰象形，乃文字之始。"③换言之，象形即汉字的"字形""象""物"之形，"象"为动词，"形"为物形——且从他所考释的古文字实例来看——为实物之形。"比如⛰象山形，)))象水形，艸象草形，鹿象鹿形；人体的⺈（手）、⊂（耳）、凵（口）、👁（目）莫不皆然。"都是从具体的物构成其形，而不是抽象的，是由图画"经过后人不断的删繁就简，去掉其必要的部件，保留其突出特点，乃成为轮廓式的线条象形文字"。

商承祚亦言"象形是文字之始，及至后世，日归整齐，遂不能尽似，此古文与篆文之分也。殷文象形之字，亦不多遘，其习见者，以鸟兽之形为伙。而一字之中，又或象形兼会意，知商时文字已不能统一矣"。当然，这种观点有其一定的合理性，但是否符号所有文字发展的史实还有待进一步研究。商承祚在《甲骨文字研究》中共考释了 5 类 149 个象形字，其中天象地文象形 15 个、人体象形 31 个、动物象形 31 个、植物象形 10 个、器物象形 62 个。

---

① 商承祚：《甲骨文字研究》，天津古籍出版社 2008 年版，第 97—106 页。
② 于省吾：《甲骨文字释林》，商务印书馆 2010 年版，第 445 页。
③ 商承祚：《甲骨文字研究》，天津古籍出版社 2008 年版，第 107 页。

2. 指事

商承祚明确指出指事"乃象形文中附有符号之字",由于"事空虚不可象,必丽于形而后乃能明示其谊"。在他看来,象形字只能"象"实物之形,而空虚之"事"无形可象,故须在象形文字基础之上附加符号而成指事之字。这是对的,"象形和指事之别,物有形,故可象,事无形,故须有所指以见意。"①也即"在用象形方法难以表示事物特点时,利用标记符号的方法,指出所记事物的要点,将已有之图形与已有之记号相互嫁接,通过图形与记号的关系呈现物象涵义,从而'视而可识,察而见意'"②。

然指事和会意常常淆然不分,商氏指出,指事字和会意字区别在于用来起标识作用的符号无定形,"指事字与会意别者,以所指之标识无定形,似会意而实非也"。如"天在人上,故绘人形,后作一注或两画以指其处,只求表见其意,故不拘于一形"。信然。如"夫"和"立",甲骨文分别写作"夫"和"立",《说文·夫部》:"夫,丈夫也。从大,一以象簪也。"《说文·立部》:"立,住也。从大,立一之上。"两字皆从"大"(即"人"),皆以"一"为标识符号。作为标识符号的"一"并不表示特定的所指,也无固定的位置,在"夫"字中表示簪,在"立"字中表示地。商承祚在《甲骨文字研究》中共考释了 33 个指事字。

3. 会意

会意,《说文》释为:"比类合谊,以见指撝。" 商承祚将会意与指事、象形进行比较、辨析后,对其特点进行了归纳:会意字以象形为本,在象形字的基础之上增加一个人为的意义,由此及彼,由外及里地产生另一种新义。象形重在"形",指事重在"事",会意重在"意"。会意字有独体会意和合体会意之分,一事能明其意则为独体会意,"如夫为指事字,而到(倒)之则为意。正为指事字,而反之则为意,此独体会意也。"须借助他事之意并比附贯合而成新一意者为合体会意。"如止戈为武,人言为信。止之于武,人之于信,其意悬绝,而合止于戈,合人于言,则武信之意乃昭焉。此会意之字所以必具合体,而所合之两体,又必具有两意使能贯合而成一意者也。"③

商承祚认为要理解会意字,"须与其它的偏旁联系起来思考,才能理解其涵义所在。象形与会意主要区别在于此"。他还曾指出区别象形字和会意字,不能从字的表面现象来判断,而要从内在因素进行分析。进而把构成会意字的各个部件看作一个整体,相合相资,而别铸造一个新义。这种看

---

① 于省吾:《甲骨文字释林》,商务印书馆 2010 年版,第 445 页。
② 吴慧:《论汉字构形的整体联系性》,《重庆邮电大学学报》(社会科学版)2007 年第 1 期。
③ 商承祚:《甲骨文字研究》,天津古籍出版社 2008 年版,第 177—178 页。

法抓住了会意字的精髓，会意是"一体不足以见其义，故必合二字以成字"，"合二字三字之义，以成一字之义"。商承祚在《甲骨文字研究》中共考释了214个会意字。

4. 假借

商承祚未对假借做过具体界定，在《甲骨文字研究》中也未列假借之条，但在《石刻篆文编》中举例说明了假借大量存在的事实。① 在《研究甲骨文字应该注意的一个问题》一文中，他从甲骨文字用例推论假借早已大量存在，来源很早，且不止始于商朝，分析产生假借的原因在于"当初文字少，不够用"，进行假借的条件是"音义皆要相近"，否则就叫别字，当然"先可没如此的严格"。尽管不清楚事实上何以"在多数合于声就算数，又有连声都不合的"情况下也能假借。他认为假借是研究甲骨文字应该明了的一个问题。② 在商承祚具体运用假借来考释古文字的实例中，即是结合所释字之上下文语境，利用音同假借。当然，商氏所谓假借"音义皆要相近"有失偏颇，假借有多种，不能一概而论。

"六书"是基于小篆字形总结归纳出来的汉字结构方式。但由于甲骨文与小篆分属于不同的文字系统，其结构方式也就可能"因其作法不同，而所属之六书亦异"③。商承祚以发展的眼光灵活运用六书理论分析甲骨文字的偏旁结构，考释出了不少新字，也指出了后世不少字形讹误之字。

参考文献：

陈炜湛：《汉字简化始于甲骨文说》，《陈炜湛语言文字论集》，上海古籍出版社2005年版。

陈炜湛：《甲骨文简论》，上海古籍出版社1987年版。

高明：《中国古文字学通论》，北京大学出版社1996年版。

郭忠恕、夏竦：《汉简古文四声韵》序，中华书局1983年版。

李孝定：《汉字史话》，联经出版社1997年版。

林义光：《文源》，刘庆柱、段志洪、冯时主编《金文文献集成》（第十七册），线装书局2005年版。

林沄：《古文字研究简论》，吉林大学出版社1986年版。

---

① 商承祚还在《石刻篆文编》序中说："在魏三体石经古文中用假借字也极为普遍，如借肤为卢，借奠为郑，借工为功，借才为在，借兽为狩，借鼚为傲，借截为捷，借糜为迷，借垣为咺，借畼为阳，这些假借字，有的见于商周古文，有不少是我们第一次看到的，他们尽量去借用原有的文字而不去独创新字，足以说明其古文不是臆造的。"

② 商志馥编：《商承祚文集》，中山大学出版社2004年版，第93页。

③ 王国维：《观堂集林》，中华书局1959年版，第282页。

罗振玉：《增订殷虚书契考释》，宋镇豪、段志洪主编《甲骨文文献集成》（第七册），四川大学出版社 2001 年版。
马叙伦：《说文解字六书疏证》，上海书店 1985 年版。
容庚：《甲骨文字之发见及其考释》，《国学集刊》1924 年第 1 期。
商承祚：《说文中之古文考》，上海古籍出版社 1983 年版。
商承祚：《甲骨文字研究》，天津古籍出版社 2008 年版。
商志䃯编：《商承祚文集》，中山大学出版社 2004 年版。
唐兰：《中国文字学》，上海古籍出版社 2001 年版。
唐兰：《古文字学导论》，齐鲁书社 1981 年版。
王国维：《观堂集林》，中华书局 1959 年版。
王宁主编：《汉字汉语基础》，科学出版社 1997 年版。
王筠：《说文释例》，中华书局 1987 年版。
吴慧：《论汉字构形的整体联系性》，《重庆邮电大学学报》（社会科学版）2007 年第 1 期。
杨树达：《中国文字学概要　文字形义学》，上海古籍出版社 1988 年版。
叶玉英：《古文字构形与上古音研究》，厦门大学出版社 2009 年版。
于省吾：《甲骨文字释林》，商务印书馆 2010 年版。
赵诚：《甲骨文字学纲要》，商务印书馆 1993 年版。
赵平安：《〈说文〉小篆研究》，广西教育出版社 1999 年版。
张桂光：《古文字论集》，中华书局 2004 年版。
张振林：《古文字中的羡符——与字音字义无关的笔画》，《中国文字研究》2001 年第 00 期。
张玉梅：《王筠汉字学思想述论》，上海交通大学出版社 2009 年版。

项目基金：

教育部人文社会科学研究规划基金项目"汉字构形方式演进的历史动因及内在机制研究"（项目编号：18YJA40054）。

作者简介：

吴慧，江西师范大学文学院副教授，华中科技大学语言学及应用语言学专业博士，学位论文《商承祚文字学之研究》（2013）。

汉语中一条显性语法化路径：
从持续义副词到衬托连词
——以"犹"与"还"为例

江西师范大学　黄增寿

摘　要：古今汉语中存在一条反复发生的语法化路径——从持续义副词到衬托连词，"尚""犹""还"都是其实例。本文以"犹""还"为例，详细分析并刻画了其语法化的具体演变过程：动态持续一般增量（持续义副词）→静态一般增量→包含临界线的静态一般增量→元语增量（衬托连词）。

关键词：持续义副词；衬托连词；犹；还；语法化路径

一　从持续义副词到衬托连词

在古今汉语当中，存在这样一条反复发生的语法化路径：从持续义副词到衬托连词，我们可以找到很多实例来说明。

（一）"尚"在上古的语义演变

（1）a. 今尔尚宅尔宅，畋尔田。(《尚书·多方》)
　　　b. 墨者夷之因徐辟而求见孟子。孟子曰："吾固愿见。今吾尚病，病愈，我且往见。"(《孟子·滕文公上》)
　　　c. 赵使者既见廉颇，廉颇为之一饭斗米，肉十斤，被甲上马，以示尚可用。(《史记·廉颇蔺相如列传》)
（2）a. 天地尚不能久，而况人乎？(《老子·第二十三章》)
　　　b. 子之服亲丧者，为爱之也，而尚可以赏劝也，况君上之于民乎？(《韩非子·内储说上》)
　　　c. 民间祠尚有鼓舞之乐，今郊祠而无乐，岂称乎？(《史记·孝武本纪》)
（1）各例的"尚"是持续义副词，表示动作行为正在进行或状态尚在持续；(2) 各例的"尚"是表示衬托意义的连词，句子中用前一个小句做陪衬，推出后一小句的判断理所当然。这两个意义一直沿用了很久，在现代汉语特别是书面语中还常能见到（例引《现代汉语词典》）：

(3) a. 为时尚早/尚待研究

　　b. 为了人民的事业，流血尚不惜，何况流这点儿汗呢！

"犹"在先秦有一致的语义演变：

(4) a. 秋，七月，庚寅，郑师入郊，犹在郊。(《左传·隐公十年》)

　　b. 包胥曰："善哉，蔑以加焉，然犹未可以战也。"(《国语·吴语》)

　　c. 襄子有君臣亲之泽，操令行禁止之法，而犹有骄侮之臣，是襄子失罚也。(《韩非子·难一》)

(5) a. 天为刚德，犹不干时，况在人乎？(《左传·文公五年》)

　　b. 人之有学也，犹木之有枝叶也，犹庇荫人，而况君子之学乎？(《国语·晋语九》)

　　c. 士人闻之曰："蛙有气，王犹为式，况士人有勇者乎！"(《韩非子·说三》)

(4) 中的"犹"都是持续义副词，(5) 中的"犹"是衬托连词。

现代汉语的"还"：（例引《现代汉语八百词》）

(6) a. 他还在图书馆。

　　b. 老赵还没回来。

　　c. 他们的英雄事迹至今还在人们中间传颂着。

(7) a. 小车还通不过，更别提大车了。

　　b. 这些书一个月还看不完，不用说一个星期了。

　　c. 连你还不能跑完一万米呢，我更不行了。

(6) 中的"还"是持续副词，(7) 中的"还"是衬托连词。

（二）其他证据

我们说"尚""犹""还"的衬托连词的意义来自持续副词意义，其理由首先当然是上述这条反复发生的演变路径，在路径的一端，是语法化程度较低的持续义副词，而在另一端是衬托连词。除此之外，还有证据能证明我们的观点。

在对先秦的"犹"的用法进行检索的时候发现，有不少"犹"既可以理解为持续义副词，又可以理解为衬托连词，例如：

(8) a. (夏，宋公使邾文公用鄫子于次睢之社，欲以属东夷。司马子鱼曰："古者六畜不相为用，小事不用大牲，而况敢用人乎？祭祀以为人也。民，神之主也。用人，其谁飨之？) 齐桓公存三亡国以属诸侯，义士犹曰

薄德,今一会而虐二国之君,又用诸淫昏之鬼,将以求霸,不亦难乎?得死为幸。"(《左传·僖公十九年》)

b. 古者,先王既有天下,又崇立上帝、明神而敬事之,于是乎有朝日、夕月以教民事君。诸侯春秋受职于王以临其民,大夫、士日恪位著以儆其官,庶人、工、商各守其业以共其上。<u>犹</u>恐其有坠失也,故为车服、旗章以旌之,为赘币、瑞节以镇之,为班爵、贵贱以列之,为令闻嘉誉以声之。<u>犹</u>有散、迁、懈慢而著在刑辟,流在裔土,于是乎有蛮、夷之国,有斧钺、刀墨之民,而况可以淫纵其身乎? (《国语·周语上》)

c. 为人主而大信其妻,则奸臣得乘于妻以成其私,故优施傅骊姬杀申生而立奚齐。夫以妻之近与子之亲而<u>犹</u>不可信,则其余无可信者矣。(《韩非子·备内》)

(8a)前半句,齐桓公有"存三亡国以属诸侯"这样的高尚行为,义士对他评价不高仍然持续,这是对事实的陈述,"犹"是持续义副词;但后半句侧重的是宋公与齐桓公的行为比较,桓公行为高尚尚且只得到不高的评价,宋公的行为的后果可想而知。从这个比较的角度看,"犹"又可以分析为衬托连词。(8b)两个"犹"的比较更能说明问题,前"犹"之后后"犹"之前没有比较项,前"犹"只能解释为持续义副词,后"犹"后有比较项,且有显性让步标记连词"况",所以完全可以视为衬托连词。(8c)的"犹"如果视为上文的概括则是持续义副词,视为与后文的对比则是衬托连词。

正因为这两个义项如此纠葛,杨伯峻(1980)后附《论语词典》将持续义副词"犹"与衬托连词"犹"归为一个义项,而同是杨先生的杨伯峻(1960)后附《孟子词典》则分为两个义项。

不过以上对"犹"的两个意义引申关系的说明仍然非常表面化,它无法清晰解释(5)各例的"犹"如何完全脱离了时间上的持续义,只表示衬托意义。接下来,本文以"犹"与"还"为例详细分析"持续义副词到衬托连词"的语法化过程。

二 语法化过程及其解释

(一) 沈家煊的论述

沈家煊(2001)重点讨论了跟副词"还"有关的(7)类句式[①]:

[①] 沈文讨论了有关"还"的两个句式,这里列举的只是其中之一,另一句式与本文关系不大,不讨论。

（9）小车还通不过呢，就别提大车了。

（10）连解析几何还学过呢，何况平面几何？

要理解这两个句子，必须建立一个量级模型（ICM，理想认知模型），即相关的语义维度：

车的大小维度：一定大小的桥洞，车小比车大容易通过。

课程深浅维度：学习几何，平面几何先于解析几何。

相对于"一般增量"（"表示数量程度增加的一般用法"，如"今天比昨天还冷"，"除了开会，还要备课"）而言，沈文用"元语增量"（"传递的信息是关于语境小句传递的信息的情况的"）界定（9）（10）中"还"的用法，也就是本文的衬托连词用法，可以比较：

（11）a. 这辆车比那辆车还小。（一般增量）

　　　b. 小车还通不过呢，就别提大车了。（元语增量）

a 句的预设是"那辆车小"，把它补充出来就是：

（11）a' 那辆车小，这辆车比那辆车还小。

a' 两个小句客观描述了语义量级上有差别的两个点，属于"一般增量"；b 句用于回答"大车能否通过"，说话人觉得简单地回答"不能通过"信息量不足，于是用在量级上高于问句中的"点"的情况"小车通不过"来加强信息度，以示答案"大车不能通过"不言而喻。这就属于"元语增量"，包含了信息量的增加和主观性的增强。"还"处在信息量更高的小句，是一个量级算子，更清楚地说，是"元语增量算子"。

沈文清晰区分了"还"的两类不同增量意义，给本文以很大的启发，沈文所说的"一般增量意义"与其持续义副词有直接的联系，而持续义副词又与衬托连词有引申关系；而且，这样的发展过程同样可以在"犹"的发展过程中找到清晰的验证。

（二）两个前期步骤

沈家煊（2001）首先引起我们关注的是如下两个问题：

第一，"还"的一般增量与持续意义是什么关系？[①]持续意义是否属于一般增量？

第二，一般增量意义与元语增量意义之间在认知上又有怎样的联系？

对于"犹"来说，第一个问题可以在《公羊传》和《穀梁传》中找到肯定的答案：

[①] 沈家煊（2001）也提到，有些句子的"还"既可以表示元语增量，也可以表示状态持续：亏你上过大学，这个字还不认得呢。

（12）犹者何？通可以已也。何以书？讥不郊而望祭也。(《公羊传·闵公三十一年》)

（13）不告月者何？不告朔也。曷为不告朔？天无是月也。闰月矣，何以谓之天无是月？是月非常月也。犹者何？通可以已也。(《公羊传·文公六年》)

（14）"夏，四月"，不时也。四卜，非礼也。免牲者，为之缁衣熏裳。有司玄端奉送，至于南郊。免牛亦然。乃者，亡乎人之辞也。犹者，可以已之辞也。(《穀梁传·僖公三十一年》)

（15）犹者，可以已之辞也。绎者，祭之旦日之享宾也。(《穀梁传·宣公八年》)

例（12）是《公羊传》对《春秋》以下经文的注释：

夏四月，四卜郊，不从，乃免牲。犹三望。

按照《左传》本文以及杨伯峻（1990）的理解，这段话的大致意思是：

夏季四月，四次占卜要不要郊祭，结果都是否定的，于是就没有使用牺牲，免了郊祭。仍然进行了三次望祭。

从礼上说，不进行郊祭，就不应该进行郊祭的副属性祭祀望祭，然而依然进行了望祭，这当然是一种持续，是由"犹"来表达的，但是这种持续不是客观的描述，而是程度不断加重的持续，以致《公羊传》认为这个持续可以停止（"可以已也"），就是有一个心理截止点存在，我们用一条虚线表示。整个事件我们可以用下面的图示来表示：

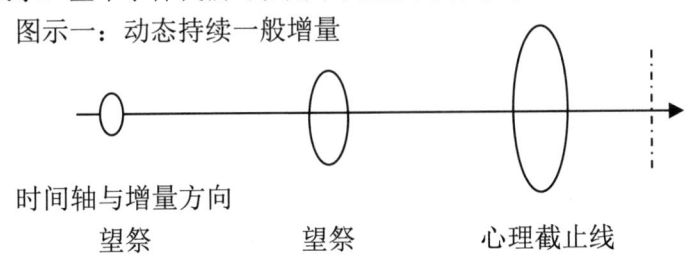

图示一：动态持续一般增量

时间轴与增量方向
　望祭　　　　　望祭　　　　心理截止线
　　　夏四月，四卜郊，不从，乃免牲。犹三望。

图中的椭圆表示"望祭"行为，它随着时间的延续而持续，但同样的行为在人的认知当中的印象是逐渐增量的，以至于接近心理上的截止线，有人觉得应该停止了。这当然是非常典型的"一般增量"，（13）—（15）当中的"犹"都可以做类似的分析。现代汉语表持续意义的"还"也是非常典型的"一般增量"，是"动态持续一般增量"：

（16）他还在学习。

这句话的预设是"前面我已经知道他在学习"，从前面我已经知道他在学习到说话时他还在学习，无疑也是一般增量，同样有个心理截止线，这就可以解释为什么表示持续的"还"与表示客观持续的"正在"及副词"又"的区别（后两者没有增量意义），也可以解释"还"常常表示以为已经停止但仍然持续这样的出乎意料的意思。

与图示一的动态持续增量路径不同，还有一种相关的虚拟路径［参见弗里德里希·温格瑞尔等（2009）有关介词路径的刻画，第250、251页］，它可以用来表示（11a'），本文称为"静态一般增量"：

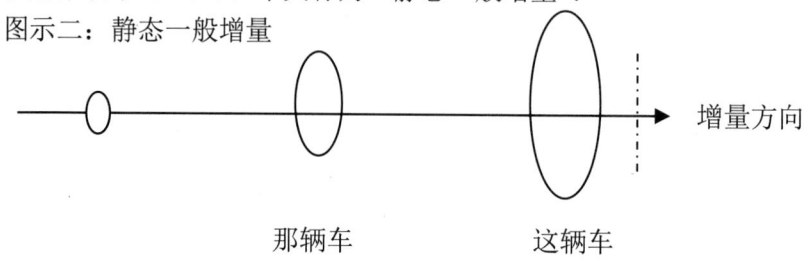

图示二：静态一般增量

那辆车　　　这辆车
那辆车小，这辆车比那辆车还小。

图示中的横轴表示增量方向，但已经没有跟它重合的时间轴。跟时间轴不同，这里的增量方向轴不是连续的，图中连续的增量方向轴是人的认知虚拟出来的。如果说时间轴相当于一条矢量直线，这里的增量方向轴则相当于密集的点，矢量线与密集的点在认知上是等价的。图式中同样有一个心理截止线。

"犹"有没有静态一般增量的句法表现？回答是肯定的。看以下例句：

（17）王拜手稽首，曰："……天作孽，犹可违；自作孽，不可逭。"（《尚书·太甲中》）
（18）士之耽兮，犹可说也；女之耽兮，不可说也。（《诗经·卫风·氓》）
（19）求车犹可，求金甚矣。（《穀梁传·文公九年》）
（20）偏而在外，犹可救也，疾自中起，是难。（《国语·晋语六》）
（21）夫仰禄之士犹可骄也，正身之士不可骄也。（《荀子·尧问》）

以上例句的相关语义量级是：

（17'）作孽逃离维度：自作孽而能逃离比天作孽更难逃离。
（18'）沉溺解脱维度：女子沉溺比男子沉溺更难解脱。
（19'）索物合理维度：索金比索车更不合理。
（20'）祸患可救维度：内部祸患比外部祸患更难解救。
（21'）士之可骄维度：正身之士比仰禄之士更不可对之傲慢。

我们同样可以用一个图示表示（17）—（21）中的语义，以（19）为例：

图示三：包含临界线的静态一般增量

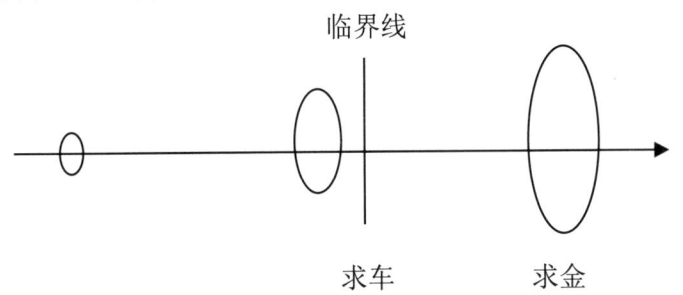

　　　　　　　　　　临界线

　　　　　　　　　　求车　　　求金

与图示二相比，图示三临界线越过了第一个陈述对象成为实线，它表示：随着量级的增加，某个量会越过这条临界线而发生质变，即"索求车仍然合理，索求金则突破了合理程度"。这个临界线靠近前一个量，表示说话者认为"求车"本身就已经是一个接近不合理的事件。这样的说明不仅符合（19）的语义，也符合（17）—（21）所有句子的语义。

现代汉语的"还"也能表达相似的语义：

（22）小车还能通过，大车就不行了。

从动态持续增量到静态一般增量的引申机制是隐喻，这是"犹"与"还"脱离时间限制，成为元语增量算子（衬托连词）的第一步；演变的第二步是心理临界线越过第一个陈述对象变成一根实线，句式上是肯定一个高量，否定一个低量。由此，"犹"与"还"发生了进一步的语法化。

（三）关键一步

"犹"与"还"成为元语增量算子（衬托连词）的第三步是话语当中的两个量同时越过了临界线，由于其中的高量越界要比低量困难，所以用高量的越界（句法上表现为否定这个高量）来说明低量的越界不言而喻。例如：

（23）（烛之武）辞曰："臣之壮也，犹不如人；今老矣，无能为也已。"（《左传·僖公三十年》）

（24）管仲且犹不可召，而况不为管仲者乎？（《孟子·公孙丑下》）

（25）民有怨乱，犹不可遏，而况神乎？（《国语·周语下》）

（26）夫支离其形者，犹足以养其身，终其天年，又况支离其德者乎！（《庄子·人间世》）

（27）君行之臣，犹有后患，况为臣而行之君乎？（《韩非子·难四》）

以（25）为例，图示如下：

图示四：元语增量

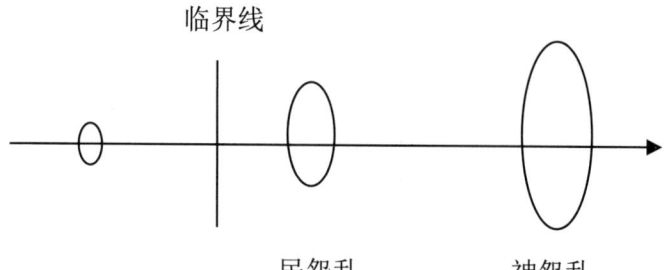

```
                临界线
    ○            ○              ○
────────────────┼──────────────────→
                民怨乱         神怨乱
```

图示四表示民有怨乱可以遏制的可能性要高于神怨乱而可以遏制的可能性，由于民怨乱已经超过了临界线（不可遏制），神怨乱而不可遏制的就不言而喻了。同理，(23)表示"我烛之武年轻时已超越了不如人的临界线"，以此衬托"老了的情况下不如人是不言而喻的"；(24)表示"管仲已经超越了不可召的临界线"，以此衬托"不愿意做管仲的人不可召是不言而喻的"；(26)表示"支离其形者已经超越了养其身、终其天年的临界线"，以此衬托"支离其德者能养其身、终其天年是不言而喻的"；(27)表示"君行之臣已经超越有后患的临界线"，以此衬托"臣行之君而有后患是不言而喻的"。在这些句子当中，"犹"所在小句的信息量都高于被衬小句，此时，"犹"成为元语增量算子（衬托连词）。

本文认为，"还"成为元语增量算子[衬托连词，例（9）（10）]也是由（22）类用例继续发展而来。这样，我们可以把"犹"与"还"的具体发展路径表述如下：

动态持续一般增量→含临界线静态一般增量→元语增量

三　余论

从"行、知、言"三域[①]来说，"犹"与"还"的不同发展阶段的表现也有所不同：

犹	动态持续增量	秋，七月，庚寅，郑师入郊，犹在郊。	行域
还	动态持续增量	他还在学习。	
犹	静态一般增量	求车犹可，求金甚矣。	知域
还	静态一般增量	小车还能通过，大车就不行了。	
犹	元语增量（衬托连词）	民有怨乱，犹不可遏，而况神乎？	言域
还	元语增量（衬托连词）	小车还通不过呢，就别提大车了。	

---

① 有关"行、知、言"三域，参见沈家煊（2003）和肖治野、沈家煊（2009）。

如果不对三域之间的交叉关系做过多的纠缠，情况大致就是如此。其中"动态增量"句主要用于对事实的客观陈述，属于行域；"一般增量"句表示说话人对既有事件的主观判断，属于知域；而"元语增量（衬托连词）"句带有强烈的主观性，往往有斥责意味，表示对既有行为的不满与怨恨情绪，近乎祈使句。

参考文献：

吕叔湘：《现代汉语八百词》，商务印书馆 1999 年版。

沈家煊：《跟副词"还"有关的两个句式》，《中国语文》2001 年第 6 期。

沈家煊：《复句三域"行、知、言"》，《中国语文》2003 年第 3 期。

吴福祥：《多功能语素与语义图模型》，载《语法化与语法研究》（五），商务印书馆 2011 年版。

肖治野、沈家煊：《"了 2"的行、知、言三域》，《中国语文》2009 年第 6 期。

杨伯峻：《论语译注》，中华书局 1980 年版。

杨伯峻：《孟子译注》，中华书局 1960 年版。

杨伯峻：《春秋左传注》（修订本），中华书局 1990 年版。

中国社会科学院语言研究所词典编辑室编：《现代汉语词典》（第六版），商务印书馆 2012 年版。

弗里德里希·温格瑞尔等著：《认知语言学导论》（第二版），复旦大学出版社 2009 年版。

项目基金：

2014 年度江西省社会科学十二五规划一般项目"N1 是 N2 的归类作用及其引申"（项目编号：14YY15）；

2015 年度江西省学位与研究生教育教学改革研究一般项目"《汉语语法史》课程改革与实践"（项目编号：JXYJG-2015-043）。

作者简介：

黄增寿，江西师范大学文学院讲师，南京大学汉语言文字学专业博士，学位论文《〈贤愚经〉状语研究》（2005）。

方位词缀"头"考论

东华理工大学　刘艳红

摘　要：对于方位词后的"头"学术界持有不同看法，本文认同这种组合中的"头"已经虚化为词缀。关于词缀"头"的来源，有两种设想：一种设想是来自动词性"方位词+首"，由于转喻的作用，动词词组转喻成为名词，但这种演化路径的设想破坏了合成方位词的系统性；另一种设想则借助方言中方位词的使用情况，"头"在中古汉语中使用频率的事实，指出方位词后缀"头"来自方位词"头"，方位词后缀"头"与"头"的"端""边"等义有关。

关键词：方位词；词缀；头；首；演化

　　学术界对于方位词后的"头"有两种看法，一种是把"头"看作词缀，大多数学者都持这种观点，如朱茂汉（1982）指出"头"作为方位后缀在上古已基本形成。太田辰夫（2003：87）指出"头"作后缀在隋以前所见到的多是放在方位词后面，"上头"与现代汉语稍有不同，也许是"上位"的意思，但特别多见。到唐五代，有了"下头""外头""里头"等，以及"心头""角头"等附着于名词后面的"头"。他认为这种"头"是从"边"义发展而来的。另一种是不把方位词后面的"头"看作词缀，如任学良（1981：57—58）就认为："和'边'、'面'相应的'头'属于方位词，如'上头'、'前头'、'后头'的'头'不包括在词尾里；真正的词尾不表示地位。"赵浞（1985）指出与方位词结合的"头"是语义的而非语法的。就语义来说，这种与方位词结合的"头"虽经虚化，却仍含有表位置的词汇意义，在古今汉语中都不能算作词尾。我们赞同把方位词之后的"头"看成方位词缀，因为它符合词缀的特点：不仅位置固定，而且意义虚化。

　　关于方位词后缀"头"的来源，以前我们认为是"头"对同义、同源的词语"首"的继承与发展。我们之所以这样认为是因为在西汉时"头"便已经能够出现在方位词之后。例如：

　　　　近黎阳南故大金堤，从河西西北行，至西山南头，乃折东，与东山相

属。(《汉书》卷二十九《沟洫志》)

从东山南头与故大堤会。(《汉书》卷二十九《沟洫志》)

据 Svorou（1993）研究，身体部位名词要先扩展到相关物体的部位，然后演化成空间方位介词，再经过频繁的使用发展成为词缀，最后成为零形式。Svorou 的结论是在对世界上几十种语言进行研究之后得出来的，按理说汉语的"头"也应该符合这种模式。我们对西汉以前的"头"进行检索，发现"头"已经由人类的身体部位发展为相关物体的部位。例如：

枷，加也，加杖于柄头，以樃穗而出其谷也。[（汉）刘熙《释名·释用器》]

艮：暴虐失国为下所逐，北奔，阴月王居旄头。[（汉）焦延寿《易林》卷五《观之第二十》]

讼：右抚琴头左手援带，凶讼不已，相与相戾失利而归。[（汉）焦延寿《易林》卷十四《归妹之第五十四》]

西汉时"头"具有方位词的用法，义同"上""边"。例如：

后主吴山绝崖头悬药下与人。[（汉）刘向《列仙传》卷下《负局先生》]

井：华首山头，仙道所游，利以居止，长无咎忧。[（汉）焦延寿《易林》卷四《谦之第十五》]

今日斗酒会，明旦沟水头。(汉乐府《白头吟》)

城头烽火不曾灭，疆场征战何时歇。[（汉）蔡文姬《胡笳十八拍》]

我们在"中国基本古籍库"中进行了检索，这种具有方位义的"头"在西汉时只有 12 例。使用频率是词语语法化的一个重要原因，在用例如此少的基础上西汉时"头"就发展成为方位后缀，这令我们感到很困惑，似乎也是违背 Svorou 所说的身体部位名词的演化链。因此，我们想到那个与"头"同源且同义的词语——首。据王力（2003：488）研究，在战国以前，只有"首"没有"头"。金文里有很多"首"，却没有一个"头"。到了战国时代，"头"字出现了，可能是方言进入普通话里的。由于在口语里，同义词达到了意义完全相等的地步是不能持久的，所以"头"作为"首"的同义词，逐渐替代了"首"。

"首"的产生时间要比"头"长，"首"在甲骨文中就已经出现，从字形上看，"首"的本义应为"头"。在上古汉语中"首"的使用频率要远远多于"头"。我们在"中国基本古籍库"中进行了模糊检索，在西汉时"头"只有 888 例，"首"却有 2277 例。我们来看一下台湾"中研院"[①]的统计，据他们统计，在上古时"首"的使用频率及地位要远远高于"头"。

[①] http://elearning.ling.sinica.edu.tw/CWordfreq_index.html.

表1　　　　　　上古汉语个别词的频率——"首"

序号	Rank	Word	Frequency	Percent	Cumulation
982	951	首（NA1）	12	0.011	81.184
1967	1822	首（NI）	5	0.004	87.963

注：上古汉语指先秦至西汉的汉语。NA1指代有生名词，NI指代抽象名词即衍生名词。

表2　　　　　　上古汉语个别词的频率——"头"

序号	Rank	Word	Frequency	Percent	Cumulation
4710	3348	头（NA1）	2	0.002	94.852

注：NA1指代有生名词。

在秦汉时"首"已具有"上"的方位义。例如：

反而为赏雍季在上。上，首也。[（汉）高诱注《吕氏春秋·孝行览第二》]

"首"在先秦时就可以出现在方位词之后。例如：

（1）其于马也，为美脊，为亟心，为下首，为薄蹄，为曳。（《周易·说卦》）

（2）卜人抱龟燋，先奠龟，西首，燋在北。（《仪礼·士丧礼》）

（3）枅在其南，南顺实兽于其上，东首。（《仪礼·特牲馈食礼》）

（4）宰、宗人西面，北上。牲北首东上。（《仪礼·少牢馈食礼》）

（5）鱼用鲋十有五而俎，缩载，右首，进腴。（《仪礼·少牢馈食礼》）

（6）载，鱼左首，进鬐，三列，腊进柢。（《仪礼·士丧礼》）

（7）相者二人，皆左何瑟，后首，挎越，内弦，右手相。（《仪礼·乡饮酒礼》）

"东首""南首""北首""西首""左首""右首"在先秦并不是一个合成方位词，而是词组，意义为"头朝××"。例（1）李伯钦（2005：552）译为："就马来说，它是脊梁美丽的、性急的、低头的、薄蹄的、拖蹄的马的象征。"例（2）—（7）彭林（1997：462，523，554，559，451，104）译为："卜人怀抱龟甲，燃着明火的苇束已先放好，接着放下龟甲，首部朝西，苇束在北边。""盛放酒器的木盘在鼎的南侧，南北向陈放，腊兔放在木盘上，头朝东。""宰、宗人站在门的东侧，面朝西，从北往南排列，以北首为尊。祭牲的头都朝北，从东向西排列，以东边的为尊。""鱼是用的鲫鱼，每十五条放一俎，竖着放，头朝右，进献时鱼腹朝前。""往俎上放鼎中的食物时，鱼头朝左，鳍朝前，一共三列，每列三条鱼，腊肉则骨根部的一端朝前。""两位搀扶鼓瑟者的人，都是荷瑟于左肩，左手持瑟，瑟首朝后,手指钩入瑟底的孔中,瑟弦朝内,右手扶着鼓瑟者。"

我们认为"东首""南首""西首""北首"与"东面""南面""西面""北面"的演化路径是一样的。张世禄(1996)指出先秦时的"南面""东面"是两个词,没有结合成一个词,和现代汉语的合成方位词"东面""南面"的意思是不一样的。"东面"的"面"是动词,面向的意思。"东面而视,不见水端。"(《庄子·秋水》)中的"东面"是"面向东"的意思。根据转喻理论,动作可以转指结果。"东首/面""南首/面""北首/面""西首/面""左首/面""右首/面"等由头朝向某个方位这样的动作通过转喻,能够指头最终面对的方向这样的结果。因此,原为动词词组的"东首""南首""西首""北首""左首""右首""后首"等就演变出了"东边""南边""西边""北边""左边""右边"这样的方位意义。动词词组在词汇化过程中存在向名词转类的现象,董秀芳(2002)对此有过详细论证。由此可见,我们的推断具有一定的合理性。

据吴之翰(1965)、谢红华(2001)研究,双音节方位词多见于口语。与"首"相比,"头"的口语色彩更强,这在口语性较强的佛经中有体现。在《大藏经》的89部东汉译经中"头"出现了428次,而"首"只出现129次。正是因为"头"的迅速发展,"头"替代了"首"出现在方位词之后,并且不断向前发展。

东汉以后"头"的发展更为迅速,使用也更加频繁,正因为"头"有较高的使用频率,所以向更加虚化的方向发展。在《大藏经》的89部东汉译经中,出现在方位词后的"头"有37例,包括"上头"34例,"前头"1例,"后头"2例。34例"上头"中,有的义同"上":

上头亦善,中央亦善。[(东汉)安世高译《佛说普法义经》]

上头为上。[(东汉)安玄、严佛调译《阿含口解十二因缘经》]

有的义为"前文""前面":

三千大千国土人,悉念慈哀护等心,无过菩萨摩诃萨上头所施,是即为极尊。[(东汉)支娄迦谶译《道行般若经》卷三]

犯上头四恶,复行是六事,妨其善行。[(东汉)安世高译《佛说尸迦罗越六方礼经》]

有的表示较为虚化的"方面"义:

是事上头本不为心计。[(东汉)安世高译《佛说骂意经》]

在佛经中"头"还可以出现在时间词之后,用来表示时间,在《大藏经》中有6例"初头":

佛言:"初头意、后来意,是两意无有对。"[(东汉)支娄迦谶译《道行般若经》卷六]

这些用法说明"头"已经脱离了原义,虚化程度相当高,成为一个真正的后缀。

虽然我们上述推论具有一定的合理性,但若把"方位词+头""方位词+面"等看成转喻的结果就会破坏合成方位词的系统性。我们知道方位词后的"边"是由泛指"这/那里""处"的方位词"边"发展而来的,而在方言中有很多义同"方位词+头/面"的合成方位词都是"方位词+方位词"组合而成的,如河南话中"东旁"义为"东边",山西襄垣、内蒙古西部、江苏苏州、常州,上海崇明等方言中"后底"义为"后边、后面",在福建明溪方言中"前底"义为"前面""外面",在湖南临武方言中"下外"义为"下面、下头",在湖北武汉、安徽安庆等方言中"边下"义为"侧边、旁边"。从上面的例证可以看出,在"方位词+方位词"的组合中后一个方位词的意义弱化,只有前一个方位词用来表示方位意义,另外一个只是起方位标记的作用。

基于上述理由,我们认为方位词后缀"头"来自方位词"头",方位词后缀"头"与"头"的"端""边"等义有关。赵湜(1985)指出方位词后的"头"有"端"义,他认为方位词后"头"虽不是词尾,但却影响了词尾的产生。太田辰夫(2003:87)也指出词缀"头"是从"边"这个意义发展而来的。

"头"虽然是"首"的同义、同源的替代词,但"头"的空间属性要强于"首"。据赵倩(2007:47)统计,"头"有 20 个引申义,其中 18 个引申义显现了"位置"特征,占该词引申义总数的 90%,而"首"的"位置"特征仅占引申义的 79%。与"首"相比,"头"与空间方位的关系更加密切,"头"表示"里"这样的意义是"首"所不具备的,表示时间的用法也是"首"所不具备的,因此在空间方位关系中,从中古以后"头"就已经基本上取代了"首"向着更虚化的方向发展。"头"对"首"的突破在汉代就已经出现,如在汉时出现了"两头"的说法:

夹室在堂两头,故曰夹也。[(汉)刘熙《释名·释宫室》]

之所以具有"两头"这样的说法,是因为"头"突破了"首"[顶端]的属性。赵倩(2007:105)指出"首"的语义取象只突显"位置"特征,受[顶端]属性的束缚较大,"头"的语义取象中兼具"形貌"特征,词义的可拓展空间比"首"大。强调[起始][顶端]方位的意义已经由"首"承担,"头"能够从[顶端]束缚中解脱,不仅可以指事物开端,也可以指事物末端,进而引申指事物的残余部分,摆脱了"位置"特征中[顶端]方位属性,而发展出[端点]这种属性。因此,具有"端、边"义的"头"与"边"一样可以出现在方位词后,演化成意义虚化的方位词缀。

上文我们只从唐五代时期"头"在语义上的虚化来说明了"头"在近代汉语中迅速发展，下面我们通过台湾"中研院"对"头""首"的统计来说明在上古时数量、地位较低的"头"在近代汉语中地位的提升与发展。据他们统计，"首"在上古汉语中的使用频率居第 951 位，"头"在上古汉语中使用频率居第 3348 位，而到了近代汉语中非量词的"首"的使用频率处在第 2038 位，而"头"的使用频率居第 104 位。正是因为"头"在近代汉语中的迅猛发展，以及频繁使用，"头"才向着更加虚化的方向发展，而且使用范围也在不断扩大，在唐五代时"头"可以出现在几乎所有方位词之后。例如：

若置灵位，女婿往至，入屋灵前立，哭五三声，退在户西头，面向北，跪哭五六声。（S.1725《大唐吉凶书仪》）

葱同渠地东头方地兼下头共两畦伍亩。（S.2174《天复玖年闰八月十二日神沙乡百姓董加盈兄弟分家书》）

缘是东头消息，兼算畜生不到窟上咨启。（S.3553V《咨和尚启》）

南头广廿二步。[S.5779《算经（均田法第一）》]

北头长地子两畦各壹亩，西边地子第。（P.2685《沙州善护遂恩兄弟分家契》）

凡启中有起居字，得通容上头平阙，最好封了，则以一张纸里，以防损污。（S.6537V《大唐新定吉凶书仪一部并序》）

后头逢贼即击鼓，前头中腰闻声即须住，并量抽兵相救。[（唐）杜佑《通典》一百五十七《兵十·下营斥候并防捍及分布阵附》]

回心即是佛，莫向外头看。[（唐）寒山《说食终不饱》]

师云："修是墙堑，不修是里头人。"[（五代）释静、释筠《祖堂集》卷五《云岩和尚》]

瓮中底头着二三十青石子，如桃李、鸡子许大，过底孔上二三寸，然后下苦参。[（唐）孙思邈《千金翼方》卷二十一《万病》]

"头"之所以比意义已经非常泛化的"上""里"发展得更快，成为方位词缀，出现在其他方位词之后帮助构成合成方位词，我们认为这主要与"头"方位意义的泛化有关。与"上""里"相比，"头"从身体部位引申而来，并不是一个天生的方位词，因此在发展的过程中既可以引申出"上"这样的方位意义，还可以引申出"前""边""里"这样的方位意义，意义不固定。"上""里"与"头"相比，方位意义比较具体，"上"主要表示附着于某一平面这样的意义，"里"主要表示处于某种范围内这样的空间方位意义，它们的意义较为具体，限制了它们的进一步发展。"头"从产生之初方位义就不是很具体，所以它可以发展为更加抽象的方位词缀。

参考文献：

董秀芳：《词汇化：汉语双音词的衍生和发展》，四川民族出版社 2002 年版。
李伯钦：《全本周易》，万卷出版公司 2005 年版。
彭林：《仪礼全译》，贵州人民出版社 1997 年版。
太田辰夫著：《中国语历史文法》，北京大学出版社 2003 年版。
任学良：《汉语造词法》，中国社会科学出版社 1981 年版。
谢红华：《单双音节同义方位词补说》，《语言教学与研究》2001 年第 2 期。
王力：《汉语史稿》，中华书局 2003 年版。
吴之翰（吕叔湘）：《方位词使用情况的初步考察》，《中国语文》1965 年第 3 期。
张世禄：《先秦汉语方位词的语法功能》，《河北大学学报》1996 年第 1 期。
赵浞：《词尾"头"溯源》，《吉林师范学院学报》1985 年第 1—2 期。
赵倩：《汉语人体名词词义演变规律及认知动因》，博士学位论文，北京语言大学，2007 年。
Svorou, Soteria, *The grammar of space*, Amsterdam: John Benjamins Publishing Company, 1993.

［附记］本文系拙著《唐五代方位词研究》（中国社会科学出版社 2015 版）之一部分。

作者简介：

刘艳红，东华理工大学文法学院讲师，南开大学汉语言文字学专业博士，学位论文《唐五代方位词研究》（2010）。

形态与语序

南昌大学　陆丙甫　罗彬彬

摘　要：形态与语序是语言信息的主要编码形式。早期西方语言学以形态研究为主，当代语言类型学对语序特别重视。文章首先指出在形态丰富的语言中，很少有形式—功能之间整齐的一一对应情况，却存在大量一个形式可表示多个功能范畴、一个功能范畴可编码为多种形式这类复杂情况。通过对形态和语序的进一步比较，文章强调指出：比起形态来，语序是更初始、基本的语言编码形式；在形态跟语序的互动关系中，语序具有更大的主导性。相对而言，形态是较表层的现象，其跨语言的共性比语序少得多。由此可见摆脱以形态为主导的"印欧语眼光"的必要性。

关键词：语言类型学；汉语研究；语序/分布；形态

一　引言

（一）我国语法学界对"形态"的反思

常常听到人们说，西方语法理论难以应用于汉语，是因为汉语形态少。吕叔湘（1979：9）说："比起西方语言来，汉语的语法分析引起意见分歧的地方特别多，为什么？根本原因是汉语缺少严格意义的形态变化。"

不过，在谈到词类区分问题时，吕叔湘已清醒地看到，在一般人的语感中，意义还是最基本的标准。吕叔湘（1954/1999）引用俄国谢尔巴院士的话说："与其说是因为它们变格，咱们才把 стол（桌子），медведь（熊）等列入名词，毋宁说是因为它们是名词，咱们才叫它们变格。"意思就是说，与其说是形态决定了词性，还不如说是意义决定了词性和形态。

吕叔湘（1979：36节）还指出，"同时我们也不要忘了，就是有形态变化的语言，也少不了有一些没有形态变化的'小词'，要给它们分类也得依靠句法功能"。

这里所谓"小词",就是虚词①;而"句法功能",主要就是"分布",即能够出现的句法位置及相应位置所表达的功能。

(二)当代语言类型学对语序的重视

作为一门学科的普通语言学,是关于一般语言的科学,必须建立在跨语言比较的基础上。对跨语言的比较进行概括,就是语言类型学。传统语言类型学主要是基于形态类型的语言分类学。当代语言类型学对语序的重视远超过了对形态的重视,特别是在其奠基的初期。事实上,可以说,当代语言类型学就产生于对语序类型的重视以及对传统形态类型学的反思和突破,正如 Comrie(1989:42—52)评价形态类型时所说,"形态类型研究有很长历史,至少开始于 19 世纪初,但是已经有趋向表明这种类型研究的某些原则已趋僵化","形态类型在语言类型学中占有一个牢固但是有限的地位,我们希望一般语言学的教科书将不再继续无尽期地给人一种印象,好像这是划分语言类型唯一的或最透彻的方法"。

对语序的重视,使当代语言类型学在发现、开拓人类语言共性方面取得了极大进展,成为功能、形式两大流派交流对话中功能学派的主要代表,如 Newmeyer(1998,2005)在其一系列讨论形式学派和功能学派的论著中,都把当代语言类型学作为功能学派的代表。

从强调形态到强调语序的转换,是语言研究深化的表现和必然途径。本文尝试在这方面进行一些分析和论证:首先,沿着上述吕叔湘的思路,进一步具体分析形态分析的局限性,并论证分布作为分类标准,不仅对虚词是必不可少的,实际上也是决定许多实词分类的根本标准。其次,强调语序研究的潜力,以及形态跟语序互动关系中语序的主导作用。

这里需要说明两点。第一,本文所指"形态"主要是狭义的屈折形态,即印欧语所代表的形态,因为现代语言学起源于对印欧语的研究,对我国语言学界影响最大的也是以印欧语为基础的各种理论。至于黏着语和多重综合语所代表的形态,至今为止都只是对以印欧语为基础的当代主要语言学流派的补充,其相关研究对汉语语言学研究的影响,还非常有限。第二,本文所谓的"语序",当然不是简单的词语排列顺序,即把语序分成第一个位置、第二个位置等的顺序排列,这种描写分析如同把句子分成单词句、双词句、三词句……N 词句,是没有多少意义的。在语序分析中,重要的是"结构位置",即"句法环境"。而一个单位,它能够出现的"结构位置"的总和,就是其"分布"。因此本文所说的"语序(分析)",主要是指"分

---

① 其实少数虚词也有形态变化,如后面 2.2 节讨论的德语冠词。

布（分析）"。关于语序跟分布的关系，下面第 5.1 节还会进一步讨论。

二　形态和语类的关系

这里的"语类"指的是广义的"词类"。因为不仅词有语法分类，短语等其他单位也有语法分类的问题。用"语类"更概括一点。

语言中的各级单位，不仅是"小词"的语类确定要依靠分布，即使在形态非常完整、丰富的语言中，不少实词语类的确定也离不开分布。

（一）俄语的形态和语类

俄语名词形态很丰富，但仍然有许多名词根本没有形态变化（即许多名词为不变格名词，实际上它们的数也不变，是无形态变化的名词）。首先是一些外来语，如 кино（电影）、алоэ（芦荟）、виски（威士忌）、метро（地铁）、меню（食谱）、мисс（小姐）、миссис（太太）、плато（高原）、сопрано（女高音歌唱家）、стереокино（立体电影）、такси（出租车）、танго（探戈舞）、эсперанто（世界语）、янки（美国佬）等。随着俄罗斯社会的开放，这类来自外来语的不变格名词越来越多。其次，俄语本族语中名词不变格的也很多，如"部分俄罗斯姓，不管指男人或女人，都不变格［……］，个别以辅音结尾的俄国女人的姓，如［……］等都不变格［……］，但它们也可能是男人的姓，这时就要变格了"。（张会森，1979：144—147）某些地名如果因为变格而跟另一个地名同音时，也会采用不变格形式。这些不变格名词，之所以被看作名词，完全是根据意义和分布。

再来看具体的变格情况。俄语名词有 3 性、2 数和 6 个格，（Corbett, 1991：34—43）如果形态跟这些范畴一一对应，按理说每个名词应该有 12 个形式。另外，根据性和词尾形式，一般把俄语名词的变格方法分成 4 种变格法。第一变格法用于原型不带词尾（或说带零词尾）的阳性名词；第二变格法用于带阴性词尾-a 或-я 的阴性名词，下表以-a 为例。第三变格法用于带软化辅音[①]词尾的阴性名词；第四变格法用于带词尾-o 或-e 的中性名词，下表以-o 为例。因每个变格法各有单、复数 12 种功能，按理说 4 个变格法应该有 4×12=48 个形式，但实际形式要少得多。因为其中许多功能采用的是相同的形式，如下表所示。

[①] 俄语软化辅音指腭化辅音，即辅音的腭化，其地位有点像汉语元音的儿化。不过，汉语的儿化是个音位，也是个语素，但俄语的软化仅仅是个音位，算不上一个语素。

俄语名词变格法概况（Corbett，1991：36）

	第一变格法 "法律"——阳性		第二变格法 "学校"——阴性		第三变格法 "骨头"——阴性		第四变格法 "酒"——中性	
	单数	复数	单数	复数	单数	复数	单数	复数
第一格	закон	законы	школа	школы	кость	кости	вино	вина
第二格	закона	законов	школы	школ	кости	костей	вина	вин
第三格	закону	законам	школе	школам	кости	костям	вину	винам
第四格	закон	законы	школу	школы	кость	кости	вино	вина
第五格	законом	законами	школой	школами	костью	костями	вином	винами
第六格	законе	законах	школе	школах	кости	костях	вине	винах

  由上表可见，零词尾表示阳性名词的单数第一格，同时也表示阴性名词的复数第二格。词尾-а 既表示阳性名词的单数第二格（如"法律"закон 的单数第二格为 закона），又表示第二变格法阴性名词的单数第一格（如"学校"школа），还表示中性名词单数第二格和复数第一格、第四格（如"酒"вино 上述三个变格形式都是 вина）。词尾-у 既表示阳性名词和中性名词的单数第三格，又表示第二变格法的阴性名词单数第四格。词尾-ы 既表示阳性名词复数第一、第四格，又表示第二变格法的阴性名词单数第二格、复数第一和第四格。就具体某个词的变格来看，第三变格法"骨头"的 12 个功能，只有 7 个形式。

  因此，要判断俄语一个名词的格，仅仅看词尾形式是不够的，还要知道这个名词所属的性范畴、数范畴和所用变格法。此外，俄语的性范畴的分类动因，除了语义上跟性别有关的联想之外，还跟语音有密切关系；如原形以元音 а 收尾的词基本都是阴性，当然，也不否认有些阴性名词是因为语义上跟阴性有关才加上阴性词尾-а 的。

  由于俄语中格形态极其复杂，学界对于俄语名词到底有多少格、多少变格法一直是有争议的。

  又如，俄语中表示领属关系的"物主形容词"，其形态必须跟随核心名词一起变，按理说每个物主形容应该有 24 种形式（阳性、阴性、中性、复数各 6 个格）。但是其中表示第三人称的 3 个物主形容词 его（他/它的）、её（她的）和 их（他们的），不仅没有形态变化，也不带形容词词尾[①]。这些第

---

 ① 事实上，这些物主形容词来自人称代词第二格。俄语第二格的主要功能是表示"领格"，都出现在核心名词之后。人类语言中，第三人称代词产生最迟。因此它发展为形容词也最迟。在俄语中，这表现为第三人称物主形容词产生最迟，至今仍借用人称代词的第二格形式，但是分布已经变了，从第二格的后置位置变为前置位置，如 её книга "她的"。

三人称物主形容词被看作形容词，也只能根据其意义和分布。

此外，俄语非复合的单纯数词中还存在这样一种情况："一"具备形容词的所有形态特征而没有名词的任何形态特征，但"百万"具有名词的所有形态特征而没有形容词的任何形态特征，介于两者之间的单纯数词，从小到大，形容词性形态特征逐渐减少而名词形态特征逐渐增加，如下表所示。

俄语数词的形容词性和名词性

	Один (1)	Два (2)	Три (3)	Пять (5)	Сто (100)	Тысяча (1000)	Миллион (1000000)
a	A	N	N	N	N	N	N
b	A	N	N	N	N	N	N
c	A	(A)	N	N	N	N	N
d	A	A/(N)	A/(N)	N	N	N	N
e	A	A	A	A	(N)	N	N
f	A	A	A	A	A	N	N
g	A	A	A	A	A	A/N	N

注：表中 A 和 N 分别表示形容词和名词形态特征，A/N 表示具备两类特征，(A)(N) 分别表示有部分形容词或名词形态特征。(Comrie, 1989: 109)

由上表可见，若仅仅根据形态，我们无法确定俄语的数词究竟是形容词还是名词。事实上，俄语语法中也都把数词处理为一个独立的语类，既不属于形容词，又不属于名词。确定其独立语类的基础就是其独特的分布。因此，俄语的语类确定，归根结底还是取决于意义和分布。

以上现象表明：即使形态极为丰富的俄语句法，也并不存在形态和句法功能之间一一对应的情况。这导致具体使用中的许多语法单位，其句法地位的判断，还是要依靠分布。

（二）德语冠词、名词的形态

德语冠词有阳、中、阴三性，其中定冠词还有复数形式，即仅定冠词就有 4 种形式；而每种形式又有 4 个格，按理说定冠词应该有 4×4=16 个形式。不定冠词由于没有复数形式（不跟复数名词搭配），按理说应该有 3×4=12 个形式，但是实际上两种冠词都分别只有 6 个形式，如下表所示。

德语冠词的形态

	定冠词				不定冠词		
	单数			复数	单数		
	阳性	中性	阴性		阳性	中性	阴性
第一格	der	das	die	die	ein	ein	eine
第二格	des	des	der	der	eines	eines	einer
第三格	dem	dem	der	den	einem	einem	einer
第四格	den	das	die	die	einen	ein	eine

由上表可见，德语定冠词有 16 个格功能范畴，但是只有 6 个形式：der、des、dem、den、das、die。其中 der、die 各表示 4 个格，其余 4 个格形式每个表示 2 个格，平均每个形式表示 2.67 个格。不定冠词有 12 个格功能范畴，但也只有 6 个形式：ein、eines、einem、einen、eine、einer。其中 ein 表示 3 个格，einem、eines、eine、einer 各表示 2 个"格"，einen 表示 1 个格，平均每个形式表示 2 个格。

德语名词有 4 个格。按理说除了少数只有单数或复数的名词，大部分名词应该有 4×2=8 个形式，但是实际上格形式也远没有那么多，如下表所示。

德语单数名词的形态

	单数			复数
	阳性	阴性	中性	
	教师	夜晚	房子	房子
第一格	der Lehrer	die Nacht	das Haus	die Häuser
第二格	des Lehrers	der Nacht	des Hauses	der Häuser
第三格	dem Lehrer	der Nacht	dam Haus	den Häusern
第四格	den Lehrer	die Nacht	das Haus	die Häuser

由上表可见，德语单数名词 4 个格，但阳性、中性各只有 2 个形式，阴性只有 1 个形式。至于复数名词 4 个格，也只有 2 个形式。加上冠词形式的帮助，除了单数阳性外，都不能形成 4 个格和 4 个形式之间的一一对应。总之，很多情况下，具体判断一个名词到底是哪个格，要同时考虑名词形式和冠词形式；至于不带冠词的场合，就需要进一步看更大的分布环境。

复数名词虽然名义上有 4 个格，但也只有 2 个形式：只有第三格是添加词尾-n，其余 3 个格都跟作为无标记形式的主格一样。不过，当主格形式本身是-n 或-s 收尾时，这个格后缀也就不用了，这就导致 4 个格完全同形。

以上现象表明，德语的格形态并不存在形态跟句法功能之间一一对应的情况，而是一个形式对应于多个格。其结果是，在形态分析无能为力的场合，还是要靠分布分析来解决问题。

问题还不止于此。以上所说的俄语、德语的格，都不是功能单一的范畴，每个格都有不同的表意功能，因此很难用语义、语法的功能去命名这些格；所以在语法教科书中只好用序数将其命名为"第一格、第二格……第六格"，并且会详细讲解每个格有哪些句法功能。

（三）形态的多义性

一个格范畴表达多种互相之间并无明显联系的功能，这种现象称为格的多义性（case polysemy）或格的融合（syncretisms）[①]（Malchukov，2008：518—534）。如俄语名词第一格虽然主要作主语，但还可以作表语、呼语以及话题。第二格虽然主要作领属语（如 доброта отца "父亲的善良"中的 отца "父亲"），但也可以表示动作只涉及部分的直接宾格（又称部分格，如 Дай мне воды "给我点水"中的 воды "水"是第二格，而 Дай мне воду "给我水"中的"воду"是第四格），动词否定形式的宾语（如 Я не получил газеты "我没有收到报纸"中的 газеты "报纸"），以及作表示愿望、目的、期待、惧怕、规避等动词的宾语（如 добиваться успеха "力求成功"、искать случая "寻找机会"、ждать работы "等待工作"、боится собаки "怕狗"中的 успеха "成功"、случая "机会"、работы "工作"、собаки "狗"都是名词的第二格形式）。同样，第三、第四和第五格，每个格都有很多用法，能够表达多种句法功能。只有第六格（又称前置格），情况略微简单一些，只跟少数几个只能或可以带第六格名词的前置词连用。不过这些要求用第六格的前置词，其意义也不单纯，包括相当于汉语的"关于、对于、在"等意义。

俄语中的名词格的选择，除了取决于核心动词，还往往取决于一定的

[①] 当然，通常每个格都有个基本的"原型"用法，其他用法往往可看作原型用法的引申，但是扩展引申的规律常常不明显，是二语学习中的难点。关于格形态在使用中的复杂性，可以通过跟英语介词（类型学中称为"前置词"）的比较来理解，因为格形态丰富的语言中，其格的功能，在英语中都基本上由介词来替代了。非英语母语者学习英语，介词的正确选择和使用是很难把握的。因为一些常用介词的功能极多，而表达某些关系也可用不同介词。

前置词（介词）。①不同的前置词要求不同的格。此外，还有某些前置词在不同场合要求不同的格的情况，以及在某些场合不同的格可以互相替换的情况。这跟英语不同，英语所有的前置词（介词）都要求名词是宾格，故"前置词+名词"结构又称"介宾结构"。虽然英语中除了人称代词还保留宾格形态外，其他宾格形态基本已经消失，但从理论分析角度看，假设其他词在宾语位置带有的是零形式的宾格形态，是可以的。俄语中前置词后的成分，情况就不同了，不同前置词可带不同的格，但典型的受事都用第四格来表示，虽然第四格还可能表示明显不是宾语的成分（见下面3.1节）。

此外，俄语中某些特定的形容词，也要求其从属语带不同的格形式。如 полный решимости"充满信心的"中的形容词 полный"充满的"要求"信心"用第二格形式 решимости。形容词比较级的比较对象也要用第二格，如 Он сильнее брата"他比兄弟更有力"中的比较级形容词 сильнее 要求比较对象"兄弟"用第二格形式 брата。нужный брату"兄弟需要的"中的形容词 нужный"需要的"则要求用第三格名词 брату"兄弟"。Он слаб здоровьем"他身体虚弱"中的形容词 слаб 要求用第五格名词 здоровьем"身体"。德语4个格的情况也类似。

考察可以发现，格形态的多义性有两个来源：一是不同的格因为语音变化而导致的合并（Malchukov，2008：470—478），如希腊语中的与格、离格和工具格采用同一个形式。二是意义引申而导致的多义，如印欧语中普遍存在的与格标志和向格标志（如英语 gave it to a friend 和 came to a station 中的 to）。如果意义引申过程中的某个环节丧失了，则会导致两种来源难以区分的情况，如英语中表示受益格和时量标志的 for。事实上，单一意义的形态，即形态—功能之间意义对应的情况是相当少见的。

（四）英语词汇的兼类问题

以前有种看法是，认为汉语词类难分和存在大量兼类现象，主要是因为形态少。其实，形态比汉语丰富的英语，兼类现象一点儿不比汉语少。王仁强（2014）就指出，《牛津高阶英语词典》（第7版）中兼类词的比例为10.48%，远高于《现代汉语词典》（第5版）中兼类词的比例5.40%（收

---

① "前置词"和"介词"的英语都是 preposition，在类型学上一般用"前置词"。"前置词"跟"后置词"一起，称为"旁置词"（adposition）。我国外语学界，习惯上称英语前置词为"介词"。德语的前置词，也有称为"介词"的，不统一，但德语的少数前置词，确实也有前置、后置两可的用法，如 nach "之后"跟 meiner Meinung"我的意见"结合，可以前置 nach meiner Meinung，也可以后置 meiner Meinung nach。德语中还有极少数介词只能后置，如 zufolge"据"。因此，要把这些词概括为一个词类，也许只能用"旁置词"。事实上，在英语中也有一个后置词，three years ago"三年以前"的 ago，但因为英语中只有这一个后置词，英语语法就把它处理为副词了。

录的 51469 个完全标注词类的词条中，有 2778 个兼类词条）。如英语 like 就兼属介词、动词、连词、名词、形容词和副词这 6 个词类。按照王文，兼类是分析语的共性，汉语的分析性比英语还高，实际存在的兼类现象应该比英语多才属正常。《现代汉语词典》中兼类词的比例比理论所预测的少，是因为受到汉语语法学界要尽量减少兼类这一主流观点的影响。

一般来说，所谓兼类，通常是作为词典中词条的"概括词"的兼类。作为具体使用中的"个体词"，总是落实为某个具体词性，理论上不该有兼类现象。但是英语跟汉语一样，仍然有个体词有兼类或词性难分的情况，比如英语中表示方位的前置词 before、since、after 等，都根据其后置成分的性质而三分：后置成分是零形式的，看作副词；是名词性的，看作介词；是小句的，则看作连词。这样就会产生许多问题。例如，当 before 没有后置成分而单独使用时，如果处理为省略了后面的名词宾语，就可看作介词，否则就是零形式的，可看作副词。但有时很难有非此即彼的界限。又如，在典型名词性和动词性之间，存在一个渐变的连续统，如动名词就兼有动词性和名词性。

再如下面这个句子：

（1）Each wave as, it came as high as a great hill, but each one took me a little nearer the shore.（Robinson Crusoe）

其中 nearer 的原型 near，在词典中都标有介词的词性，这里因为它前置于宾语 the shore，根据分布，应该看作介词。而如果根据形态，则因为形容词有比较级、最高级，应该看作形容词。但是英语词典中这种用法都被标注为介词，如：

（2）He drew his chair nearer the fire.

（3）…to increase manufacturing from about 2.5 million cars a year to nearer 4.75 million.

（以上两例取自《柯林斯英汉双解大词典》）

（4）In fact it cost nearer three million dollars.

（5）Who comes nearest him in wit?

（以上两例取自陆谷孙主编《英汉大词典》）

可见，当形态跟语序、分布发生冲突时，作为判断词性的标准，是分布胜出了。虽然在剑桥英语词典的网络版中，只是把这种分布的 nearer/nearest 放在"副词、介词"的条目下：

（6）We can decide which route to take nearer the time.

（https://dictionary.cambridge.org/dictionary/english-chinese- simplified/near）

另外，这部词典中，也不区分 than 的介词用法和连接词用法。这样处理，很可能是编者觉得明确分类不可能或不必要。

事实上，词性标注问题在英语语法学界也一直是个老大难问题，对此也是众说纷纭、术语林立。如 Emonds（1976：172—176）认为应该将三个 before 看作一个义项、一个语素，都是介词短语作状语，所不同的只是介词宾语的语类而已；这好比同一个动词可以带或不带宾语，宾语可以是动词性或名词性的，并不需要因此将其看作三个动词。Huddleston（2002：599）认为可将 before 类词的连接词功能归入介词。Huddleston（2003：9）还指出，省略了宾语，介词就变成副词的说法缺乏根据。陆丙甫（1993：78—80）认为 before 的三个分布加起来正好等于汉语的方位词"以前"，汉语的处理比英语的好。

其实，现行英语教学语法仍深受传统拉丁语法的影响，对于宾语前成分的处理过于强调宾语的语类性质的区别。而在现代英语中，这种区别已经不那么明确了，因此也就不那么重要了。如 Brown's deftly painting of his daughter，如果根据带副词状语 deftly 来判断，整个结构应该是动词性的；而如果根据带 Brown's 这个领属定语和介词短语 of his daughter 充当的定语来判断，整个结构又应该是名词性的。那整个结构究竟是动词性还是名词性的呢？陈平（2018）也指出，"直至今日，英语国家学校常用的一些语法教本，还是经常受到语言学家的批评，认为某些所谓的语法规则，拘泥于传统教条，不合语言的实际用法"。把三个 before 合并处理，也可以从另一个角度去理解。Aikhenvald（2011）认为 before 这类"格标志"也可以附着在动词性单位上，并提出了"多功能格"（versatile cases）的概念，主张动词性单位也可以有格范畴。她还提到某些本来属于动词性单位的范畴，如"时（tense）、模态（modality）"等也可以附着在名词性单位上。

（五）形态小结

以上讨论关涉的形态，主要是印欧语中常见的。至于其他语言中的情况，则更加五花八门，无所不有。属于性范畴（gender）的名词的分类就是这样。如在 Dyirbal 语（一种澳大利亚原住民语言）把所有名词分成四类，分别带有不同的前缀。第一类名词带有前缀 bayi，主要包括男人和各种动物；第二类名词带有前缀 balan，包括女人、水、火、战争和其他危险的东西，以及其他并不危险的东西，如鸟类和鸭嘴兽、袋狸、针鼹等奇异动物；第三类名词带有前缀 balam，主要指非肉类食物；第四类名词带有前缀 bala，包括其余剩余的事物。至于具体名词的归类跟该语言使用者的常规联想有关，如亮光因为跟火有关，星辰因为跟亮光有关，都被归入第二类。并且许多联想跟神话传说有关，如把鸟归入第二类是因为该民族神话中把鸟看作死去的女人的灵魂,但是也有某些鸟类因其他原因而被归入第一类。又如,同样发光的太阳、月亮因为在神话中被看作丈夫和妻子而分别归入第一类和第二类。鱼通常被看作第一类,但是石鱼和雀鳝因在神话中被认为具有危险性而归入第二类。此外钓鱼线、鱼枪也因联想而被归入第一类。(Dixon,1972:44—47,60—62,306—312)还有许多名词的归类现在实在找不到联想基础,只好认为是有关神话在历史上消失了。对于普遍存在的形态消融这一历时语言现象,这是除了语音变化之外的又一个重要因素。

除了上述反映有自然性别的事物外,对于无性别的事物,常见印欧语中的分类也是五花八门的。如"桥",在德语中是阴性(Brücke),而在西班牙语中是阳性(puente)。又如"死亡",在德语中是阳性(Tod),而在俄语中是阴性(смерть)。①

此外,从古汉语也可以看到名词形态的复杂性。上古汉语的人称代词一度被认为有主格、宾格的区分。但潘悟云(2002)通过对上古音值的研究,指出上古汉语中指代词的不同形式,是一种整齐的强调式跟非强调式的对立:强调式比起非强调式在语音上都是"量"比较大——或者是响度高,或者是音节结构复杂(如带韵尾),比方第一人称单数的强调式是"我 ŋai/ŋal"和非强调式是"吾 ŋa"。这反映了人类语言的"数量象似性"(信息量跟语音量之间的一致性)。因此上古汉语人称代词的不同形式是语用上强调和非强调的对立,而不是语义/语法格的对立。同样,英语中 Me too(我也是)这一表达中 me 的用法,也跟宾格无关,可以看成对新信息的强调。当然,"受事"这一语义特征跟"强调新信息"之间也的确存在无标记的相关性,因为受事通常是行为的结果或因行为而发生位移、形变等变化,由此导致了跟新信息之间的密切关系。

以上说的都是名词,至于动词,除了跟主语保持一致的性、数外,还关涉时、态、语气等,因形态更多,不同形式、功能之间的关系自然也就更复杂了。跟动词关系最密切的是时态(tense)、体态(aspect)和模态(modality)(模态类似于汉语语法中所说的助动词、能愿动词一类成分)。这三者之间的关系极为纠缠,因此类型学在标注它们时,就干脆用一个 TAM 作为概括的标志,而不去细细辨别。因为事实上在许多场合三者是分不清的。

Aikhenvald(2011)指出动词性单位也可以有格范畴的同时,还指出某

---

① 网页 https://en.wikipedia.org/wiki/Grammatical_gender 举了很多这类有趣的例子:俄语"月亮"луна 是阴性,但同为斯拉夫语的波兰语"月亮"księżyc 却是阳性。更有趣的是,俄语的"新月"месяц 也是阳性的。俄语中,同样表示"土豆",картофель 是阳性的,但 картошка 又是阴性的。数词"千"在俄语中是阴性的 тысяча,但在波兰语中是阳性的 tysiąc。

些本来属于动词性单位的范畴，如时态（tense）、模态（modality）等也可以附着在名词性单位上。其实这一现象在类型学文献中也很多，如 Haan（2006）提供了澳洲北部 Kayardild 语的一个例子（例中"潜"表示"潜能"的动词形态，"模"表示"模态成分"）：

（7） dangka-a　　burldi-ju　　yarbuth-u
　　　男人—主格　　击—潜　　　鸟—模
　　　thabuju-karra- ngun-u　　　wanga-ngun-u
　　　兄弟—属格—工具格—模　　飞镖—工具格—模
　　　这男人会/能用兄弟的飞镖击到鸟。

总之，形态丰富的语言，其语法分析并不因此而简单。公正地说，形态多有形态多的方便和麻烦（某些我们少知的语言，形态极为丰富复杂而很难学），形态少有形态少的方便和麻烦。以大家熟悉的英语为例。英语名词的复数形态典型的是在单数后加词缀-(e)s，似乎较简单，但实际除这之外还有多种形式，如还有 children 这样不规则的形态，以及 sheep 作复数时所用的零形式，还有内部屈折的 feet 等。英语动词的不规则形态就更多了。此外，-(e)s 还是动词第三人称单数一般现在时词缀，以及作为语缀的领格标志。不过，作为语缀的领格，写法不同，用-'s。总之，形态的复杂、纷乱超过许多人的想象。

三　形态和结构位置冲突的句法成分

（一）主语、宾语的判断

某些形态丰富的语言中，表示同一命题内容的句子的语序相当自由。如俄语中表示同内容的主语、宾语和动词可以跟拉丁语一样有 6 种语序[①]，但是当宾语名词的主格与宾格没有区别时，其释义就强烈倾向于采用［主语—动词—宾语］这一语序，如：[②]

（8） Мать　любит　дочь.
　　　母亲　爱（3单）女儿

[①] 这个例子通常被引来作为形态丰富的语言语序自由，以及语序不重要的证明。其实这种极端情况并不多。拉丁语跟俄语一样，仍然有基本语序。

[②] 俄语以软音字母收尾的阴性名词，采取名词第三变格法。该变格法的单数第一格和第四格没有区分，意味着主语和宾语形式不区分。"母亲"和"女儿"这两个词都属于第三变格法的名词，因此，要区分主、宾关系只能依靠语序。此外，第三变格法名词单数第二、第三、第六格形式也完全一样。换言之，第三变格法名词单数 6 个格实际上只有 3 个形式，如 дочь "女儿"只有 3 个形式：第一、四格 дочь，第二、三、六格 дочи，第五格 дочью。

母亲爱女儿。（Comrie，1989）

俄语虽然因形态丰富而语序相对自由，但由于有上面这种语序决定语义关系的情况，加上 SVO 也是俄语中出现率最高的语序，因此俄语仍被看作 SVO 语言。

再举一个有关俄语主语的例子（"单 1"等表示"单数第一格"）：

（9）Я   должен   идти   в   воксал.
　　我（单1）必须（阳性）去（不定式）到 车站（单1）
　　我必须去车站。

（10）Мне   надо   идти   в   воксал.
　　　我（单3）必须　　 去（不定式）到 车站（单4）
　　　我必须去车站。

例（9）中的 должен 是"短尾形容词"作谓语。俄语中的短尾形容词都作谓语（俄语形容词作现在时谓语，跟汉语形容词作谓语一样，不需要系动词），其性、数要跟主语一致。例（10）中的 надо 是个副词，没有性、数的变化，因而要求其"逻辑主语"为第三格形式。在俄语中要求"逻辑主语"采取第三格名词的情况很多，主要表示"当事"对行为、现象没有控制力，因而不出现在典型的施事结构中。例（9）中单数第一格的 Я（我）被认为是主语。例（10）中单数第三格的 Мне（我），教科书上一般处理为"补语"，全句是"无主句"。两个意义相当的句子，句首的"我"处理如此不同，确实使人别扭。而在语言类型学文献中，例（10）中的 Мне 通常处理为"非典型主语"。

又如日语有丰富的格助词用来区分语义格，但是在口语中格助词也可以省略。在双及物结构中，如果省略格助词的话，那么语序只能是［施事 agent—接事 recipient—客事 theme］，如：

（11）Kare   kanojo   onnanoko   age-ta.
　　　他   女子   女孩   给一过
　　　他把女孩给女子。

　　　Kanojo   kare   onnanoko   age-ta.
　　　女子把女孩给他。（Tomlin，1986）

由此可见，即使是形态极丰富并且语序相当自由的语言，仍然有其基本语序。并且，某些场合下，句法成分只能根据语序决定。如在英语存现句中，如果根据"主语—动词"之间的形态一致性来看，主语是"存现物"，如例（12）a 显示作主语的应该是 unicorns：

（12）a. There are unicorns in the garden.
　　　　花园里有一些独角兽。

b. Are there unicorns in the garden?
花园里有一些独角兽吗？

但是根据英语中"主语—谓语动词"交换位置构成一般疑问句这一分布标准，例（12）b 显示作主语的应该是 there。

表明上述存现句中主语是 there 的，还有"从句主语提升为主句宾语"这样的语序变化。如：

（13）a. I believe that John is a student.
b. I believe John to be a student.

（14）a. I believe that there is a student in the garden.
b. I believe there to be a student in the garden.

还可以通过主语合并的方式进行测试，如：

（15）a. Mary did homework. Mary wrote a letter.
＞Mary did homework and wrote a letter.
b. There are two dogs on the mat. There is a cat on the mat.
＞There are two dogs and a cat on the mat.

由此可见，由语序标准、结构位置决定的"主语"，比起由形态标准决定的主语，更能反映出它与其他结构的关系。英语存现句的形态主语，除了表示"主语—动词"之间的一致外，几乎跟其他句法现象都无关。在生成语法中，一般也把这个 there 处理为"虚主语（expletive subject）"（Kim，2004），即"意义空虚的形式主语"，也承认了它的主语地位。

此外，形态有时不仅不够用，某些场合还有"误导"作用。如时量表达，在很多语言中都将其编码为状语，但是一些语言中在形态上则将其编码为宾语，即采用宾格形式。据 Haspelmath（1997）的调查，49 种语言中，时量（duration）表达使用宾格标记的有 11 种，其中包括一些重要语言，如俄语、德语、阿拉伯语等。下面是俄语和德语的例子（德语中宾语的宾格身份主要落实在冠词上）。

（16）Его болезнь длилась месяц
他的　病　　持续了　月（单数第四格）

（17）Seine　Krankheit　dauerte　einen　Monat
他的　　病　　　持续了　一个（宾格）月
他的病持续了一个月。

如果进一步扩大视野，不仅看宾格而且看受事，把受事的各种形式标记，包括作格结构中的通格都考虑进去，那么，时量表达使用受事标记的语言，在 Haspelmath 调查的 49 种语言中，竟有 24 种。由此可见，时量表达最主要的形式标记是宾格，其次是受益格（如英语中的 for），有 6 种语言。[①]以上是同一个宾格形态用于不同的句法成分的例子，属于宾格形态使用过度的现象。事实上还有相反的现象，即宾格形态省略使用的现象也存在。跨语言的情况通常是，当生命度或有定性不足以明确区分主宾语之间的施受关系时，必须使用宾格形态。相反，当主语的生命度和有定性高于宾语的生命度和有定性时，施受关系容易确定，即使在有宾格形态的语言中，也会经常不用宾格。宾语不用宾格形态时，有的语言主要看宾语的生命度，如英语中只有人称代词有宾格形态；有的语言主要看宾语的有定性，如波斯语和乌拉尔语；有的语言则兼顾宾语的生命度和有定性，如西班牙语中宾格标记（前置词 a）只用于定指的人物名词。宾语标志的这种选择性用法，就是所谓"区别性宾格标志"（differential object marking），语言类型学文献中对这类现象描写得极多，如 Aissen（2003）经常提到的 Persian, Turkish, Copala Triqui, Khasi, Tamil, Malayalam, Kham, Hebrew 和 Amharic 等。

（二）有定性问题

上述形态不可靠，而语序、分布更重要的情况还有不少。例如形态上"有定"（definite）和"无定"（indefinite）的对立是最普遍的。有定成分的标志是定冠词、指别词等，无定成分的标志是不定冠词、数量词等。以前有个观点，认为汉语的主语必须是有定的，后来有学者如范继淹（1985）等指出汉语主语为无定的情况是大量存在的。其实，无定至少分两种情况，"特指"（specific）和"非特指"（nonspecific），如：

（18）一个青年教师被群众提名为省人民代表候选人。

（19）他是一个青年教师。

"一个青年教师"在例（18）中是特指的，实际上对象已经有所指，而在例（19）中则是非特指的，只是说明"他"的属性，是怎么样的人。范继淹（1985）所举无定主语的例子都是特指的。

由上可见，句法上与有定性相关的重要区分不是有定和无定，而是"有定+特指"跟"非特指的无定"的区分，或者说是"有指"（referential）跟"无指"（nonreferential）的区分。但还需要进一步考虑到下面的情况：

（20）a. 他把一辆车卖了。

　　　b. *他把一辆车买了。

例（20）中，似乎也不能说市场上的一辆车是无所指。a、b 有差别的

[①] 不过，既然时量表达跟受事在这么多语言（包括汉语）中采用跟宾格一样的标志，看来也不是偶然的。究其原因，可能是因为宾语和时量都代表了行为的结果，具有较多新信息特征，这也反映了语用功能对格形态的影响。

原因是，私人的车非常有限，通常语境下，其中一辆是比较容易确定的；而市场上车很多，通常语境下，其中一辆难以确定。看来，至少在汉语中，对于名词的"有定"和"无定"重要的区分是"可别度"（identifiability）高低的问题，或者说，感知上"可别"（identifiable）跟"不可别"（nonidentifiable）的界限。①但是，人类语言中大量存在的是"有定"和"无定"的形态区分，至于"有指"和"无指"或"可别"和"不可别"的形态，虽然不能断言说绝对没有，至少也是极为罕见的。笔者目前还不知道语言中是否有区分"可别"和"不可别"的指称标志。这类似于"类指"这一在交际中很重要的指称概念在人类语言中几乎没有专门的形式标志这一现象。②

（三）时间状语的表达

前面介绍了俄语、德语中每个格有多种用法，表示多种功能的情况。下面以时间表达为例，介绍俄语中相同、类似的功能用不同格表达的情况。（张会森，1979：103—117）

俄语第二、四、五、六格这四个格中任何一个都可以表示时间。

第二格，表示事件发生、进行的时间，回答 когда"何时"。如 первого сентября начнутся занятия"九月一日开始上课"中的 первого сентября"九月一日"。

第四格，主要表示事件延续的时量。如 Его болезнь длилась месяц"他的病持续了一个月"中的 месяц"一个月"。第四格在俄语和德语中都是以表示受事的宾格为主的。以宾格表示时量，在人类语言中是相当普遍的。前面3.1节也已经有讨论。

第五格，表示事件发生、进行、终结的时间。如 Ещё ребёнком она матери потеряла"还是孩子时她就丧了母亲"中的 ребёнком"幼年"。当然，第五格的主要功能是表示"工具"。俄语中表示时间、处所常用第五格，可看作"工具"意义的引申用法，以致某些第五格名词在词典中也被标注为副词。如 утром я встал очень рано"早上我起身很早"中的 утром"早上"。在词典中，весна"春天"、лет"夏天"、утра"早上"和 ночь"晚上"的第五格形式 весной、летом、утром、ночью 也都被标为副词而当作独立词条收入。

---

① 这种区分很可能是人类语言中普遍存在的。常规的交际中，话题或主语，所指对象至少是可区别的，才值得加以陈述。只有在谜语或儿歌中才会有不可区别的主语，如"一根扁担两头粗……""一只狐狸走过来……"因为交际功能不同，才没有这个限制。（朱晓农，1988）

② 在白鸽关于类指的专门研究中，具有专门类指标志的语言只提到景颇语，如"水果"个称是 nam^{31}si^{31}，而类称则是 nam^{31}si^{31}nam^{31}so^{33}，但白文也认为这只是词汇手段。（白鸽，2013）

不过由于它们作状语时仍然能带定语，处理为名词的第五格似乎更合理。

第六格，要求使用第六格的前置词基本上原来就是表示时间、空间的。跟第五格一样，前置词加第六格名词同样可以表示事件发生、进行、终结的时间。如 Это было в сентябре "那是在九月"中的 сентябре "九月"。

（四）状语和补语的判定：英语中一个案例的分析

先观察下面一组句子：

（21）a. He drove slow（ly）.

b. He drove the car slow（ly）.

c. He slow*（ly）drove the car.

d. He drove into the garage slow*（ly）.

e. He drove slow*（ly）into the garage.

f. He drove the car slow*（ly）into the garage.

g. He drove the car into the garage slow*（ly）.

例（21）a、b 中副词词尾-ly 可有可无。所有英语语法书都认为是因为 slow 也有副词功能，既可看作形容词也可看作副词，这里落实的是其副词功能，充当状语。英语词典中也都把 slow 标注为形容词兼副词。可是，为何例（21）c-g 5 个句子中的状语 slowly 不能用 slow 代替呢？传统分析无法解释。一个可行的解释是，slow（ly）在例（21）a、b 两句中也可以分析为补语。此时，例（21）a 跟 He died young, He retired young, He grew tall 等句子属于同类结构模式，而例（21）b 跟 He makes her happy 一类使动结构属于同类结构，而例（21）c-g 中的 slow（ly）都无法分析为补语，因此只能采用副词形式而看作状语。

不可忽视的是，在英语母语者的语感中，He drove slow 这个句子在表达功能上更接近 He drove slowly "他（开车）开得很慢"，而不是 He slowly drove "他慢慢地开车"。由此可见，至少在这个例子中，英语母语者的语感里，语序的作用比形态更稳定、更重要。

（五）存现句的形态差异和语序共性

存现句在各种语言中的形态差别很大，但是在存现物论元相对后置这一点上表现出极大的跨语言共性，如英语中 There are unicorns in the garden（花园里有一些独角兽），虽然 unicorns 因为激发了动词 be 保持数上的一致而被认为是主语，但是却跟一般主语不同，它总是后置于动词，也就是相对后置的。而在 SOV 语言的韩语中，存现物作为主语虽然不能移到动词后，但是却会移到处所状语后，如例（22）：

(22) 침대에　　　환자가　　　　누워있다.
　　 Himtay-ey　hwanca-ka　　noowo-e-i-ss-ta
　　 床—上　　 病人—主格　　躺—连—存在—过—陈
　　 床上躺着病人。

虽然这个句子在韩语中表现为（状语—主语—动词）句型，但是其中主语后置于状语这一点跟韩语中一般句子的格局不同，是相对后置的。这也反映了语序比起形态，能更直接反映人类语言交际功能的共性。日语中的情况也相似，如：

(23) ベッドに　　病人が　　　寝ている
　　 Beddo-ni　byounin-ga　　ne-te-iru
　　 床—上　　 病人—主　　 睡—连—着
　　 床上睡着病人。

可见，存现句的共性主要体现在语序上：处所在前而存现物在后。如果根据形态分析，存现物在日语、韩语中是主语，在英语中的地位有争议，在汉语中一般处理为宾语，这样就很难在几种语言之间找到共性。

上述分析显示，人类语言的共性更多存在于语序中，而不是形态中。

四　形态与语序在宏观层面的关系

前面基本都是从微观层面讨论形态和分布的关系的。下面将从宏观角度来讨论二者的关系。

人类语言的句法编码手段主要有语序和形态两大类。比较而言，语序比形态更重要，下面列举一些理由。

（一）形态与语序的普遍性差异

就人类语言而言，形态不是必须的，而语序却是人类语言不可缺少的。因此，任何形态共性对于没有形态的语言来说，都不是严格意义上的普遍共性。[①]换言之，语序现象和语序共性具有更大的普遍性。Comrie（1989：47）指出，有典型的、几乎纯粹的（编码手段只有语序而无形态的）分析语，但是没有典型的、几乎纯粹的（形态高度发达的）综合语，所以可以把综合性看作对典型分析性的偏离。也就是说，以语序为唯一线性编码手段（不包括非线性的重读等）的分析性的孤立语，可看作最简单的起点。

---

① 但可以是"蕴含共性"。蕴含共性是一种条件共性，其表达形式为"如果一种语言中有 P 现象，必有 Q 现象"。这两种现象可能只在极少数语言中存在。因此蕴含共性从某种意义上说，缺乏普遍性。

对世界的描写和分析，合理的程序是从简单的、单纯的现象开始，然后逐渐增加其他因素而不断复杂化。如果这样，那么应该把分析性语言看作语言研究的初始起点。对于一个理论体系，初始起点的重要性不言而喻，可以说初始起点往往决定了一种理论的基本特点。

语序既然是人类语言不可省略的基本形式，那么，人类语言必然对那些不可省略的形式加以最充分的利用：既然无法省去，何不加以充分利用？这正是经济性的一个表现。因此，语序必然是发挥最多功能的编码形式。

（二）语言演化和语言习得角度下形态与语序的关系

从历时语言学的角度看，人类语言编码手段的演化也是先有语序，然后才发展出形态。如格形态绝大多数来源于后置词，而后置词又来源于动词和名词（Kulikov，2009：440—445）。先有的事物的性质往往决定着后产生的事物的性质。

语言演化中的语言接触也可以反映形态与语序的关系。双语接触中的"借贷"（borrowing）现象可根据接触程度分为五个等级。第一级是最浅的，只有非基本词汇被借。第二级，旁置词（adposition）之外的语法虚词开始借入，语音、语法也有不同程度的借入。第三级，旁置词开始被借入。第四级，语序借入，但本族语的语序类型仍然占优势。第五级，语法大量借入外来语序和句型，但是因为固有结构及表达结构的词还在，语言的整个系统没有彻底改变类型。比第五级转化程度更大的就是整个语言的转型。由此可见，语序是语言转型的历史过程中最稳定、最基本的因素。而描写和分析，理想的程序是以稳定的基本因素为起点和参照标准，然后考察不稳定的非基本因素跟作为起点的基本因素的相关性。

此外，从个体语言习得的过程看，也是先学会语序，然后才学会形态。最初的语言都是简单的双词句，通常省略了形态，即形态参项的设定比较晚（如Wexler，1998）。

（三）互动关系中语序对形态的主导性

上述两点都启示我们：在语序和形态的互动中，应该主要是语序决定了形态，而不是相反。以下一些研究成果也证实了这一点。

Comrie（1989：52）指出：根据一种语言的形态，对这种语言的其他方面的性质可做出的预测很少，例如语序的自由程度等。也就是说，形态跟其他重要句法现象之间的相关度很低，因此不是很重要和很有价值的语言参项。比较而言，一种语言的基本语序能够告诉我们的其他信息则多得多。例如，几乎所有的SOV语言都有丰富的格标志；主要靠语序表达句法功能的语言极少采用施格（ergative）标志系统。

　　以前有一种流行的看法，认为形态越丰富的语言语序越自由，似乎在自由度方面形态和语序之间有一种正相关联系。但实际情况并非如此简单。据 Siewierska（1998：475—551）对 171 种欧洲语言的调查结果，虽然语序高度灵活的欧洲语言必然是形态丰富的，但是反过来形态丰富的欧洲语言，其语序并不一定高度自由，如德语。

　　根据 Siewierska 这一观察，似乎可以得出形态丰富虽然不是语序自由的充分必要条件，至少还是必要条件。但如果我们把眼光移到印欧语之外，则形态丰富是语序丰富的必要条件也算不上了。如形态极少的汉语，语序自由度就不见得比英语差。吕叔湘（1986）在讨论汉语句法的灵活性时，举了大量语序灵活的例子。这些例子很多在英语中并不存在。①对照英语与汉语，许多有翻译经验的人往往感到在语序的自由、灵活方面，汉语并不亚于英语。罗天华（2007）也通过一些跨语言的比较，显示了汉语的语序灵活性并不如一些形态比汉语丰富的语言，如英语、德语、法语等差。

　　Lu（1998）指出，语序的自由度很大程度上受制于最重要的两条语序动因（语义靠近动因和可别度领先动因）的互动方式：当两条动因的结果一致时，语序相当稳定；当两条动因的结果相反时，语序表现出相当的不稳定性，即灵活性。最明显的就是前置于核心名词的定语在各语言之间的语序，表现出高度的一致和稳定，而后置于核心名词的定语在各语言之间的语序，则相当不稳定而自由。例如英语、俄语的定语语序，除所有关系从句后置以及部分领属定语后置这两点跟汉语不同外，其他定语的语序基本上跟汉语定语语序一样，并且语序很稳定。相反，在法语和其他罗曼语言的定语语序中，由于形容词定语基本都后置，这些语言的定语语序就极为自由，尽管这些语言跟英语、俄语在谱系和地域上更临近。

　　罗天华（2007）也认为语序的自由度很大程度上取决于语序动因互动的方式。不过，他所分析的是 Hawkins 关于定语位置倾向的"可移动原则"动因（形容词、指别词和数词充当的定语，其移动自由度超过关系从句和领属定语）和"长度顺序原则"动因（越长的定语越容易出现在名词短语的末端。定语从长到短的顺序是：关系从句＞领属语＞形容词＞指别词/数词）。

　　以下一些语言共性也都显示了语序对形态的影响。

　　Greenberg 共性 33：

---

① 当然，这里所说的汉语语序的自由和灵活，仅指在意义基本不变（命题逻辑真值不变）的限制情况下，即排除了"读死书，死读书，读书死"这类意义不同的回文类型的自由和灵活。

如果名词跟动词之间的数的一致关系没有专门表示出来，并且这又跟语序有关，那么此时动词总是前置的，并且是单数形式。

Greenberg 共性 40：

当形容词后置于名词时，形容词表示出名词的所有的屈折范畴。

Moravcsik（1995）对 Greenberg 的共性 40 进行了扩展，提出如下共性：

所有语言中，核心名词的前置成分若具有数、性、格等标志，则后置成分也会携带同样的标志。

这条共性表明，后置定语的形态标志不会比前置定语少。

核心词跟其从属语之间的距离越大，越需要带表示两者关系的形态标志，即"距离—标志对应律"。（陆丙甫，2004）

在名词短语中，后置定语比起前置定语来，需要更多的形态，即"前少后多"；相反，在动词短语中，前置从属语比起后置从属语来，需要更多的形态，即"前多后少"。（陆丙甫、应学凤，2013）

这条共性实际上概括了前面 Greenberg 的共性 33、40，以及 Moravcsik 对共性 40 的扩展。

总之，在有关语序跟形态互动关系的文献中，有大量语序决定形态的例子，反过来形态决定语序的例子，至少就目前来看，要少得多。

五　汉语语序研究的优势

（一）语序分析与分布分析

上文 1.2 节提出："语序（分析）"，主要也就是指"分布（分析）"。这里不妨对两者的关系作进一步讨论。

《现代语言学词典》（2000）"分布"一条指出，"分布分析（distributional analysis）描写较小单位在较大单位中出现的各个位置，如音位在音节或词中的分布、词在句子中的分布"。

我们认为，这里"较小单位""较大单位"的说法不够明确。事实上，"音位"的分布只跟音节中的结构位置有关，而跟"语素、词、短语、句子"这些句法单位无关。由此延伸，"词"的直属上级单位是短语，而不是句子。麻烦的问题是：短语里面还可以有短语，究竟以哪一级的短语为标准呢？只有把词的分布限制在其直属上一级短语中的分布，才能使分布分析具有操作性。如"那"这个指别词，在"我看完了他送给我的那本书"这个句子中的分布，实际上只跟其直属短语"那本书"有关，而跟整个句子中其他成分无关。或者说，"给我的那本书""他送给我的那本书"这两个短语和整个句子"我看完了他送给我的那本书",都不是"那"的直属上一级短语。当然,"那"作为一个词的分布总和,还包括"那不行"等短语。这些短语中,"那"都是直属成分。"那"的一个分布特点是虽然能在直属上级的动词短语中占据主语这一结构位置,但是却不能出现在直属上级动词短语中的宾语这一结构位置,如"*他喜欢那",这是它跟一般体词性、指称性单位不同的分布特点之一。若不限制"较大单位"的范围,"那"完全可以出现在宾语位置。例如,"那"就可以出现在并非"直属上级"的句子"我看完了他送给我的那本书"中的宾语位置,即充当"送给"的宾语(的一部分)。

根据这点,不妨进一步把"分布"的定义修改为"一个单位在其所有直属上一级较大结构单位中出现的各个结构位置"。

谈到"结构位置",就不得不先弄清楚"结构模式",因为是"结构模式"给组成模式提供了结构位置。

为了解决结构模式的问题,我国语法学界在20世纪80年代曾有过一场与此密切相关的深入、广泛的讨论,这就是关于多分模式的"句子成分分析法"和两分模式的"直接成分分析法"这两种析句法各自的优缺点以及如何相结合的讨论。这一讨论的本质就是,直接构成一个句子单位的,究竟第一层是两个直接成分(通常是主语、谓语这两大块)还是"主谓宾定状补"这六大成分。这也就是究竟什么是"语序单位"的问题。而在国外语言学界,就不曾有过类似的大规模讨论。尽管Miller(1956)创建信息组块理论时就提出过类似的"一个句子中到底有多少信息块?"的问题,[①]但在西方语言学界没有引起多少广泛、深入的讨论。

前面提到的"直属上级单位",其实也就是"直属上级结构模式"。一个"直属上级模式",由其"直属成分",即"直属语序单位"构成。其中"直属成分"应该是"核心词加上与其发生直接语义关系的成分"。(陆丙甫,1993)

这样定义的一个结果,就是发现了任何一个语言结构单位的结构模式,构成它的直属成分都不会超过7个左右(7±2,Miller,1956a),这显示了人类语言结构受到人类短时记忆和注意力限度的限制,同时也充分利用了这一限度。而这个数量限制,就可以看作人类语言结构的数量共性,具体地说,就是语序单位的数量共性。此外,如一个核心动词带上"时位、处所、工具、方式、时量"这五个状语,6个成分组成的语序排列,数学

[①] Miller虽然提出了人类信息加工过程中受到短时记忆"七左右"这一加工能力的限制,并断定语言理解是个组块过程,但是他并没有解决语言理解过程中如何组块的问题。其原因是他忽视了语言研究应该以"母语者"(即Chomsky所说的"理想的说话者—听话者")的语感为基础。(陆丙甫,1993:100—103)

上的可能有 720 种，但实际上，调查的结果，只有 6 种是存在的。这也说明了人类语序的极大共性。（陆丙甫，1993：88）

对跟分布有关的直属上级单位的限制，本质上就是：一个核心决定一个分析流程，一个分析流程得到一个结构模式，不能把不同层次的结构模式混在一起来分析。这样，一个单位的分布，就是指它在各种直属上一级结构模式中可以出现的结构位置的总和。反过来也就是说，对一个单位的分布分析，只能在其各种直属上级单位中进行，不能混入其在非直属上级单位（更高上级单位）中的分布。

我们再从另一个视角来看语序与分布的关系，可以说分布分析的范围比语序分析更广。往小处看，如音位的分布分析，并不属于语序分析范围。不过，这其实只是术语的问题，用 chunk order（信息块顺序，简称"块序"）替代 word order，[①]这个问题就不存在了。chunk 也可以是音位。往大处看，某个词的分布会受到篇章语用环境的限制，这也是分布现象，但不属于狭义的语序现象。因此，尽管分布分析的范围比语序分析大，但是说分布分析包含了，并且主要就是语序分析，并无严重问题，或者说，分布分析是语序分析的深化和延伸。

（二）语序分析是句法研究的初始起点

分布分析产生于"音法学"（采用朱晓农对语音学的新命名）。语法分析常用的"最小差别对"（minimal pair）、"互补分布"（complementary distribution）也是来源于音法学。在科学史上，最基本的原理和分析通常首创于对简单现象的观察，然后再考察这一原理和分析能否以及如何运用到更复杂的现象中。总体上可以说，语法现象比语音现象更复杂，例如短语套短语这种无限递归在语音中并不存在，因而产生于音法学的分布分析和最小差别对等都对语法分析产生了重大影响。这里举个"结构位置"的例子。日语中，三个基本鼻音/m、n、ŋ/处于声母位置时，是三个不同的音位，但是处于韵母中的韵尾位置时，则是同一个音位的不同条件变体（没有区分意义的作用）。因此，实际上在日语中有四个鼻音音位：/m、n、ŋ/加发音部位没有规定（position‐underspecified）抽象鼻音音位 N。由此可见结构

[①] 其实，word order 并不确切。有鉴于此，语序类型学的奠基人 Greenberg 称语序为 the order of meaningful elements（意义成分的顺序），但什么是"意义成分"？同样难以定义。学术界也把语序称为 constituent order（成分顺序），但这个名称如同说"单位顺序"一样，等于什么也没有说。事实上，这个跟语序直接相关的单位通常由一个核心加上若干从属成分组成，如短语就是由一个核心词加上若干跟核心有直接语义关系的从属成分组成，从属成分本身通常是短语。这种情况，用"词序"和"短语序"都不合适。用"块序"则至少告诉我们语序单位的数量限制：核心词加上若干从属短语，数量不超过 7 块左右。

位置的重要性。

所有语言都要用到语序编码，但有的语言在语序编码之外还有形态编码。如果以基本上靠语序手段的语言为研究起点，就可以说形态丰富的语言在语序手段之外还用到了形态作为辅助手段。而如果以形态丰富的语言为研究出发点，就必须说没有形态的语言舍掉了形态手段。加法比减法在认知上容易得多，作为理论体系，当然前一种程序更为合理。初始起点的选择，对于任何理论体系的构建都是至关重要的第一步。（陆丙甫，2005）

（三）语言研究需要进一步摆脱"印欧语眼光"

综上可见，汉语形态少这一特点，对于语法研究虽然有不利的一面，但远不如我们以前所想象得那么严重。另外，这一特点也促使汉语语法研究者在语序方面作更多发掘，从而将其转化为利于语法研究的积极因素。例如，由于汉语形态少，导致汉语学者不得不在语序方面投入更多，而语序分析深化的结果，又促使我们深化了对"分布"和"语序单位"的理解。

西方语言学没有出现汉语语法学界关于两种析句法的广泛、深入讨论这一现象，部分原因就是：印欧语形态丰富，使人觉得其中的研究很有价值、潜力和空间。汉语形态少，在形态方面做不出多少文章，只好在语序方面多考虑，而要深入、明确地分析语序现象，就需要先解决语序单位的问题。西方学者对形态研究更熟悉，以此为出发点去研究很自然，也获得了不少成果。从语言学史上看，形态是西方语言学界最早认识到的，到了 Bloomfield 的《语言论》（1933）才把词类和语序当作配列模式，也就是语法形式。在此基础之上建立起来的语言学难免带上印欧语言的烙印，带有"印欧语眼光"这一片面性。由于现代语言学发源于对印欧语的研究，这种偏见对于整个语言学的消极影响也比较大。

历史上西方语言学对形态的偏重，一直持续到当代。生成语法是一个高度重视形态的理论框架。在其早期，就把形态学当作句法的一部分。在其后期的最简方案中，使用了大量的主要代表形态的"功能核心"。形式学派的代表人 Chomsky（2017），至今还反对把语序看作是"语言能力"（language faculty）的一部分。但同为形式学派的 Kayne（2018），近来就专门为此写了篇反驳文章，强调了语序的重要性，认为语序应该是语言能力的一部分。

早在 20 世纪 50 年代，胡附、文炼（1954）就继方光焘之后，强调了"广义形态"的重要性。他们的"广义形态"是指"词与词的相互关系，词与词结合能力的表现"，用现在的说法就是"分布"，即"各种语序位置的综合"。在当时形态类型学一统天下的背景下，这一提法具有为语序分布研究争取话语权的积极作用。但随着研究的深入，我们也应该看到其局限性，其大前提还是承认形态类型学的主导地位。在语序类型学已经蓬勃发展的现代，已无须再用这个术语自我束缚。在如今语序类型学发展的基础上，可以明确地提出语序类型学具有独立性和主导性，并且要强调把语序分析作为句法研究的初始起点的重要性和必要性。

参考文献：

白鸽：《类指现象的跨语言研究》，中国社会科学院，博士学位论文，2013年。

陈平：《中国语言学的过去、现在与未来》，《语言战略研究》2018年第1期。

戴维·克里斯特尔：《现代语言学词典》第四版，沈家煊译，商务印书馆2000年版。

范继淹：《无定NP主语句》，《语法研究和探索（三）》，北京大学出版社1985年版。

胡附、文炼：《现代汉语语法探索》，东方书店1954年版。

陆丙甫、曹德和：《关于句法理论的起点和三个平面理论》，《语言研究集刊（第二辑）》，上海辞书出版社2005年版。

陆丙甫、应学凤：《节律和形态里的前后不对称》，《中国语文》2013年第5期。

陆丙甫：《核心推导语法》，上海教育出版社1993年版。

陆丙甫：《作为一条语言共性的"距离—标记对应律"》，《中国语文》2004年第3版。

吕叔湘：《关于词类的一些原则性问题》，《吕叔湘全集》第二卷，辽宁教育出版社1999年版。

吕叔湘：《汉语句法的灵活性》，《中国语文》1986年第1期。

吕叔湘：《汉语语法分析问题》，商务印书馆1979年版。

罗天华：《论动因竞争对语序自由度的影响：以Hawkins长度顺序和可移动原则为例》，《西南交通大学学报》（社会科学版）2007年第2期。

潘悟云：《上古指代词的强调式和弱化式》，《语言问题再认识：庆祝张斌先生从教五十周年暨八十华诞》，上海教育出版社2002年版。

王仁强：《现代英语兼类现状研究：以〈牛津高阶英语词典〉（第7版）为例》，《外国语》2014年第4期。

张会森：《现代俄语语法新编》，商务印书馆1979年版。

朱晓农：《句法研究中的假设演绎法：从主语的有定无定说起》，《华东师范大学学报》（社会科学版）1998年第4期。

Aikhenvald, Alexandra 2011 Versatile cases. In Aikhenvald, Alexandra and R. M. W. Dixon. Ed. Language at Large: Essays on Syntax and Semantics, BRILL.

Aissen, Judith. 2003. Differential object marking: Iconicity vs. Economy. Natural Language & Linguistic Theory 21.

Bloomfield,Leonard.1933. Language. New York: Henry Holt.

Chomsky, Noam, Ángel J. Gallego, Dennis Ott. 2017. Generative grammar and the faculty of Language: insights, questions, and challenges. http://ling.auf.net/lingbuzz/003507.

Comrie, Bernard. 1989. Language Universals & Linguistic Typology (2nd. Ed.). The University of Chicago Press.

Corbett, Greville G. 1991. Gender. Cambridge: Cambridge University Press.

De Haan, Ferdinand. 2006 Typological approach to modality. In Frawley ed. 2006. The Expression of Modality. 27-70, Berlin, New York: Mouton de Gruyter.

Dixon, R.M.W. 1972. The Dyirbal Language of North Queensland. Cambridge: University Cambridge Press.

Emonds, J.E. 1976, A Transformational Approach to English Syntax, New York: Academic Press.

Haspelmath, Martin 1997 From space to time: Temporal adverbials in the world's languages. München, Newcastle: Lincom Europa.

Huddleston, Rodney & Geoffrey K. Pullum. 2002. The Cambridge Grammar of English Language. Cambridge: Cambridge University Press.

Huddleston, Rodney & Geoffrey K. Pullum 2003. The Chronicle Review. The Chronicle of Higher Education. 49: B20.

Kayne Richard S. 2018. The place of linear order in the language faculty. http://ling.auf.net/ lingbuzz/003820.

Kim, Hakyeon. 2004. Expletive There in Generative Grammar. The Linguistic Association of Korea Journal, 12.3: 207-224.

Kulikov, Leonid. 2009. Evolution of case systems. In The Oxford Handbook of Case. Ed. By Malchukov, Andrej & Spencer, Andrew. Oxford University Press.

Lu, Bingfu 1998 Left-right asymmetries of word order variation: a functional explanation. Ph.D. diss. University of Southern California, Los Angeles.

Miller, G.A.1956a. The magical number seven, plus or minus two: some limits

on our capacity for processing Information. The Psycological Review: 63.
Miller, George. 1956b Human memory and the storage of information. I.R.E. Transaction on Information Theory, Vol, IT-2, No.3.
Malchukov, Andrej & Andrew Spencer, 2008. The Oxford Handbook of Case. Oxford: Oxford University Press.
Moravcsik, Edith A. 1995. Summing up Suffixaufnahme. In Plank (ed.) 1995. Double Case, Agreement by Suffixaufnahme. New York, Oxford: Oxford University.
Newmeyer, Frederick J. 1998. Language From and Language Function, Cambridge: MIT Press.
Newmeyer, Frederick J. 2005. Possible and Probable Languages: a Generative Perspective on Linguistic Typology. Oxford: Oxford University Press.
Siewierska, Anna. 1998 Variation in major constituent order: a global and a European perspective, in Anna Siewierska (ed.) 1998.
Siewierska, Anna.(ed.) 1998 Constituent Order in the Languages of Europe. Berlin & New York: Mouton de Gruyter.
Tomlin, Russell S. 1986. Basic word order: functional principles. London: Croon Helm.
Wexler, K. 1998. Very early parameter setting and the unique checking constraint: a new explanation of the optional infinitive stage. Lingua 106.

[附记] 本文在第二届赣鄱语言学博士论坛宣读，发表于《语文研究》2018年第2期。本文的写作得益于与会者的反馈，也得益于跟沈家煊、谢天蔚、罗天华三位先生的交流，定稿过程中还曾得到《语文研究》两位匿名审稿人和编辑部宝贵的修改意见，这里一并致以诚挚的谢意。

作者简介：

陆丙甫，南昌大学人文学院中国语言文学系教授，美国南加利福尼亚大学语言学专业博士，学位论文《Left-right asymmetries of word order variation: a functional explanation（语序变换前后不对称：一个功能主义的解释）》（1980）。

罗彬彬，南昌大学语言学及应用语言学专业2015级硕士研究生。

"Fans"汉译语素构词的组合形态与理据级差

井冈山大学 刘禀诚

摘 要：论文从汉译语素构词的角度，从如下方面论述了"Fans"汉译语素构词的组合形态与理据级差：（1）形态理据与词源理据（包括内部组合形态与外部组合形态。根据"fans"汉译语素是音译还是意译，把"fans"汉译语素构词分为：音译系列、意译系列。同时，通过各系列新词语的语例溯源，探求它们的词源意义）；（2）社会理据与文化理据（主要体现在事件轰动效应和名人效应，以及"粉丝"追星心理和从众心理的差异上）；（3）认知理据（修辞的认知理据、"Fans"汉译语素构词的理据性）。

关键词：Fans；汉译；构词；组合形态；理据级差

一 引言

当我们接触饮食类词语"炒饭、盒饭、什锦饭、八宝饭、什锦八宝饭、稀饭、红米饭、玉米、荔枝、凉粉、米粉、奶粉、麦粉"，以及物件类词语"索尼、笔杆、麻秆、钢丝"时，是否想到它们居然会转指各种各样的"粉丝"（英语 fans）或"迷"呢？请看下面的报道：

上午 10:00，我们"红米饭"终于在江西卫视的《星光苑》见到了 2008 红歌会十强。当十强红歌手走进我们期待已久的视线，我们的心就一直牵挂着他们，尽管我们极力克制自己，但是现场仍然回荡着一阵阵热烈的掌声，澎湃着一股股汹涌的呼唤！当时，我们忘却了自己，忘却了矜持，只是为了您——我们心中怒放的红歌，我们心中挚爱的红歌手！……因为红歌就在我们的身边！因为红歌手唱出了我们心中共同的歌！因为我们永远支持红歌！因为我们永远是忠实的"红米饭"！（《"红米饭"的幸福：与红歌会十强选手亲密接触》，今视网—江西电视台 2008 年10月24日）

显然，这里反复出现的与"红歌""红歌会""红歌手"（见下划直线）对举出现的"红米饭"（见下划波浪线）不再是《毛委员和我们在一起》歌词"红米饭那个南瓜汤哟咳罗咳"中的"红米饭"，而是特指"红歌、红歌会、红歌手的粉丝"或"对红歌、红歌会、红歌手痴迷的人"。对于此类问题，据我们的陋见，似乎只有刘禀诚、聂桂兰（2009：223—224）比较集中论及，从比喻与比拟表人、认知、静物化的角度，概述了"粉丝、玉米、笔迷、凉粉、荔枝、盒饭、炒饭、麻秆、米粉、索尼、钢丝、麦粉、八宝饭、什锦饭、什锦八宝饭"等表人词语，但还没有追根溯源，追溯到构词语素的英语源词"fans"，也没有条分缕析地深入比较、探讨它们的形态理据、词源理据、社会理据、文化理据、认知理据。因而在这几个理据方面本文就很有作进一步探讨的必要。

二 形态理据与词源理据

（一）内部组合形态

用"粉、丝、饭、米、枝、杆"等作为构词语素，再与其他语素组合构词，因为这是发生在构词内部的，所以名之为"内部组合形态"。根据"fans"汉译语素是音译还是意译，我们把"fans"汉译语素构词分为：音译系列、意译系列。同时，通过各系列新词语的语例溯源，探求它们的词源意义。构词方式（"红米饭"是例外）基本为：人名或物名中抽取某字+fans 的汉译（音译或意译）=组合成大家知晓的事物。

1. 音译

（1）"粉"系列（粉丝）

张靓颖/诸葛亮	凉粉	孙艺心/黄鑫	通心粉
吉米·莱库宁	米粉	粟裕	粟粉
麦当劳	麦粉	刘备	备份
Federer（费德勒）	奶粉	奥运会及其体育比赛	奥粉
白居易	意粉	微博	微粉
刘建宏	红粉	美国苹果公司数字产品	果粉
张殿菲	淀粉	陈怡川	川粉
博主之间互为粉丝	互粉	微博上表现活跃的虚假粉丝	活粉

（2）"丝"系列（丝/思/粉丝/饭丝）

郭德纲/李玉刚	钢丝	罗丹/罗永娟	螺丝
《士兵突击》	击丝（鸡丝）	于谦	铅丝/鱼香肉丝
纪连海/海明威	海飞丝	高尔基	高丝
徐静蕾	蕾丝	梦露	席梦思

（3）"饭"系列（饭丝/饭死）

超女	炒饭	韩庚	庚饭
何洁/荷马	盒饭	Naddal	豆饭
胡锦涛主席	什锦饭	李宗盛/李晟	剩饭
温家宝总理	八宝饭	钟凯	中饭
陈冠希/扎西顿珠	稀饭（希饭）	小米/红米手机	米饭
红歌/红米手机	红米饭	当年明月/王阳明	明矾

请看语例：

① "饭"和"粉儿"是英语 fans 的谐音，fans 在英语中读音为"泛丝"，是歌迷、影迷和崇拜者的意思……以李宇春为例，她的歌迷就以其名字中"宇"字的谐音为自己冠名，即为"玉米"。以此类推，张靓颖的歌迷叫作"凉粉"，韩庚的歌迷叫作"庚饭"，每个粉丝团都为自己的偶像起了各种各样的昵称表达喜爱之情。(《记者观察》（下半月），2008 年 9 月)

2. 意译

（1）迷/花痴/迷恋者/虫

李宇春/李煜	玉米（宇迷）	纪连海/海明威	海米（海迷）
张小洁	小米	谢娜	纳米（娜迷）
易中天	乙醚	唐笑/唐嫣	蜜糖（迷唐）
王栎鑫	栎迷	毛方圆	猫咪（迷）
南多·阿隆索	索尼（迷）	冯绍峰	蜜蜂/枫叶/八爷党
Roddick（罗迪克）	糯米（Ro 迷/罗迷）	谢霆锋/杨幂/李易峰/冯家妹	蜂蜜、锋（峰/冯）迷
陈楚生	花生（楚生花痴）	冯绍峰与杨幂	蜂蜜
闫安	烟花（闫安花痴）	姚明	姚蜜（迷）

续表

周杰伦	杰迷	黄健翔	蝗虫
周笔畅	笔迷	昆德拉	昆虫
孙俪	米粒（迷俪）	蒲巴甲	甲壳虫
邓超	炒米（超迷）	Mauresmo	毛毛虫

（2）铁杆/人/民

舒马赫	麻秆	张超	超人
纪敏佳	佳人	钟汉良	良民

（3）支持者/知音/亲/投靠/属于

黄雅莉	荔枝	秦炎仕	芝士（cheese 奶酪）
胡灵	灵芝（胡灵支持者）	程欣/张晓晨	橙汁/橙子（程支）
朱雅琼	蜘蛛（支持朱雅琼）	刘学涛	桃子
蔡国庆	果汁（国支）	李逵	葵花籽
巫迪文	笛子（迪支）	金庸（查良镛）	渣子

（4）溺爱/喜爱/乐于支持者

陈迪	爱迪生	南多·阿隆索	索尼（溺）
乐晨	乐橙		

（5）力推/力挺/维护/拥护者

张亚飞/许飞	飞艇（飞挺）	熊文	维尼熊
钱文忠	潜艇（钱挺）	张珊珊	珊瑚（姗护）
魏佳庆	蜻蜓（庆挺）	纪敏佳	鸡腿（纪的力推者）

（6）派/翼/帮/众/扎堆/聚集/荟萃/联盟/团队

刘邦	帮派	马骧	马帮
克尔·杰克逊	杰是帮	罗大佑	右派

续表

萧敬腾	萧帮	马未都	马扎
王心凌/党宁	柠檬（凌盟/宁盟）	煎蛋网	煎蛋众
李霄云	云团	陈泽宇	羽翼
王立群/周群	群众	范冰冰	冰棒

请看语例：

②问：黄雅莉的 fans 为什么不叫鸭梨而是叫作荔枝呢？ 答：我们是把雅莉叫鸭梨，把雅莉的 fans 叫荔枝，就是雅莉（荔）的支（枝）持者、雅莉的知音。再说，荔枝比鸭梨好吃哦……（百度知道，2005 年 12 月 10 日）

转喻/隐喻系列

人名（事物名）	粉丝名	得名缘由
蔡依林	骑士	成名曲《骑士精神》
红歌迷	红米饭	红歌歌词"红米饭那个南瓜汤"
冯绍峰	八爷党	扮演《宫锁》中的八爷

这里，值得说明的是：

（1）以上粉丝名不仅限于超女、快男等娱乐节目中演员明星的粉丝，也有其他类型的明星粉丝：体育明星的粉丝，如"姚蜜"（姚明的迷恋者）；电视节目主持人的粉丝，如"红粉"（刘建宏的粉丝）；《百家讲坛》主讲人的粉丝，如"乙醚"（易中天的迷）、"鱼丸"（于丹的粉丝）、"群众"（王立群的粉丝）、"年糕"（阎崇年的粉丝）。

（2）在粉丝名命名的词源理据上，"fans"可通过意译引申出：迷（迷恋者/虫）、铁杆、支持者（知音）、溺爱/喜爱（乐于支持）者、力推/力挺/维护者、派。表示"投票支持（投缘）者"的，如"俞灏明—芋头（俞投）"。有的通过同义或联想义的方式来命名粉丝名，如"谭旭—太阳系"中的"旭"与"太阳"，"系"（维系在一起）与"团体"。

（3）一个明星有几个粉丝名，如：刘翔的粉丝叫"箱子、翔粉"；纪敏佳的粉丝叫"佳迷、佳人、鸡腿"；周笔畅的粉丝叫"笔迷、笔杆、笔亲"；易中天的粉丝叫"易迷、乙醚、易粉、意粉、易丝、易饭、薏米、中迷、天迷"；周笔畅的粉丝叫"笔迷、粉笔、笔粉、笔饭、笔丝、畅丝"；刘翔的粉丝叫"翔迷、翔粉、刘迷、翔饭、翔丝"；郭德纲的粉丝叫"钢丝、纲丝、刚粉、纲饭、德迷、郭迷、刚迷、纲迷、德丝、德粉、刚饭、德迷"；

王心凌的粉丝叫"凌迷、CF、凌盟（柠檬）"；白岩松的粉丝叫"白粉、白面、白菜、白痴、白石桥、白眼狼"；刘建宏的粉丝叫"红粉、红薯、红脸蛋、红烧肉、红星照我去战斗"。

（4）几个明星的粉丝共用一个粉丝名，如：李宇春/李煜的迷都叫"玉米"；谢霆锋/冯家妹的迷都叫"蜂蜜"；黄雅莉/隆蒙哥马利的支持者都叫"荔枝"；程欣/张晓晨的支持者都叫"橙汁/橙子"；张亚飞/许飞的力挺者都叫"飞艇"。

（5）姓名同字的不同明星用不同的粉丝名。有时为了避免含有同音姓名的不同名人或明星共用一个粉丝名，便刻意加以区别，如："易慧"的粉丝用"慧迷"，不与易中天的粉丝同名。青年歌手电视大奖赛的视唱练耳评委赵易山的粉丝们先是自称"易粉""易迷"，后又取其姓名中一个字，被改为"山羊"，意为山羊性情温和，与赵易山在荧屏上的表现接近，再后来，"山羊"们又形成了"羊群"。这跟"×迷"又有什么关系呢？无所谓，只要得到了大家的认可就是最合适的。

（6）有的粉丝名是在"姓名的倒序谐音"基础上添加字词而形成，如"鲍鱼粥"是"周瑜"的倒序谐音"鱼粥"再添加"鲍"（与"抱成团"的"抱"谐音）字；"维和部队"是"肖和维"中"和维"的倒序"维和"再添加"部队"二字。

（7）有的则是在"姓名＋fans 音译或意译"的基础上添加字词（请见加点字）而形成。fans 音译构成的有：林爽—爽身粉；孙艺心/黄鑫—通心粉；纪连海/海明威—海飞丝；于谦—鱼香肉丝；梦露—席梦思。fans 意译构成的有：熊文—维尼熊；蒲巴甲—甲壳虫；李逵—葵花子。

（8）有的粉丝名则很不雅，如："王小丫"的粉丝名叫"丫挺"（王小丫的力挺者。但在北京方言里是詈语，是"丫头养的"的连读音），郭晶晶的粉丝名叫"精子"（郭晶晶的支持者。但这一比较隐私的生理学术语是不宜公开宣称的），李宗盛的粉丝名叫"剩饭"，马拉多纳的粉丝名叫"纳粹"，白岩松的粉丝叫"白粉、白痴、白眼狼"，等等。

（9）有的粉丝名是几个粉丝团的合称。如 "米饭"，由"玉米"和"盒饭"组成的，指的是相互支持对方参赛者的联盟；"粉笔"，由"凉粉"和"笔迷"组成的，指的是相互支持对方参赛者的联盟。

（10）"迷"系列词语，比如"影迷、戏迷"这些词早就用了"迷"字，只不过现在多用于人名或偶像的崇拜，如：伟迷（梁朝伟的影迷或粉丝），秦迷（沈乐平导演的动漫《秦时明月》的影迷或粉丝）。

（11）还有其他内部组合手段：（1）增字组合。如"什锦饭、八宝饭、什锦八宝饭"中的"什""八",是组合过程中添加的字词。(2)谐音变形组合。像"炒饭、盒饭、稀饭、玉米、荔枝、凉粉、奶粉、索尼、钢丝"中的加点字分别是"超、何、希、宇迷、莉支、靓、勒、溺、纲"的谐音变形。

(二) 外部组合形态

除了特定的搭配词语以外,还可以双引号的形式表示特定称谓或强调。

1. 前加表人修饰语("名、位、个"等)。例如:

(1) 昨晚的上视演播厅,碍于正在录像,台下的"奶粉"老实地坐在规定座位上,与网坛一哥费德勒"中距离接触",其间仅3个"奶粉"成了幸运儿,上台与巨星来个亲密拥抱。(《新民晚报》2005年11月10日)

2. 前或后加表人同位语。例如:

(2) 上午10:00,我们"红米饭"终于在江西卫视的《星光苑》见到了2008红歌会十强。(今视网,2008年10月24日)

3. 后加助词"们"。例如:

(3) 红米饭们可以有各自喜欢的偶像,但是坚决反对恶意贬低其他的红歌手,我们是为了红歌而来,应该从红歌会中学到做人做事的道理,这样对自己的人生也是受益匪浅。(2007年10月9日帖子)

4. 搭配。(1) 与"我们是"搭配。如:我们永远是忠实的"红米饭"!(今视网,2008年10月24日)(2) 与表人动作动词搭配。如:① 红歌会抵制"小三" 红米饭追星该有度(江西电视台评论,2010年8月16日);② 我们爱冠希我们挺冠希我们是稀饭,我们是铁杆稀饭("陈冠希中文网"之"希饭日志")

三 社会理据与文化理据

(一) 社会理据

主要体现在社会轰动效应(依据事件或名人的轰动效应大小,理据有优劣之分)、名人效应(依据名人地位高低,理据也有优劣之分)、追星心理(依据名人或名片的影响大小,理据也有优劣之分)。有人认为"什锦八宝饭"是"去神化的政治领袖崇拜"的产物(庄金玉,2009)。同理,"盒饭(何洁 fans)"是"去明星化的崇拜"的产物。总之,"去神化、去明星化"——拉近距离,尽量往日常生活中的食品类、物件类事物身上联系,从而引发"fans"汉译构词,构成一系列的表人、表粉丝团体的新词语。

(二)文化理据

主要体现在从众心理、求承心理上。苏新春(1995:203,205)认为从众心理、求承心理是复合词构词中的两种文化现象,并对它们分别进行了解释:从众心理说的是复合词在对词素的选择和构成方式上表现出一种"随大流""求同"的构词现象;求承心理主要是指对古代文化传统继承的一种心理倾向。求承心理与主要存在于共时状态下的从众心理有所不同,"粉丝"的从众心理在当下显得尤为引人瞩目。

四 认知理据

(一)修辞的认知理据

我们试图通过断取、双关、借代、别解、比喻、比拟、缩略等修辞手法来窥视"fans"汉译语素构词的认知理据。

1. 断取表人。谭永祥(1996:16)认为:只截取一个词语中的一个或几个字的意义,而置其余于不顾,这种"断章取义"的修辞手法叫"断取"。如"什锦饭、八宝饭、什锦八宝饭"等词语,如果着眼于部分字词,则为断取("锦饭、宝饭、锦宝饭")。

2. 谐音双关、别解表人。如,食品化词语"什锦饭、八宝饭、什锦八宝饭、稀饭、红米饭、玉米、荔枝、凉粉、米粉、奶粉、麦粉",以及物件化词语"索尼、笔杆、麻秆、钢丝"等,都既指饮食或物件,又指由"fans"汉译语素构词的表人新词语。有人还把这一类词语看作"托形格"的运用,对此我们不敢苟同(刘禀诚、聂桂兰,2009:234—242)。

3. 借代(转喻)表人。如,"红米饭"(来源于《毛委员和我们在一起》中的"红米饭那个南瓜汤哟咳啰咳")。很显然,它符合赵艳芳(2001:116)和陆俭明、沈阳(2003:426)的观点,体现转喻的不同认知域之间的"相接近或相关联"特征,以及具体、突显事物"指代"或"替代"另一事物的"过渡"功能。它与"什锦饭、八宝饭、什锦八宝饭"最大的不同是:前者整体借代(转喻),既不是什么短语的缩略,也不能做重新分析,而后者则可以做重新分析并做断取。

4. 比拟表人。"什锦饭、八宝饭"等食品化词语和"索尼、笔杆"等物件化词语,用来表示各类粉丝团,把人当作食品、物件,赋予它们人的思想感情色彩。

5. 缩略。（1）原形缩略。如：希饭、米粉、麦粉、笔杆、麻秆。（2）谐音缩略。如：稀饭、玉米、荔枝、奶粉、凉粉、索尼、钢丝。赵燕华（2007）论述了"当代汉语解构式缩略语"之"谐音缩略语"，举例有"玉米"（李宇春的歌迷）等。究其实质，与其说是"谐音缩略"，毋宁说是"别解格作用下形成的独特而有趣的修辞现象"；换句话说，只要你遵循"同形"或"谐音"的原则，你爱怎么"解构"就怎么"解构"，哪怕穿凿附会也行，带有相当大的随意性，与缩略语的要旨不相符（尤其是那些谐音的所谓缩略语）。（刘禀诚、聂桂兰，2009：236）与一般缩略语不同的是，这种所谓的"谐音缩略"表人词语中还纳入了"fans"的音译成分或意译成分；换句话说，就是中西合璧的缩略。（3）缩略的认知理据。刘禀诚、聂桂兰（2009：231—234）认为"缩略词语的认知理据"是：语言符号的再符号化、矛盾统一的产物、文化观念下的结晶、象似性原则下的观照、认知模式的反射。落实在"fans"汉译语素构词表人词语上也是如此。

（二）"fans"汉译语素构词的理据性

1. 原型、典型范畴与理据性级差。典型范畴观决定了我们在研究中不追求语言规律的绝对性；而是考察某个成分在多大程度上像是典型的成分，或者说，追求多大程度上的典型性或相似性（沈家煊，1999：16）。落实在表人语素及其原型问题上，那就是我们不追求两者之间有多大程度上的典型性或相似性，追求的是一种认知投射与迁移。原型缩略而成的表人语素，因为是单音节语素，能产性强，因而在构词能力方面大大增强（刘禀诚、聂桂兰，2009：226）。因此，我们特别强调：缩略语与原词语之间存在一定程度的象似性，但不追求与原词语有多大程度上的典型性或象似性。再者，"fans"汉译语素构词表人词语的词化程度和陌生化程度存在较大差别，理据性级差等级序列大致为（像"希饭/击丝/庚饭"，其本身根本就不是什么食品或物件。"稀饭/钢丝"与"鸡丝"虽然现实生活中确有其物，但是后者指《士兵突击》的粉丝"时，"击""鸡"只是同音但不形似，而"稀饭/钢丝"与"希饭/纲丝"同音也形似，因而前者的理据性要强于后者"鸡丝"）：

红米饭（5级）>什锦饭/八宝饭/什锦八宝饭（4级）>稀饭/钢丝（3级）>炒饭/盒饭/鸡丝（2级）>希饭/击丝/庚饭（1级）

2. "有标记转指"与"无标记转指"。王海峰（2004）认为："语言中的构词平面和句法平面上存在着自指和转指现象，构词平面上的转指不仅可以是有标记的，而且也可以是无标记的。语言中的转指究其实质是转喻在语法上的体现，一定的认知模型内以显著的东西转喻不显著的东西是一般规律。"前面在谈到"构词方式：人名中抽取某字+fans 的汉译（音译或意译）=组合成大家知晓的事物"时，指出"红米饭"是例外，这是为何？这是因为"红米饭"和其他系列的食品化、物件化词语一样都能够转指人，转指各类"粉丝"；但是它们还有着很大的不同：红米饭，是"无标记转指"，而其他的为"有标记转指"。

3. "fans"音译和意译的选择（不同翻译的比较）。这里有一个问题：同源（fans）的，为何有的音译为"饭/粉/丝/饭死/粉丝"，有的意译为"迷/铁杆/支持者"？前面谈到的"人名中抽取某字+fans 的汉译（音译或意译）=组合成大家知晓的事物"这一构词方式也许能够帮助我们解决这一问题。因为这一构词组合方式涉及几个条件：一是诞生的新词语是大家知晓的事物；二是"fans"汉译之后必须与源词有音义上的联系或理据，或者说，音译或意译各得其所。试想：把"对超女入迷的人/fans"（炒饭、超粉）处理为"炒丝、炒杆"，大家是很难接受的。

五　构词规范与未来走向

（一）规范

耐人寻味的是，《现代汉语词典》（2012 年第 6 版）把"粉丝"分列为两个词条：【粉丝】[1]、【粉丝】[2]，分别释义为"用绿豆等的淀粉制成的线状食品"，"指迷恋、崇拜某个名人的人［英 fans］"。但是，综观"粉丝"词义的发展尤其是英语 fans 的汉化历程，我们不难发现【粉丝】[2]为《现代汉语词典》收录，其实经过了反复争论的艰难历程。

文载，上海市首部语言文字法从 2006 年 3 月 1 日起生效，规定用"粉丝"指代"歌迷"等不符合现代汉语规范的网络语言，将不得在公文、教科书、媒体等上面出现。无独有偶，王闰吉（2006）认为，2003 年由台湾传入大陆的【粉丝】[2]是乱用，存在"表义不明、译法过时、增添混乱、危害无穷"等问题。张国富、张永（2008）认为，外来词"粉丝"存在于主流媒体缺乏理据性，反对把它的外借意义纳入汉语词汇系统，认为 fans 所表达的意思并非英语独一无二的概念，而汉语词汇也不是没有相应的概念；"粉丝"一词的增加并无丰富汉语表达的实质意义；如果"粉丝"作为"fans"的替代品可以在大众媒体上合法使用的话，那么，我们的媒体也可以不用"脸""面子"，而用"费思"（face）取而代之了。李中良（2008）也认为"粉丝"一词缺乏理据性，认为音译词是不得已的选择，不管是音义兼顾还是直译，都尽可能符合汉语表达习惯，尽量意化；"粉丝"一词的增加并无丰富汉语表达的实质意义，这种纯音译的做法已经过时了；它只是一个适合非正式场合的用语，用于大众报刊等书面语的正式场合就不合时宜。

然而如上做法和观点并未能阻挡铺天盖地的"粉丝"词语的使用与传播。不少学者致力于探讨外来词"粉丝"存在的理据性。徐福坤（2006）从表义性的角度，认为 Fans 进入汉语并得以流行是有一个过程的：（1）直接借用 fans；（2）番士（主要在香港使用）；（3）粉丝；（4）粉丝、fans。文中认为，线状食品"粉丝"口感不错、柔嫩滑软、缠缠绵绵，而歌迷、影迷对所崇拜的明星极尽"缠绵、纠结"之感，于是本义为食品的"粉丝"成为英文 fans 的译介词，也具有了一定的合理性，外来词"粉丝"应该是音译兼隐喻式意译。韩志湘（2007）则从需要性的角度，认为"～迷"在很多场合，这样用起来很不方便，比如说某个人是"阿玛尼"这个品牌的狂热崇拜者，就不能说"我是阿玛尼的迷"，却可以说"我是阿玛尼 fans"，于是旧词新义的"粉丝"就应时而生了。陈丽君（2005）从规范性的角度，认为可食用的"粉丝"大家都喜欢，是一种让人轻松的风味小吃，与可爱的"歌迷"、"影迷"具有一定的想象关联性，所以作为"fan"的音译形式基本上符合汉字的"因形见义"特点；在语体色彩和感情色彩上，"迷"是中性的，"粉丝"带有口语性和喜爱、调侃等感情性，它们之间的竞争是长期的、复杂的。

（二）走向

外来语"粉丝"何去何从，学者们各抒己见。王燕（2007）认为，"粉丝"还是有发展潜力的，正如复旦大学李熙宗教授所说："不要担心汉语的'自净能力'，不论是'玉米''粉丝'，还是'美眉'，在人们的话语中，它们是去还是留，语言的发展规律自会做出决定。"不能去强令禁止，应采取"冷处理"的办法，静观"粉丝"的路程。赵殷（2009）认为，"粉丝的健康走向"是：（1）社会提纯：树时代榜样；（2）媒体引导：转移关注点；（3）粉丝自控：狂热到理智。

六 "fans"汉译语素构词比较一览表（小结）

	表人（粉丝）	音译系列	意译系列	理据性级差（5、4、3、2、1）	转指（有标记+无标记−）
超粉	+	+	−	1	+
庚饭	+	+	−	1	+
希饭	+	+	−	1	+
击丝	+	+	−	1	+

续表

	表人（粉丝）	音译系列	意译系列	理据性级差（5、4、3、2、1）	转指（有标记+无标记－）
鸡丝	+	+	－	2	+
盒饭	+	+	－	2	+
炒饭	+	+	－	2	+
凉粉	+	+	－	2	+
麦粉	+	+	－	2	+
麻秆	+	－	+	2	+
玉米	+	－	+	2	+
鸡腿	+	－	+	2	+
荔枝	+	－	+	2	+
钢丝	+	+	－	3	+
稀饭	+	+	－	3	+
什锦饭	+	+	－	4	+
八宝饭	+	+	－	4	+
什锦八宝饭	+	+	－	4	+
红米饭（指人）	+	+	－	5	+

参考文献：

陈丽君：《"粉丝"一词的语言现象分析》，《浙江旅游职业学院学报》2005年第1期。

韩志湘：《趣味横生的fans汉译词族》，《现代语文》2007年第1期。

李中良：《"粉丝"一词的理据性缺乏之我见》，《广西职业技术学院学报》2008年第5期。

刘禀诚：《红米饭：一路走红的粉丝名》，《语文建设》2011年第11期。

刘禀诚、聂桂兰：《汉语新词语构造理据研究》，江西人民出版社2009年版。

陆俭明、沈阳：《汉语和汉语研究十五讲》，北京大学出版社2003年版。

沈家煊：《不对称和标记论》，江西教育出版社1999年版。

苏新春：《当代中国词汇学》，广东教育出版社1995年版。

谭永祥：《修辞新格》（增订本），暨南大学出版社1996年版。

王海峰：《现代汉语中无标记转指的认知阐释》，《语言教学与研究》2004年第1期。

王闰吉：《乱用"粉丝"为哪般？》，《现代语文》2006 年第 3 期。
王燕：《将"粉丝"进行到底》，《阅读与写作》2007 年第 3 期。
徐福坤：《浅议"粉丝"》，《修辞学习》2006 年第 2 期。
张国富、张永：《从借词"粉丝"在汉语中的传播看语言的纯洁性》，《昭通师范高等专科学校学报》2008 年第 3 期。
赵艳芳：《认知语言学概论》，上海外语教育出版社 2001 年版。
赵燕华：《当代汉语解构式缩略语分析》，《语言文字应用》2007 年第 2 期。
赵殷：《浴火重生还是曲终人散——"粉丝"一族的未来走向》，《新闻爱好者》2009 年第 4 期。
庄金玉：《什锦八宝饭：去神化的政治领袖崇拜——网络时代的领袖崇拜模式研究》，《改革与开放》2009 年第 12 期。
中国社会科学院语言研究所词典编辑室编：《现代汉语词典》，商务印书馆 2012 年版。

项目基金：

2017 年度江西省社会科学十三五规划项目"类型学背景下的现代汉语主观量名词研究"（项目编号：17YY10）。

作者简介：

刘禀诚，井冈山大学人文学院副教授，黑龙江大学汉语言文字学专业博士，学位论文《现代汉语代词组构研究》（2012）。

高量级构式"大A大B"研究

南昌师范学院 余俊宏

摘 要："大A大B"是现代汉语中的一个常用构式，其中的A和B主要由单音节的名词、动词、形容词以及量词性成分充当。在句法功能上，该构式可以作主语、谓语、宾语、定语、状语和补语。在语义上，该构式内部可分为分指式、列举式、加合式和重复式四种，它们在语义程度的加深上体现为一个连续统的状态。

关键词：大A大B；构式；句法；语义；量级

"大A大B"是现代汉语中常用的一个习语格式。吕叔湘（1999：141）在《现代汉语八百词》中指出："A、B是意义相近或相关的单音节名词、形容词、动词。表示规模大，程度深。"可见，"大A大B"格式实际上是一个高量级构式。如：

大手大脚　大鱼大肉　大风大浪　大仁大义　大男大女
大红大绿　大慈大悲　大富大贵　大吉大利　大明大白
大喊大叫　大包大揽　大吃大喝　大吹大擂　大说大笑

此外，"大A大B"构式中的A和B有时也可以相同，构成重叠，表示"规模大，程度深"。如：

（1）冬天的阳光终于洒满狗儿湾，山坡上，水田上<u>大片大片</u>挂满了古老的蓝花布，招魂般飘荡。（《作家文摘》1994）

（2）先是小打小闹地玩，后来就<u>大把大把</u>地赌了，以后鱼塔镇就因为赌越来越穷了。（迟子建《原野上的羊群》）

本文将这种重叠形式的格式看作"大A大B"构式的一种特殊情况，一并加以论述。但是，对于"大A"和"大B"不在同一句法层次上的紧缩结构，本文暂且不予讨论。如：

（3）<u>大宴大浪费</u>、中宴中浪费、小宴小浪费。（《人民日报》1996）

（4）大灾要大干，<u>大难大发展</u>。（《人民日报》1996）

一 "大A大B"构式的结构特点

（一）变项A、B的音节特点

1. A、B 同为单音节。如：

大圣大贤　大恩大德　大智大勇　大彻大悟　大哭大笑
大忧大喜　大苦大甜　大吃大睡　大嚷大叫　大摇大摆

2. A、B 同为双音节。如：

（5）所以说佛是一位大智慧大觉悟的人。（北大语料库）
（6）大改革大开放促进大开发大建设。（北大语料库）

3. A、B 同为多音节。如：

（7）猴年的天空将是"群星荟萃"，分外热闹，定会令天文和摄影爱好者大开眼界，大饱眼福。（北大语料库）

4. A 为单音节，B 为双音节或多音节。如：

（8）正如柳亚子给弘一大师 60 寿辰的祝词所言，"君礼释迦佛，我拜马克思，大雄大无畏，迹异心岂殊"。（《人民日报》1996）

（二）变项A、B的语法单位

1. A、B 为语素。如：

大波大折　大呼大啸　大波大澜　大本大源　大度大量
大悲大恸　大明大白　大胆大量　大呕大吐　大歌大颂

这些例子中的 A、B 原本合在一起通常为词，如"波折""呼啸""波澜""本源""明白""胆量""呕吐"等。但当它们嵌入"大A大B"构式中时，词语发生分裂，这样 A、B 就离析为语素，即以语素的身份构成"大A大B"结构。

2. A、B 为词。如：

大鱼大肉　大风大雨　大冰大雪　大缸大碗　大涨大落
大爱大恨　大是大非　大杀大砍　大红大紫　大进大出

这些例子中 A、B 通常可以独立运用，表示某种事物、动作或状态。如果单独使用，可以在 A 与 B 之间加并列连词"和""或"等。如"鱼和肉""爱和恨""涨或落""近或出"等。可见，此处"大A大B"构式中的 A 和 B 应该是词。

3. A、B 为短语。如：

（9）甘温润泽，益气生阴，补而不燥，用麦冬即可大补中气，大生津

液。(北大语料库)

4. A、B 为混合成分。如:

(10) 技术改造欠账较多，发展后劲不足，缺乏一批有较强国际竞争力的<u>大公司大企业</u>集团，市场竞争力下降。(北大语料库)

(三) 变项 A、B 的语法性质

1. A、B 为名词性成分。如:

大能大力　大笔大墨　大灾大难　大圣大贤　大雷大雨
大阵大仗　大盘大碗　大款大腕　大智大慧　大局大势

2. A、B 为动词性成分。如:

大打大闹　大呼大吸　大修大补　大挥大动　大烹大炒
大嚼大咽　大吼大叫　大拆大建　大怒大骂　大蹦大跳

3. A、B 为形容词性成分。如:

大红大艳　大苦大乐　大明大亮　大喜大悲　大惊大险
大雅大俗　大痛大悲　大奸大恶　大明大白　大清大楚

4. A、B 为同形的量词成分。如:

(11) 草场的退化使普氏原羚的取食变得更为困难，<u>大群大群</u>的牛、羊、马等家畜又与他们争夺着生存空间。(北大语料库)

(12) 邓兆祥一听，只字未吐，只是<u>大口大口</u>地吸着烟斗，室内弥漫着浓浓的烟雾。(《作家文摘》1997)

这些量词有些本身就是量词，如"大群大群""大把大把""大滴大滴"等；还有一些是由名词临时转化过来的量词，如"大口大口""大杯大杯""大车大车"等。

5. A、B 为混合使用式。如:

(13) 你是一个善心女子，怎会拒绝做这<u>大善大德</u>之事呢? (《作家文摘》1993)

(14) 一下子便让我屏住了呼吸，收住了脚步，仿佛蓦然明白了什么叫<u>大哲大思</u>。(《人民日报》1996)

(15) 我望过去，看见乔夕跟一个穿着醉红彩绿、<u>大花大朵</u>晚礼服的小姐，亲热非常地在耳语。(梁凤仪《豪门惊梦》)

例(13)"大善大德"中"善"为形容词性成分，"德"为名词性成分。例(14)"大哲大思"中"哲"为名词性成分，"思"为动词性成分。例(15)"大花大朵"更为特殊，其中"花"为名词性成分，"朵"为量词性成分，这是由名量式合成词"花朵"嵌入"大 A 大 B"构式之后形成的。

（四）"大 A 大 B"构式的扩展

"大 A 大 B"构式在形式上通常为双项双框式结构。所谓双项双框式结构，邵敬敏（2011）认为，如果在一个框式结构中不变项有两项，可变项也有两项，那么这个框式结构就是双项双框式结构。但是，对于"大 A 大 B"构式来说，其结构有时可以发生扩展，即由"大 A 大 B"扩展为"大 A 大 B 大 C"等形式。如：

（16）这次人少些，可是也有两桌多。<u>大说大笑大唱</u>，一直闹了两三个钟头。（北大语料库）

（17）记住，我是党的干部，就要处处为群众着想，<u>大风大雨大雪</u>天要想到群众，群众的冷暖要时时牢记在心。（《人民日报》1996）

（18）什么"拥抱太阳，辉煌灿烂"，什么"扛山拉海啊"，什么"<u>大风大潮大中华大时代大大大大啊</u>"……（北大语料库）

例（16）动词性成分由两项扩展为三项，例（17）名词性成分由两项扩展为三项，例（18）作者已无法一一列举，只能用省略表示，可见"大 A 大 B"构式理论上是可以无限扩展的。

二 "大 A 大 B"构式的句法功能

"大 A 大 B"作为一种高量级构式，无论其中的变项 A 和 B 是名词性成分、动词性成分，还是形容词性成分，其结构在句中都既可以做主语、谓语、宾语，又可以做定语、状语，甚至是补语。如：

（19）<u>大风大雨</u>又可排风泄力，成为天棚的安全阀门。（邓友梅《邓友梅选集》）

（20）有一次，她突然<u>大吵大闹</u>，说让她吃安眠药的全是反革命，想用毒药害她。（权延赤《红墙内外》）

（21）平时，牧师极看不起眼睛多，可是又不能不仗着他表现自己的<u>大慈大悲</u>，与上帝的无所不知，无所不能。（老舍《正红旗下》）

（22）一场场政治运动的角逐，一次次"<u>大风大浪</u>"的旋涡，既卷走了你们宝贵的年华，也冲走了中华民族多少物质。（李存葆《高山下的花环》）

（23）这会儿，范骡子已有了三分醉意，竟<u>大腔大口</u>地喊道："不虚此行！"（李佩甫《羊的门》）

（24）可是我刚到默存的宿舍，它跟脚也来了；一见默存，快活得<u>大蹦大跳</u>。（杨绛《干校六记》）

例（19）—（24）中"大 A 大 B"构式的词语在句中分别作主语、谓语、宾语、定语、状语和补语。它们并不因为该构式中 A、B 的语法性质的不同而句法功能不同。不过，当可变项 A、B 为重叠形式的量词短语时，该构式则只能充当定语或状语。如：

（25）据说为了防备刺客暗杀皇帝，有人用<u>大块大块</u>磁石制造宫门。（北大语料库）

（26）他有钱了，于是将钞票<u>大把大把</u>地塞给那些情愿上钩的娇美少妇。（北大语料库）

另外，需要说明的是，当 A、B 为名词性成分、动词性成分或者形容词性成分时，其与其构成的"大 A 大 B"构式在句法功能上不尽一致。如例（21）形容词"慈悲"，通常作定语，这里构成"大慈大悲"作宾语；例（23）名词"腔口"通常作主宾语，这里构成"大腔大口"作状语等。这正如殷益蓉（2010）所说："现代汉语中也存在着联合类'大 X 大 Y'[①]与其构成成分'X''Y'的功能并不完全一致的现象。"

这其中的原因主要有两点：其一，汉语词类的多功能性。这是朱德熙（1999：4—7）首先提出的。朱先生认为："在印欧语里，词类和句法成分之间有一种简单的一一对应的关系"，而"汉语的名词、动词、形容词都是'多功能'的，不像印欧语那样，一种词类只跟一种句法成分对应"。这就说明，"大 A 大 B"构式与其构成成分的句法功能并不完全一致是由汉语的特点决定的，因为 A、B 本身具有多功能性。其二，词语意义的引申不同。这主要体现在部分词语进入"大 A 大 B"格式以后，由于认知、语用因素的作用，"大 A 大 B"构式产生出新的意义，进而导致变项与其构成成分的句法功能不再一致。如：

（27）说实话，大家赌博以后有没有感觉自己花钱变得<u>大手大脚</u>起来？（百度搜索）

"大手大脚"作"变"的补语，但是其构成成分"手"和"脚"作名词时却都不能充当补语，可见，构式与成分在功能上并不一致。这主要是因为"大手大脚"并不是实指，而是形容花钱没有节制。换言之，即"大手大脚"在语义上发生了引申，从而导致其与其构成成分在句法功能上不尽一致。

[①] "大 X 大 Y"即本文所说的"大 A 大 B"高量级构式。

三 "大A大B"构式的语义特点

(一) 变项A与B的语义关系

Goldberg（1995：4）认为："构式是一种形式与意义的结合体（记作〈F_i, S_i〉），其形式 F_i 或意义 S_i 的某（些）方面不能从其组成成分或从其他已有构式中得到严格预测。"但这并不意味着不能对构式的构成成分进行分析，相反，只有在对构件进行深入分析的基础上才能准确把握一个构式的整体语义。对于"大A大B"高量级构式而言，变项A与B的语义关系主要有四种：

1. A与B为近义关系，即A和B意义相近。如：

（28）这个小孩恰巧在君王来的时候出生，它受不起这么大的宠幸，一定有<u>大灾大祸</u>。（北大语料库）

2. A与B为类义关系，即A和B意义类同。如：

（29）古装的电影也可以说是好看，那好看不下于看戏；至少，决不至于有<u>大锣大鼓</u>将人的耳朵震聋。（鲁迅《略论中国人的脸》）

3. A与B为反义关系，即A和B意义相反。如：

（30）大多数"老三届"人都有一段"传奇"的经历，<u>大起大落</u>，<u>大喜大悲</u>，人生百味，啥没尝试过？（北大语料库）

4. A与B为同义关系，即A和B意义相同。如：

（31）秀莲走到窗口去看，天上布满<u>大片大片</u>镶银边沉甸甸的灰云。（北大语料库）

(二) 构件"大A"与"大B"的语义关系

构件成分也关系到高量级构式"大A大B"整体语义的分析。从内部关系来看，构件"大A"和"大B"具有以下四种关系：

1. 表示加合关系。处于加合关系中的A和B通常为近义词或类义词，两者表达的意思基本相同，加合以后共同表示同一事物。如：

（32）我要好好休息，把身体养好，<u>大喊大叫</u>，<u>大吵大闹</u>，其实也是一种锻炼身体的方式。（张平《十面埋伏》）

例中"大喊大叫""大吵大闹"之间都是加合关系，前者"大喊"和"大叫"加合以后指人大声发出声音，后者"大吵"和"大闹"加合以后指人大发脾气。

2. 表示列举关系。处于列举关系中的A和B通常为具有类义关系的名词性成分。它们除了能表示自身的含义之外，而且还能表示与自身相类似的事物。如：

（33）虽然没有鱼翅、鲍参，但小菜胜在别致、巧手，吃惯<u>大鱼大肉</u>的富户人家，自然感到新鲜。（芩凯伦《蜜糖儿》）

例中"大鱼大肉"具有突举性[①]，其不仅可以指称自己，而且还可以指代其他的肉类食物，只不过"大鱼大肉"是其中最具有代表性的事物。

3. 表示分指关系。处于分指关系中的 A 和 B 与前两种情况不同，它们在语义关系上通常表现为相对或相反关系。这样，"大 A"和"大 B"在语义的指向上往往就体现出分指性。如：

（34）她的人生、她的婚姻也有着曲折的经历，而她晚年倾心教授的学生何智丽又几度在体育界刮起旋风。奋斗、拼搏、成功、误解、悲伤、<u>大喜大悲</u>和凄美的爱情始终交替伴随着她……（金汕《一代名将孙梅英》）

例中"大喜"喜的是奋斗、成功，"大悲"悲的是误解、悲伤。两者对于孙梅英来说是以交替的方式出现的。这也就是说，在语义上两者的指称不同，即具有分指性。

4. 表示重复关系。处于重复关系中的 A 和 B 为同一个词语，既可以是量词，也可以是其他类词语，其主要作用在于加深表达的程度。如：

（35）外边风小了，雪花<u>大片大片</u>地往下落着。（邓友梅《在悬崖上》）

（36）它贵就贵在这股味上了，<u>大补大补</u>！（李佩甫《羊的门》）

认知语言学理论认为，语言的表达和语符使用的数量有关。通常来说，"语符越多所表达的意义就越多"[②]。因此，在例（35）和（36）中，量词短语和动词短语的重复使用，增加了语符数量，所以加深了表达的程度。

（三）构式"大 A 大 B"的整体语义及其层级性

李传军（2008）认为，"'大 A 大 B'格式通过表示大量的形容词'大'的重叠使用，表达的往往是程度的加深"。不过，由于"大 A"与"大 B"之间具有不同的语义关系，所以"大 A 大 B"构式在语义上也相应地具有不同的特点，且在语义加深的程度上还体现出一定的层级性。

1. 当两者为重复关系时，"大 A 大 B"构式的语义在于强调事物的程度深或者数量多，其语义加深的程度最高。如：

（37）他就又从黑地里钻了出来："噢，二位早认识呀，久别重逢，<u>大喜大喜</u>！"（邓友梅《邓友梅选集》）

[①] 邢福义：《"NN 地 V"结构》，《语法问题发掘集》，湖北教育出版社 1992 年版。
[②] 王寅：《认知语言学探索》，重庆出版社 2005 年版。

（38）我紧靠着总理站着，大口大口地吃着香甜的苹果。(《作家文摘》1993）

例（37）中"大喜"重复使用，构成修辞上的叠用格，加强了表达程度。例（38）"大口大口"不仅能够加深"吃"的程度，而且还能表现出"吃"的连续性，从而更生动形象地表现了苹果的香甜。

2. 当两者为加合关系时，"大 A 大 B"构式的语义在于强调事物整体的量级大，其语义加深的程度很高。如：

（39）此时，坐在替补席上的艾弗森忍不住心中的怒火，向柯克兰大吼大叫，"申请"到了一次技术犯规。（北大语料库）

例（39）"大吼大叫"内部属于加合关系，整个词语描述艾弗森说话的方式，突出艾弗森愤怒的量级大。试比较：

（40）逢到这种场合，欧林教授一反泰然自若的常态，挥拳拍桌，大声吼叫，他那低沉悦耳的喉音压倒了所有的反对意见。（北大语料库）

例中"大声吼叫"虽然也能表现欧林教授的反常情态，但是与"大吼大叫"相比，其语义强度明显减弱。因为"大吼大叫"为并列短语，"大"在语义上重复出现，增加了表达的强度；相反，"大声吼叫"为偏正短语，"大"只出现一次，所以语义相对较弱。

3. 当两者为列举关系时，"大 A 大 B"构式的语义在于强调事物的规模大，其语义加深的程度较高。如：

（41）七二八农场场部把在该场接受劳动改造的几个"牛鬼蛇神"都请了去，大鱼大肉地款待了一顿。（北大语料库）

例中"大鱼大肉"列举出了饭局中的主要食物，用以指代饭菜的级别高，场面的规模大。但是，与前两种情况相比，"大鱼""大肉"都具有举例性，两个"大"各自有所修饰，所以在语义加深的程度上要低于前两者加深的程度。

4. 当两者为分指关系时，"大 A 大 B"构式的语义在于强调两种对立事物的量级高，其语义加深的程度一般。如：

（42）科学地实施宏观调控，使经济有序发展，从而使宏观经济运行走上持续快速健康的轨道，摆脱大起大落的怪圈。（北大语料库）

（43）有市民问彭勃，在奥运会上经历了由双人跳失利到单人跳夺冠的大悲大喜，他是如何进行心理调整的？（北大语料库）

例（42）"大起"和"大落"分别指经济发展中出现的两个负面现象，例（43）中的"大悲"和"大喜"分别指比赛中"失利"和"夺冠"。虽然它们合在一起都能通过对比突出事物的量级高，但是由于它们具有分指性，相对地就分散了"大 A 大 B"构式的整体量级，从而使其语义加深的程度不如前三种明显。

由此可见，高量级构式"大 A 大 B"由于其内部语义关系不同，在语义加深的程度上呈现出一定的层级性。如果我们把上述四种层级按照强弱之分放于一个序列当中，那么它们就表现为一个连续统的态势。在这一连续统态势中，处于最强位置的"大 A 大 B"构式属于重复关系式，其次为加合关系式，再次为列举关系式，最后为分指关系式。为了简明，可用图形表示如下：

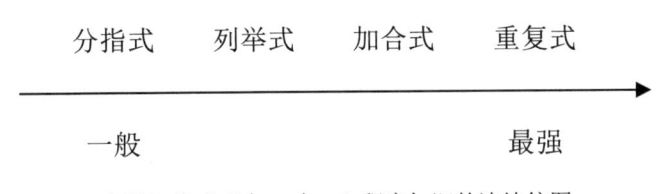

   分指式 列举式 加合式 重复式

         ⟶

   一般   最强

高量级构式"大 A 大 B"程度加深的连续统图

（四）"大 A 大 B"构式的语义增殖

1. 增加信息容量。语义增殖是构式整体语义的一种表现，这一增殖类型主要体现在具有列举关系的"大 A 大 B"构式上。如：

（44）乡亲们说，平时生活好了，<u>大鱼大肉</u>也不稀罕了，乡下也都喜欢吃得素气些。（北大语料库）

例中"大鱼大肉"是用列举的方式指代一些荤菜，并非仅指"大鱼"和"大肉"两种食物。这可以从下文"吃得素气些"得知，只要是非素气些的食物，都可以算是"大鱼大肉"所包含的范围。由此可见，在具有列举关系的"大 A 大 B"构式中，"大 A 大 B"结构具有语义增殖性。

此外，还有通过隐喻产生的信息容量的增加。如：

（45）a. 战友们告诉我，这花非但娇美，且甚能抗拒风霜，岛上的<u>大风大浪</u>打来，她依然俊美，依然微笑。（《人民日报》1996）

b. <u>大风大浪</u>我们都经过，什么苦楚我们都受过，我们还怕这点闲言闲语？（老舍《四世同堂》）

例（45a）"大风大浪"是实指自然界里的风浪，（45b）句指的是生活中的一些像大风大浪一样强烈的波折，这是通过隐喻的作用产生的语义增殖。

2. 增强表达程度。"规模大、程度深"是"大 A 大 B"构式的整体语义，因此，"大 A 大 B"这一高量级构式的增殖性也当包括表达程度的增强。如：

（46）他一改以往的<u>大包大揽</u>，凡事让妻子拿主意，大到家政方针，小

到买东西烧饭。(《人民日报》1995）

（47）讨价还价的声浪中，货物<u>大吞大吐</u>，日平均几百万的生意成交了。(《人民日报》1995）

例（46）"包"和"揽"具有近义关系，用"大"修饰之后，构成并列结构，增强了语义表达的强度。例（47）的"吞"和"吐"具有类义关系，用"大"修饰之后，实际上具有修辞上的互文性质，语义表达的强度也得到了增强。

3. 改变语用色彩。在"大A大B"构式中，"大"修饰A和B，如果A和B的感情色彩比较明确，那么"大A大B"格式的感情色彩则基本与A和B的感情色彩一致。但是，当A、B为中性词时，"大A大B"构式有时会出现贬义倾向。如：

（48）薪水拿的不少，他<u>大手大脚</u>地花惯了，总是紧紧巴巴的，你还没看见他那个样？（老舍《春华秋实》）

例中"大手大脚"并不是实指手大脚大，而是用于比喻花钱没有节制，含有贬义色彩。这同样也是通过隐喻的手段产生出的语义增殖。

语用色彩的改变在A、B为表示人的言谈举止等和礼仪有关的动词性成分时，表现得更为明显。如：

（49）接着，小俊就<u>大嚷大叫</u>，把地上的木板、家伙都踢翻了。（赵树理《三里湾》）

（50）而后，她就<u>大摇大摆</u>走出校门，到玩乐的地方去消磨时间。（老舍《四世同堂》）

（51）在屋子里跳来蹦去，叫大家都来祝贺她，<u>大笑大叫</u>，比往常闹得越发厉害。（北大语料库）

例中"大A大B"构式的词语都含贬义色彩，这或许和中国的文化有关。中国仪礼自古以来就讲究温文尔雅，举止适度。如果一个人说话时声音特别大，走路的姿势特别夸张，那么则很有可能被认为是不礼貌的表现。因此，表示人的言行举止的动词，如果受"大"修饰，则常常产生贬义倾向。

但是，"大A大B"构式的贬义色彩并不是绝对的，有时也会产生褒义色彩。如：

（52）a. 在新华网的一个论坛里，网民们各显身手，制作出一张张<u>大红大紫</u>、热情奔放的新春帖子。（北大语料库）

b. 虽然北岛没能把世界纪录夺回来，但是在奥运会赛场上连夺两金的他足可以与<u>大红大紫</u>的索普媲美。（北大语料库）

例（52a）"大红大紫"为实指，例（52b）为隐喻用法，比喻索普十分受欢迎，产生褒义色彩。这同样是和隐喻有关，因为"红"和"紫"两种颜色，在中国的文化中往往象征着富裕、尊贵，所以"大红大紫"能够引申出褒义用法。

四　结语

"大A大B"是现代汉语中的一个常用的高量级构式，具有较强的能产性。构式中的变项A和B通常为名词、动词或形容词性成分，但并不排除量词充当的可能；且在音节上主要以单音节为主，但是有时也可以出现双音节，或者多音节词语。在句法上，该构式的功能较多，除了A和B为量词时只能充当定语和状语外，其他情况该构式基本上可以充当主语、谓语、宾语、定语、状语和补语。在语义上，"大A大B"构式内部具有不同的语义关系，主要有重复关系、加合关系、列举关系和分指关系。具有不同关系的"大A大B"构式在语义加深的程度上具有一定的层级性，体现为一个连续统的状态。另外，"大A大B"构式还具有特定的语义增殖性，不仅能够增加句子表达语义的程度，增加句子所含语义的信息量，而且还能改变句子的语用色彩，使其具有一定的贬义倾向，但是也不排除出现褒义词语的可能。

参考文献：

李传军：《类固定短语相关问题研究》，硕士学位论文，上海师范大学，2008年。

吕叔湘：《现代汉语八百词》（增订本），商务印书馆1999年版。

邵敬敏：《汉语框式结构说略》，《中国语文》2011年第3期。

王寅：《认知语言学探索》，重庆出版社2005年版。

邢福义：《"NN地V"结构》，《语法问题发掘集》，湖北教育出版社1992年版。

殷益蓉：《现代汉语"大X大Y"及相关格式研究》，硕士学位论文，扬州大学，2010年。

朱德熙：《语法答问》，商务印书馆1999年版。

Goldberg A. E., *Constructions： A Construction Grammar Approach to Argument Structure*, The University of Chicago Press, 1995.

项目基金：

2016年度江西省社会科学研究规划青年项目"现代汉语构式义浮现的

动因与机制研究"（项目编号：16YY15）。

作者简介：

余俊宏，南昌师范学院文学院副教授，南京师范大学汉语言文字学专业博士，学位论文《现代汉语协同句研究》（2015）。

形容词状补异位的语义差异与篇章功能

南昌大学　徐采霞　穆嘉宇

摘　要：汉语形容词状补异位是说话人为了实现特定交际目的而采用的语序调整手段，同一形容词进入句子的状位或补位会引发语义变化，形容词作状语凸显描写功能；形容词作补语凸显的是主观评价功能。形容词状语句和形容词补语句具有不同的篇章功能，形容词状语句篇章功能很弱，仅在启后性很强的存现句中可能具有衔接作用；形容词补语句具有明显的承前性或启后性，具有较强的篇章功能，常伴随动词同义形式复现或关联词等形式标记。

关键词：形容词；状补异位；语义差异；篇章功能

现代汉语形容词中有不少既可以作状语也可作补语的形容词，如"认真地学"和"学得认真"，形容词"认真"既可以前置于动词"学"作状语，也可以后置于动词"学"作补语。对于形容词的状补异位现象，汉语学界已开展了相关研究，取得了不少研究成果。半介（1957）、丁声树等（1961）和李临定（1963）都注意到形容词可作状语也可作补语；吕叔湘（1966）对汉语形容词的状语和补语功能进行了考察，指出形容词作状语和作补语在表达功能、句法功能和形容词的意义上均存在差异；王还（1984）指出形容词作补语主要说明既成事实，作状语则描述动作状态、方式和活动者的主观态度等；王丘丕、施建基（1992）指出形容词作状语和补语的表达重心不同；石毓智（2001）认为形容词前置或后置于动词时表达的侧重点不同；张国宪（2006）从语义指向角度对形容词的状补异位现象进行了认知解释；朱文文（2008）认为形容词作状语主要表示方式，而作补语则表示结果。

前辈和时贤对形容词状补异位现象的观点为本文的研究提供了坚实的基础和多角度分析的视野，但形容词状补异位这一汉语语序问题尚存深入研究的空间，如形容词状补异位是否引发语义差异？形容词作状语和作补语句子的语义有哪些主要差异？形容词状补异位是否带来篇章功能的变化？形容词状语句和形容词补语句在篇章衔接功能上有什么不同？本文基于北京大学现代汉语语料库考察形容词状补异位的引发的语义差异和篇章功能。需要说明的是，形容词前置于动词作状语，有带"地"和不带"地"两种情况，我们认为是否带"地"不影响形容词的状语功能，所以本文的形容词作状语包括带与不带"地"两种情况；形容词作补语包括带"得"和不带"得"两种情况，本文只讨论形容词在动词后带"得"作状态补语的情况，不包括形容词直接跟动词组合不带"得"作结果补语的情况。

一 汉语状语和补语功能的互补性

太田辰夫（2012）指出，汉语的状语和补语是不同分量的东西。不同性质的句法成分在汉语中能充当动词修饰语，如名词、代词、数词、动词、形容词和不同性质的词组等，但这些句法成分修饰动词要受到许多限制。单音节形容词和单音节动词构成的状中结构，随着时间推移，很多已经词汇化，在现代汉语中黏合并固定为双音节词，如"暗杀""凉拌"。双音节形容词前置于动词作状语也存在许多限制，有的形容词与其所修饰的动词之间具有严格的词语选择性，如"袅袅升起""熊熊燃烧"；有的在形式上有限制，如语义指向宾语而用于描述事物的形容词作状语需要采用重叠形式，如"香香脆脆地炒了盘花生米"。可见，汉语形容词前置于动词作状语不太自由，要受到语义和句法上的诸多限制。现代汉语形容词可以后置于动词作补语，某种程度上弥补了形容词前置于动词作状语的不足，可视为汉语形容词状语前置于动词的一个有效补充。

从语言类型学角度看，现代汉语是 SVO 型语言，但不同于一般 SVO 型语言的状语后置于动词的基本语序，汉语的状语前置于动词，郭中（2013）认为这是汉语自然焦点后置引发的结果。同样是 SVO 型语言，英语句子的焦点不固定在话语结构上，而是通过重音等手段来体现；汉语句子的自然焦点通过话语结构来体现。汉语的句首位置是话题位置，主语和动词之间的位置是状语常常占据的位置，只有动词之后的位置是焦点位置。汉语是语用敏感型语言，重视焦点信息，通过将不传递新信息的非焦点信息前移而空出动词后的位置来表达焦点信息，使句末位置语法化为补语。汉语补语的出现是对状语前置于动词的一种功能上的补偿。可见汉语状语和补语是两个性质不同而相辅相成、功能互补的句法成分。

二 形容词状补异位的语义差异

（一）状补异位引发语义关系变化

语义是最基本、最符合人们直觉的语言层面，语言结构中的语法成分都需要落实到语义角色上。形容词作状语或作补语的决定性因素取决于形容词自身的语义特点、与形容词组配的动词自身的语义特点，以及动词和形容词的语义特征所提供的潜在的组合可能性。

语序是重要和基本的语法手段，不同语言有各自不同的语序特点。对汉语这类形态变化少的语言类型而言，语序不仅是语法关系也是语义关系的基本载体。语序的改变不仅导致表层句法结构的改变，同时引发句子成分之间语义关系变化，甚至导致语义角色范畴特征改变。对于普通的语言使用者来说，更加关注的、更符合心理直觉的是语序改变所带来的变化，这种变化可以凸显说话人需要强调的信息。

人类语言的句子最常见的两种组织原则分别为"中心语（head）+修饰语（modifier）"和"旧信息（given）+新信息（new）"。石毓智（2003）认为，动补结构的建立使汉语句子的组织原则变为"伴随特征+谓语+结果特征"，即以谓语为参照点，表示动作伴随特征的成分前置于谓语，表示动作结果特征的成分后置于谓语。动作的伴随特征除动作发出的方式外，还包括动作使用工具、动作发生地点和时间等；结果特征除动词所引发的新状态，还包括动词所述动作达到的程度、终结点、动作发生次数和持续时间等。汉语的信息组织原则体现了时间顺序象似性，根据人们的认知经验，先有行为动作，后有动作所引发的结果，"动作+结果"的语法编码线性顺序跟客观世界动作和结果发生的时间顺序相对应，是一种句法临摹（syntactic iconicity）现象。

不同句位具有不同的语义内涵，对入位句法成分的要求也不同。汉语状语和补语具有不同的语用功能。状语凸显跟动词的联系，适宜描写动作的过程性、伴随性特征；补语则凸显的是结果性、评价性功能。不同语言对语义因素和语用因素的敏感程度不同，因此不同语言的语义和语用因素对语法编码的影响也不相同。在英语中表示动作伴随性状的状语的常规句位是后置于谓语动词，也可以前置于谓语动词，无论前置或后置于动词，并不改变状语的性质和功能。汉语状语却因为句位改变而引发该句法成分语法意义的变化。

值得注意的是，现代汉语中的确存在形容词状补异位而句子表达的意思基本相同的情况,如"认真地学—学得认真、飞快地跑—跑得飞快"。这类形容词状补异位所引发的是语用功能上的差异,形容词前置于动词作状语是对动作伴随性状的客观描写,多采用光杆形容词形式,而形容词作补语是对动作伴随状态的主观性评价,多采用前加程度副词等复杂结构形式。那么形容词状补异位引发了哪些语义差异?

(二) 形容词状补异位的语义差异

张国宪(2006)把句法成分异位解释为"说话人有意识地试图达到某种交际意图而采用的句法手段,是一种有着语用动机的明示行为"。形容词作状语具有临时性、有意而为以及主观性特点,这是状语句位赋予入位成分的句位意义。形容词作状语表达动作发出者的主观意愿,但作补语则不行,考察下面的句子:

(1) 我今天很<u>晚</u>才去。(已然)→我明天要很<u>晚</u>才能去。(未然)
(2) 我今天去得很<u>晚</u>。(已然)→*我明天想去得很<u>晚</u>。(未然)(带*号表示这个句子不成立)

例(1)中形容词"晚"前置于动词作状语,既可修饰已然发生的动作,也可以修饰尚未发生的动作。状语句位赋予入位形容词表示动作发出者主观意愿的意义,可以描写动作发出者的预期目标;例(2)中形容词"晚"后置于动词作补语,一般只能表示对已然完成的动作的评价。

形容词前置于动词还是后置于动词体现了时间象似性原则。状语句位具有临时性、主观性和有意性,当形容词先于它所修饰的动词出现,对动词所述动作是否完成并没有要求,而是描写动作发出者的主观意愿。伴随性和结果性是在形容词状补异位的语义选择机制中一组最根本的语义对立特征。如:

(3) 孩子们<u>高兴</u>地玩耍。→孩子们玩得很<u>高兴</u>。

例(3)中形容词"高兴"前置于动词作状语表示伴随动作"玩"的过程的情绪状态;"高兴"后置于动词表示情绪是动作"玩"引发的结果。并非所有形容词状补异位现象都可根据时间象似性进行解释。王还(1984)指出汉语的状语和补语有些在英语里都用状语来表达。我们认为这跟汉语补语这一句法成分的语法化程度高相关。汉语"得"后补语成分的高度语法化引发该句法成分的语法功能。高度语法化的汉语"得"后补语的语用功能得到扩展,不仅具有描写功能,而且在描写基础上表示结果,并可对结果性状做出评价。

形容词状补异位是为了达到特定交际意图而采用的语法手段。形容词作状语是为了凸显所述性状的伴随性和过程性,凸显事物性状的主观性和可控性；形容词作补语凸显所述性状的结果性和对于性状的评价性，下面的句子变换条件限制可视为一个证明：

（4）明天上公开课，所以今天要<u>好好</u>备课。→？今天要很好地备课。

（5）昨天认真备了课，所以今天的公开课上得<u>很好</u>。→*今天的公开课上得好好的。

例（4）中形容词"好"描写动作发出者的主观意愿，形容词重叠式具有描摹的特点，适合状位的描写功能；例（5）中形容词采用前加程度副词的形式凸显形容词所描写性状程度，而评价性是补语的主要功能。形容词重叠式也可以作补语。如：

（6）我昨天准备得<u>好好的</u>，没有想到今天出现了意外。

例（6）中形容词重叠式"好好"后置于动词"准备"作补语，补语句位对入位形容词所表示的状态性有较高要求，形式上表现为单音节形容词重叠式后必须带上表状态的"的"。单音节形容词重叠式作状语带不带"地"比较自由。如：

（7）你<u>好好</u>准备明天的公开课。

（8）明天要上公开课，你<u>好好地</u>准备一下吧！

例（7）和例（8）都是形容词重叠式"好好"作状语，前者不带"地"而后者带"地"，两个句子表义基本相同。通过检索语料库发现"好好准备"出现 38 次；"好好地准备"出现 4 次。这符合语言的经济性原则。在不影响意义表达的前提下，在言语交际中倾向于选用简单的语言形式来表达思想，传递信息。

形容词作状语和作补语最根本的句位义差别主要表现为是否具有结果性，句法限制围绕该语义特征的对立而呈现。如：

（9）姑娘<u>爽朗地笑起来</u>："大爷，您想过桥呀？"

例（9）中形容词所修饰的动词"笑"后紧接趋向补语"起来"，汉语趋向补语表示动作发生并持续，凸显动作的持续过程性，而状语的主要功能是描写动作过程的伴随性状态，该句法形式与形容词状语所描述的动作过程性和持续状态一致。形容词状语所修饰的动词后有时加"着"表达动作的持续状态。如：

（10）首长周围的人都准确而从容不迫地<u>工作着</u>。

例（10）的动词"工作"后紧跟动态助词"着"，表示动作的进行态。综上所述，形容词状补异位引发语义差异，通过语义的差异而凸显说话人的交际意图，形容词前置于动词作状语是为了凸显形容词所描述的动作的过程性和伴随性；而后置于动词作补语凸显的是形容词所述性状的结果性和主观评价性。

三　形容词状补异位的篇章功能分析

形容词状补异位是为了达到特定交际意图而进行的语序调整。句子是言语交际的最基本单位，也是信息传递的最小语言单位。信息意图和交际意图在篇章中得以体现。形容词状补异位形成的形容词状语句和形容词补语句的篇章功能也不相同。学界一般认为形容词作状语时整个句子是叙述性的；形容词作补语时整个句子是描写性的。本文认为这是从静态角度进行的分析，该观点为本文的分析提供了基础和起点。形容词状语句的功能是陈述一个事件，多用于事件链条叙述，作为事件链条叙述的一个环节，形容词状语句对上下文提供的背景信息没有要求。形容词作补语时句子是对动作引发结果性状的评价。

（一）形容词状语句的篇章功能

作为句子状语的形容词引入新信息的功能很弱，通过对北京大学现代汉语语料库检索，仅发现个别形容词状语可以作为叙述事件的话题被下文的有关成分回指的句子。

（11）学生们黑压压地奔涌过来，就像雷阵雨前天边的黑云。

例（11）第一分句中的形容词状语"黑压压"在下一分句的"黑云"这个成分上实现回指，形容词状语起到引入新信息的作用，通过回指实现了篇章衔接功能。这种情况非常少，一般都出现在比喻等具有较强描写功能的句子中。一般情况下形容词状语既不被下文话语中的成分回指，也不回指上文的任何句法成分，而是偶然出现在动词所叙述的事件中。如：

（12）他又高兴地喝了一杯酒，还写了一首打油诗。

例（12）中形容词状语"高兴"描写动词"喝"，形容词状语只为动词所叙述事件提供背景信息，前后两个分句构成事件链条，第一个事件是"喝酒"，第二个事件是"写诗"，两个事件之间用"还"连接，两个分句依照发生时间的先后顺序排列。从信息传递的角度看，形容词与动词构成的状中结构是整个事件链条的一个环节。形容词状语在信息传递过程中既没有表现出承前性也没有启后性，所以没有篇章衔接功能。在语料库中检索形容词"黑压压"得到该形容词前置于动词作状语的有效语料 50 条，其中形容词状语引入新信息的只有例（11）这个孤例，而如例（13）这样作为偶然成分出现的有效语料共 49 条。

（13）公交车站黑压压地站满了人，挤公交的大部分是普通市民。

例（13）中形容词状语"黑压压"在上下文中未被回指，第一分句的宾语"人"在第二分句"普通市民"中被回指，从而衔接前后两个分句，形容词作状语大部分只是传递事件的背景信息。形容词状语句引入新信息的情况仅限于存现句，而存现句是启后性很强的句式，可见形容词状语引入新信息受到句式的限制，形容词状语句的篇章衔接功能很弱。

（二）形容词补语句的篇章功能

形容词补语句具有很强的篇章衔接功能，在衔接要求严格的话语中一般形容词只能作补语，不能作状语。王还（1984）列举了外国学生习得汉语补语这一独特的汉语句法成分时产生的偏误。如：

（14）*他飞快地跑，所以代表全班参加运动会。→他跑得飞快，所以代表全班参加运动会。

上例中带"*"号的是外国学生习得汉语的偏误，箭头后是正确的表达形式。从单个句子看形容词"飞快"前置于动词作状语并无语法错误，但从篇章衔接的角度看却不合适，因为前后两个分句之间是因果关系。可见，形容词状补异位带来的篇章功能的差异不可忽视。有时虽然没有使用关联词，但分句之间存在内在逻辑关联。形容词后置于动词后作补语可以凸显形容词所述性状的程度量，而这个程度量的主观评价性是下一个分句判断的依据。从篇章衔接功能看，形容词补语句一般具有较强的承前性或启后性。如：

（15）孙省长听得很认真，不断点头，让人心里热乎乎的。

（16）他眼睛盯着材料上的字，一字一顿地念得非常认真。

例（15）中形容词补语"认真"具有启后性，动作"不断点头"是对"认真"的细节描写，形容词补语所述性状与具体动作描写的配合体现了上下文的衔接；例（16）中第一分句动作描写"眼睛盯着材料上的字"和第二分句中的状语"一字一顿"是形容词补语"认真"的具体表现，此时补语形容词具有很强的承前性。

形容词补语句的篇章衔接功能常采用形式标记，主要有谓语动词的复现和使用关联词语等。如：

（17）文文笑了，笑得很天真，就像孩子得到了自己心爱的玩具。

例（17）中动词"笑"在第一和第二分句中均出现，动词在形容词补语句中不是新信息，而是背景信息，作补语的形容词是句子的新信息，也是焦点信息，第三分句是对"天真"这一焦点信息的进一步描写和说明。有时前后相衔接的分句中并不采用同一动词，而是以语境中的同义形式出现。如：

（18）在这封信中她既表达了感谢之情，又提示了今后的通信地址，写得很含蓄。

例（18）中第三分句的动词"写"在第一第二分句中并没有出现相同形式，但第一分句的"表达"和第二分句的"提示"都是"写"在特定语境中的不同表达，是同义话语形式。

关联词语的使用也是形容词补语句的篇章衔接的标记之一，形容词补语句与上下文往往因广义因果关系而衔接，故篇章表达中常常出现表达广义因果关系的关联词语。如：

（19）首场双方<u>拼抢得很激烈</u>，<u>所以</u>让我在第一局中就出现了极点。
（20）他在这里<u>干得极不开心</u>，<u>于是</u>再度萌生了跳槽的想法。

例（19）中的关联词语"所以"和例（20）中的"于是"都是表示广义因果关系的关联词语，标明了形容词补语句的承前启后性。

四　总结

综上所述，汉语形容词状补异位是说话人为了凸显某种信息意图，实现特定交际目的而采用的语序调整手段。同一形容词进入句子的状位或补位会引发语义的变化，状位凸显的是动作的临时性、主观性和抽象性特征，形容词作状语凸显的是描写功能；补位凸显结果性和主观评价性，形容词作补语凸显的是主观评价功能。

形容词的状补异位使得编码出来的形容词状语句和形容词补语句具有不同的篇章衔接功能。形容词状语句是陈述性的，形容词状语句仅在启后性很强的存现句中可能具有衔接功能，篇章功能很弱。形容词后置于动词作补语凸显的是程度量，形容词补语句具有明显的承前性或启后性，常伴有动词同义形式复现或关联词等形式标记，形容词补语句具有较强的篇章衔接功能。

参考文献：

半介：《动词的状语和补语》，《语文知识》1957年第8期。
丁声树等：《现代汉语语法讲话》，商务印书馆1961年版。
郭中：《VO/OV语序与状语位置关系的类型学考察》，《民族语文》2013年第1期。
李临定：《带"得"字的补语句》，《中国语文》1963年第5期。
吕叔湘：《单音形容词用法研究》，《语言教学与研究》1966年第2期。
石毓智：《肯定否定的对称与不对称》，北京语言文化大学出版社2001年版。
石毓智：《现代汉语语法系统的建立——动补结构的产生及其影响》，北京语言大学出版社 2003 年版。

太田辰夫：《中国语历史文法》，北京大学出版社 2012 年版。

王还：《汉语的状语与"得"后的补语和英语的状语》，《语言教学与研究》1984 年第 4 期。

王邱丕、施建基：《状语与补语比较》，《语言教学与研究》1992 年第 4 期。

徐烈炯：《汉语是话语概念结构化的语言吗？》，《中国语文》2002 年第 5 期。

张国宪：《现代汉语形容词功能与认知研究》，商务印书馆 2006 年版。

朱文文：《现代汉语形容词状补语序选择机制研究》，博士学位论文，北京语言大学，2008 年。

项目基金：

江西省社会科学"十二五"规划重点项目"汉语状态补语语法化的类型学研究"（项目编号：15YY01）。

作者简介：

徐采霞，南昌大学人文学院中国语言文学系教授、客赣方言与语言应用研究中心研究员，华中师范大学语言学及应用语言学专业博士，学位论文《双音节形容词状补功能比较研究》（2015）。

穆嘉宇，南昌大学语言学及应用语言学专业 2014 级硕士研究生。

移情优选及其概率分析模式研究

九江学院　李向华

摘　要：OT 语法是一种形式化语法理论，从最初的经典理论到后来的标准理论和扩展的理论等，该理论一直在发展变化。Coetzee A. 将经典模式扩展为等级序列模式，主要将传统候选项二级分割的优选方式发展为多级分割，并扩大了评估器的评估能力，解释了语言中的一义多形问题，但不能解释特定环境中等级序列的变化和优选机制。采用动态概率加权的优选模式可以解决这种静态模式的不足。

关键词：OT 语法；移情优选；概率评估；动态模式

优选论（Optimality Theory, OT）出现于 20 世纪 90 年代，由 Alan Prince, Paul Smolensky 最先提出，其源于生成语言学的一种音系学理论。OT 语法的灵感来自联结主义试图模仿神经网络运行的计算模型。但是，联结语法和 OT 语法的主要不同在于对约束条件的不同处理，前者将约束条件指派一个不同数量的重量，使得低重量的制约条件可以通过多个合并的形式加权来超过高重量的约束条件，从而影响候选项的选择；而后者采用的是严格的等级约束。M.V.E. Vidal, M.L. Jungl 后来将该理论延伸到句法学、语义学和语用学等领域，均得到了极大的发展。国内最早介绍这一理论的是王嘉龄，后来李兵和马秋武等人进行了更为详尽的介绍，并将优选论用于汉语现象分析。但是，他们主要是用优选论的理论来分析汉语的语音现象，很少涉及句法、语义和语用等方面。本文概略介绍优选论的经典模式和扩展模式，阐述这种理论对汉语移情现象分析的可行性，并提出话语移情优选分析的概率评估模式。

一　经典优选论的评估模式

经典优选论的运行程序非常简洁，主要由两部分构成：生成装置（Generator, Gen）和评估装置（Evaluation, EVAL）。这两个部分都有输入和输出端，生成装置对语言材料进行加工输出某种语言中的合法结构，再进入评估装置的输入端。通过制约条件等级体系的评估过滤，优选出最终的优选项（见图1）。

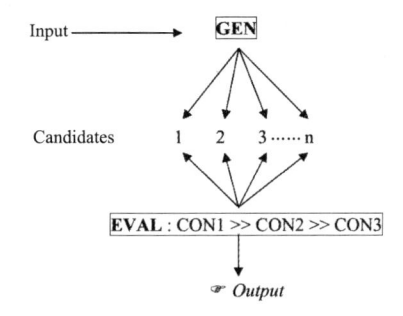

图1 MVE Vidal，ML Jungl

图（1）中的几部分可以用数学方法定义如下：

(1) 输入项集（Input）：$I=\{i_1\cdots, i_n\}$
(2) 候选项集（Candidates）：$K=GEN(I)$
(3) 优选项集（Out）：$Out=EVEL(C, K)$
(4) 制约条件集（Constraints）：$C: K \to ù$
(5) 生成装置集（Generator）：$GEN: I \to K$
(6) 评估装置集（Evaluation）：$EVEL: (C, K) \to Out \subseteq K$

在这 6 个部分中，第一个定义为集合；后面几个定义为函数；候选项为生成器的输出值；优选项为评估器的输出值；制约条件为候选项集到自然数的函数；生成装置为输入项集到候选项集的函数，自动生成最大限度的候选项集；评估装置为制约条件集和候选项集到优选项集的函数。

Prince，McCarthy 认为，OT 语法是建立在一套完整可违反的制约条件集上的从输入到输出的函数。M.V.E. Vidal M.L. Jungl 和 Rajesh Bhatt 把 OT 语法看成从一个候选项集到一个候选项集的函数。如果我们将制约条件内化到评估器中，那么，可以将生成装置和评估器相结合构成一个复合函数：$EVEL \cdot GEN(I) = OUT$，以表示优选的过程。因此，语言的优选过程实际上就是一个复合特征函数的运算过程。

在实际分析中，优选论的评估过程有串行和并行两种方法。串行评估模式又称和谐串行理论（Harmonic Serialism，HS），该理论遵循两个基本原则：生成器一次只生成一个变化的候选项和生成候选项必须呈单调性和谐度提升的过程。前者保持评估比较项的变化；后者保证能够优选出最优的选项，因为这种和谐度的单调提升一直循环到不再有任何提高的时候为止，这个最后的选项就是优选项。并行处理模式又称并行优选论，生成器为输入项一次性生成一个包含多处改变的候选项集，以供评估器一次性并行处理得出优选项。总体而言，大多数研究都是采用并行的处理模式，主要是采用竞赛表的方式来描写语言的优选现象。实际上，就是将候选项集中的成分一次性放到制约条件等级体系中进行并行比较考察，将违反制约条件程度最低的候选项确定为优选输出项。

传统的生成语法认为，制约条件之间的地位是平等而不可以违反的，所有语言都需要遵守这些原则，否则就会产出不合法的句子。而且，该理论采用的是串行推导模式，语法通过对原则的改进而排除或解决例外情况。优选论恰恰是对生成语法这种核心观点的背叛，认为决定句子合法性的所有制约条件都是可违反的，而且这种违反具有严格等级上的差异，处于高等级的条件对低等级的条件具有绝对的优先性，McCarthy 称为严格等级约束。优选论认为语法单位之间合法度的差异实际上就是违反制约条件等级和次数上的不同，而不是通过原则而得出的合法与不合法的不同。由此，优选论将生成语法单位合法性之间的绝对差异改为相对的不同。这种观点实际上是对生成语法原则系统的改进或妥协。

生成语法和优选论的一致之处在于，都把普遍语法作为自己的研究目标。不同的是，生成语法旨在寻找一套适用于全世界所有语言的普遍原则系统，一般称为"普遍语法"。乔姆斯基认为当特定的语言赋予这个普遍语法一套具体参数，并最终形成句法、语音和语义等知识时，普遍语法就转化成"具体语法"。所以，研究具体语法既是为了寻找普遍语法，也是为了演绎具体语法，二者并行不悖。优选论将原则系统提炼为一套制约条件，并认为制约条件也具有普遍性，对所有语言都是适用的，世界上不同语言之间的差异不是制约条件本身的不同，而是它们排列顺序的差异，不同制约条件的排列规定着某种语言特殊的语法特征。所以，搞清了一种语言制约条件特有的排列顺序，也就掌握了该语言的语法。通过这种方式，优选论将世界上不同语言之间的差异同质化为一套制约条件体系。通过具有等级差异的忠实性和标记性制约条件互相间的冲突，优选论为不同的候选项排序，最终得出候选项集中违反程度最低的优选项。

二 语言的移情梯级形式和优选论的扩展

从语用角度看，话语的使用过程实际上就是顺应语境的优选过程，将最切合特定语境的话语从一个极差序列中优选出来。影响话语优选的因素很多，但起决定性作用的主要是文化、认知和移情。如果从更为宏观的角度看，文化的顺应实际上还是为了移情的需要，因此，语言中真正影响话语选择的就是认知和移情。一般来说，认知的顺序会反映移情的顺序，但二者有时也不一致，这时决定话语输出更为重要的因素是移情，而不是认知。因此，研究移情的优选过程实际上就是从本质上考察话语的优选过程。传统语用学将话语的选择归为语境的需要；认知语用学认为话语的选择取决于认知凸显度的差异。前者只是摆出了现象，并没有解释；后者虽然侧重于解释，但是并不完整，只有以移情为基础，并结合认知才可以完整解释话语的生成理据，但这种思路目前并没有任何理论可以做到。

  OT 语法具有天然的处理自然语言的优势。它是一套形式化的演算系统，给定特定的输入就会得到确定的输出。保障输出项正确的核心就是评估装置中的制约条件严格等级体系。OT 语法的制约条件的可违反性特征为自然语言中的一些例外或模糊现象提供了一种可行的分析程序，而忠实性和标记性条件之间的竞争又赋予了语言变化发展的活力。因此，无论是类化的还是梯级的特征都可以在 OT 语法下获得统一的解释。这样来看，在语言由内容向形式的投射中，违反制约条件是一种常态，是语言变化的一种必然，也是一个程度的问题。所谓句子合语法就是违反制约条件程度相对较轻；句子不合语法就是违反制约条件程度相对比较重。语言的合语法和不合语法之间并没有截然的分界线，呈现为一种性状，在语言上一般表现为有限数量的梯级状态。在话语优选上，我们只要遵循着选择最小违反的总原则就可以得出最佳的形义匹配体。

  经典 OT 语法将生成器生成的候选项集分割为两个子集，即优选项集和非优选项集。但是，这种模式在处理移情现象时会遇到一些无法解决的问题。因为 OT 语法只允许一个候选项成为优选项，不存在两个以上的选项成为输出项的可能。但是，实际的语言事实却是，语言中存在着大量的由同一个思想投射出来的具有移情值极差的同义句集，且语感上都是合法的，而且在特定环境下也都会使用，形成了一种一义多形的变体。条件变体在一定程度上反映输出项的唯一性，而自由变体则完全是两个或多个并列的输出项。这种现象实际上就是语言中的一义多形，即一个底层的语义输入项投射为两个以上的表层形式。这超出了经典 OT 语法的处理范围。更为重要的是，这种现象在语言中大量存在。作为优秀的语法理论必须能够处理语言的各方面问题，而不仅仅是部分现象。显然，经典 OT 语法理论并不完善。

  Coetzee A. 对经典 OT 语法提出了一种在不改变其核心思想和分析程式基础上的改进措施。这主要包含两个方面：首先，将经典 OT 语法中的评估器对候选项集的二级分割改为多级分割,称为"等级序列评估模式"。这就打破了优选项只有一个成分的限制,在一个具有梯级特征的候选项集合中可以允许多个候选项成为最终的优选项,只是这些优选项之间在地位上并不平等,处于最高等级的优选项为最优项。处于第二位置的为次优项,语言中也是可以见到的,只是相对最优项在使用频率上低一点。余者以此类推,最终形成一个输出项的等级序列。这个序列对应经典 OT 语法的单一候选项。这种思想实际上是对经典 OT 语法评估结果的重新解释,将原来经典 OT 语法认为无须考虑的信息重新捡起来加以运用。这种对评估器功能的扩大很好地解释了语言的变异现象,即一种内容或思想对应多个形式的问题,也很好地解释了词语或短语等的固化判断问题。

其次,扩展了评估器的评估能力,将原来只可以评估来自同一个输入项的候选项集扩展为可以评估来自不同输入项集的候选项。在自然语言的实际形义匹配中,很多时候输出的形式和要表达的内在思想之间相差较远,根本无法做到忠实性的对应。这就意味着一个话语的输出形式可能和这个话语所代表的思想的输入形式之间没有多大的关系。如果我们仅仅将评估器局限于同一个输入项,即话语思想命题的原型匹配项,那么,也就意味着生成器生成的候选项集都来自这个原型匹配项,其结果就是实际的评估中有大量的话语根本没办法找到对应的优选输出,或者反过来一个优选输出找不到一个对应的输入项。因为这个最终的输出项可能并不来自这个命题的原型匹配项,这显然给 OT 语法造成了不小的挑战,也有违 OT 语法的精神。但是,如果我们将评估器的评估能力扩大到可以评估任意来源的候选项,显然就解决了这个矛盾。两种 OT 语法评估模式见图 2。

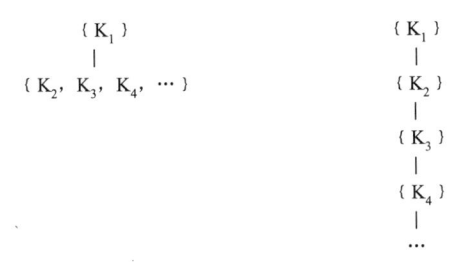

$$\{K_1\}$$
$$|$$
$$\{K_2, K_3, K_4, \cdots\}$$

$$\{K_1\}$$
$$|$$
$$\{K_2\}$$
$$|$$
$$\{K_3\}$$
$$|$$
$$\{K_4\}$$
$$|$$
$$\cdots$$

(a) 经典 OT 评估模式(2 级)   (b) 和谐 OT 评估模式(等级序列)

图 2 两种 OT 语法评估模式

这种 OT 语法的柔性处理方式实际上更适合语言的实际情况。在自然语言中,一个意义多种形式,或者一种形式多种意义应该是一种常态,是任何成熟语法理论都必须要解决的现象。移情现象作为语法的一个重要组成部分,在语言中的梯级存在形式和这里的多级 OT 评估模式之间有着天然的匹配性。因此,我们完全可以用 OT 语法理论来描写和分析语言中的移情现象。

三 移情与概率及其优选分析模式

Coetzee A. 发展了等级序列评估模式,并通过频率和反应时间的参项将之运用于解释语言的变异现象和词语固化的判断。这种等级序列模式能够解释一个候选项集合中不同候选项之间的相互依存关系,以及为什么一个候选项会比另一个候选项出现频率更高等问题。但是,该模式并没有发展出一种技术手段去解释一个等级序列为什么在不同环境下优选出了具有不同移情值的候选项,而不是最高移情值的候选项,也就是选择语言中自由变体的问题。一个好的理论不仅仅能够描写话语的结果,也能够解释这种结果产生的动因和过程,而这正是该理论薄弱的方面。

从本质上看,等级序列评估依然是一种静态理论,无法解决涉及语境的动态性问题。一组候选项和特定认知环境结合时,就会受到认知环境的制约,这时每个候选项的移情值会重新调整,进而重新排序,最后得出的结果和语言中客观的移情等级序列并不相同。但是,等级序列评估理论并不能告诉我们这种和认知语境结合产生的动态变化过程。也就是说,等级序列模式仅仅描述了语言中的自然移情序列,并不涉及这种自然序列在动态语境中的变化。从话语生成的角度看,这种自然的模式仅仅完成了话语产出过程的一半。

因此,只有通过某种手段将 Coetzee A. 提出的静态等级序列模式改进为动态模式,增加话语优选的主观评估部分,才能完整描写解释语言的产出过程。显然,增加制约条件的思路是行不通的。因为这样一来,制约条件就成了一个开放系统,且不可避免会产生因例设条件的现象,这显然有违 OT 语法所提倡的简约性。我们也不能够将认知语境看成一个开放的系统,这样 OT 语法也没法计算。我们唯一能够采用的方法就是启发式的程序,评估器在自我评估、自我输出中完成对语言的描写和解释。

在认知上,我们说什么话、不说什么话都存在一个潜在的评估过程,只是有时候是有意识的,有时候是无意识的。在这种过程中言者实际上主要考虑两方面的因素:一是话语本来需要怎么说;二是当前环境下能不能这样说,应该怎么说。前者反映语言中的表达常规;后者反映在语言表达常规基础上语境顺应的变化。这二者都是语言评估的主客观依据,体现这种依据的方式和结果是概率。换句话说,语言的选择过程实际上就是一组单位之间的概率计算过程。所谓优选就是将特定环境中出现概率最大的候选项计算出来。因此，优选论和概率之间有着本质的联系。而概率是一个匀质的概念，它可以将各种主客观因素统一在一起加以计算，得出综合性的结果。因为语言中的这种极差是一种模糊极差，不是绝对值之间的等级关系，基本上符合幂律的长尾分布。在理论上，我们可以将等级序列模式中候选项的极差序列转化成概率的级差序列，从而为主客观的综合评估提供了可能性。为此，我们可以设计一个建立在所有制约条件 CON 基础之上的移情概率优选评估模式。主要有以下几个步骤：

（1）制约条件等级序列的激活。这是由评估对象的特征和认知语境协同作用而激活的。这个步骤建立在关联理论的基础上，即特定的语言处理仅仅涉及与之关联的认知语境，而不可能是所有语境。与之对应，我们在处理特定语言对象时，也仅仅会涉及部分的制约条件，而不可能是所有的制约条件。

（2）候选项客观概率计算。部分 CON 激活之后，对生成器生成的候选项进行等级评估，得出每个候选项相对于每个制约条件的得分向量，并求出商集。接下来将每个制约条件下的商集 K/C_i 合并为笛卡尔积，利用字典序求出交集，并得出最终的客观等级序列（K/C_{Com}，$\leq_{com}$），最后将这种序列转化成概率序列。这里的概率序列符合幂律中的长尾分布。

（3）候选项主观概率计算。这部分根据话语主体特定的认知语境对候选项影响的不同而赋予其特定的加权概率，并按照由大到小的顺序排列，形成候选项序列的主观加权概率序列。

（4）将主客观概率序列按照一定的权重百分比分配后合并。得出最终的综合概率，并排出概率等级序列。

（5）概率序列向移情序列的转化。将这种综合的概率序列转变为移情等级序列，并将处于等级序列最高位置的候选项确定为优选输出项。

这里需要注意两点：一是语言中最和谐的移情候选项不一定是最优选项，这点违背了 McCarthy 提出并被 OT 语法学家遵守的严格等级约束原则，也不同于 Rajesh Bhatt 提到的传统 OT 语法中提出的权重观。因为这里的权重观是认知语境的加权，而不是特征值的加权。实际上，这里优选出来的候选项在语言中不一定出现频率最高，也不一定感觉最自然，但在这个语境中一定是最合适的。因此，这种综合的概率优选更加符合语言的实际表现。二是概率评估着眼点是话语移情值，不是句子内部对象的移情值。这种概率处理方式增加了主观动态加权部分，分解了偏序商集中最高位置的候选项和优选项之间的必然联系，从而可以确保客观等级序列中切割线以上的任何候选项都有机会成为优选项。由于运用概率是这种评估模式的主要特点，所以我们将之称为概率评估模式，以突显这种评估模式的特征。

四　结语

　　本文主要介绍了优选论的经典评估模式以及 Coetzee A. 在这种模式上的等级序列扩展模式。该模式主要将传统候选项二级分割的优选方式发展为多级分割，并扩大了评估器的评估能力，即：候选项的单一输出变为序列输出；输入项由单一来源变为多来源。这两个方面的拓展极大地发展了 OT 语法理论对语言现象的描写和解释力。可是，它的解释能力依然有限，并不能告诉我们语言中一义多形现象的优选机制，以及明显违反等级原则的低等级移情候选项成为优选项，而高等级移情候选项反而为非优选项。更为严重的是，这并不是个案或少数情况，而是日常话语中的一种常态现象。导致这种问题的原因是移情等级序列模式本质上仍是一种静态理论。这种模式可以描写和解释语言中出现的移情等级序列，但并不能解释特定环境中这种等级序列的变化和优选机制。因为这种变化和语境联系在一起，是一种动态的过程，而这已经超出了等级序列模式的能力范围。

　　为了解决 Coetzee A. 这种静态理论的不足，本文提出了一种以移情等级序列为基础的概率评估的综合计算方式。这种方式的好处是将所有的主客观因素都转化为概率，然后进行累加，最终可以得出每个候选项的综合概率值，从而可以相互比较高低，排出概率的序列。这种序列在解释力上明显强于静态的序列，它既可以解释语言中存在的客观序列，也可以解释候选项加权的认知机制，还可以解释为什么特定环境下某个候选项为最优项，而不是其他的甚至在客观移情序列上高于最终优选项的成分。这种移情概率模式既坚持了 OT 语法单一输出的原则，也解释了语言中一义多形的理据。这种基于概率的综合移情评估模式具有严格的数学上的严密性和可重复性，输入特定的具备 OT 语法分析条件的研究对象，就会得出可预期的分析结果。另外，这种严格的数学模型分析方法具有很强的应用性。比如，在自然语言理解的计算机动态处理，以及人工智能中人机互动的语言实时理解解决方案等方面，该理论均具有较强的可操作性，因而具有广泛的应用价值。

参考文献：

李兵：《优选论的产生、基本原理与应用》，《现代外语》1998 年第 3 期。
李向华：《现代汉语语用移情研究》，学林出版社 2017 年版。
马秋武：《优选论》，上海教育出版社 2008 年版。

王嘉龄：《优选论》，《国外语言学》1995 年第 1 期。

丹·斯铂波、迪埃珏·威尔逊：《关联：交际与认知》，蒋严译，中国社会科学出版社 2008 年版。

Coetzee A., "Variation as accessing 'non-optimal, candidates", *Phonology*, 2006（3）.

Coetzee A., "What it means to be a loser: Non-optimal candidates in optimality theory", Phd diss, 2004（1）.

［附记］本文已发表于《重庆科技学院学报》（社会科学版）2017 年第 11 期。

项目基金：

2015 年度国家社会科学基金项目"汉语语用移情的优选机制及其应用研究"（项目编号：15BYY146）。

作者简介：

李向华，九江学院文学与传媒学院副教授，上海师范大学语言学及应用语言学专业博士，学位论文《现代汉语语用移情研究》（2014）。

老年人口语冗余性句际重复研究

江西师范大学　刘楚群

摘　要：冗余性句际重复指出现于两个相邻小句之间的没有交际价值的重复，形式上类似于顶针但却没有顶针的修辞效果，性质上属于口语非流利现象。调查显示，冗余性句际重复在老年人口语中比较常见，且年龄越大越容易出现，据此判断，口语流利表述能力会随着人的衰老而缓慢下降。

关键词：老年人口语；语言冗余，句际重复；语言衰退

在口语表述中经常会出现冗余现象，即多余的、没有任何语用价值的成分。比如"张三昨天进了进了城。"重复的"进了"即为冗余成分。冗余不同于羡余。学界对语言的羡余现象有过诸多研究，但对语言的冗余现象则较少涉及。赵元任、吕叔湘、朱德熙、宋玉柱、王希杰等学者都对汉语羡余现象有过论述。学界一般认为，羡余现象往往在语义上看似多余，但在语用上却有独特的交际价值，或者为突出强调，或者为调节韵律，或者为增加明晰度，或者为传达情感态度，如"免费赠送、丝竹管弦、凯旋"等，因此语言羡余不同于啰唆累赘。近年来也有人提到过羡余与冗余的差异。龙又珍（2008）提到，并非所有羡余都是有效的，应把羡余信息区分为无效羡余和有效羡余，无效羡余是重复啰唆的结构错误，对于语言载体本身而言价值不大。潘先军（2010）提出，如果一个成分在语义和语用上都无意义，则不是"羡余"，而应称为"赘余"，"赘余"是一种语病。曹凤霞（2011）提出冗余式羡余的概念，并下分为积极型和消极型，消极型主要指由于累赘、重复、句式杂糅而造成病句，这种冗余式羡余影响交际效果。不管是叫"无效羡余"，还是"赘余"，或是"消极型冗余式羡余"，都指出了一个共同的事实，语言中有一类结构成分尽管有语义内容，但没有明显的积极交际价值，是一种完全多余的累赘成分，我们称为冗余。

冗余现象在口语中并不少见，尤其在老年人口语中出现比较多。我们以设定话题进行访谈的形式共调查了江西师范大学 65 岁至 90 岁共 75 位退

休教师，获得 40 余万字的口语语料，发现其冗余性语言现象比较常见。本文专论老年人口语中冗余性句际重复现象。

一　冗余性句际重复的界定

　　冗余性句际重复指出现在两个相邻小句之间的没有交际价值的重复，即前一小句的句末部分重复出现，成为后一小句的开头部分，形式上类似于修辞上的顶针，但在表达上没有顶针那样的能起强调作用并能增加语势的修辞效果，相反使话语显得臃肿累赘。如：

　　（1）吉安就办办了一个师专，叫作叫作江西师院井冈山分院，井冈山分院大概办了两年吧，办了两年后来就批准了，中央就批准了，批准了就就正式改为吉安师专，呃，改为改为吉安师专那时候我在吉安师专工作，工作了两年，工作了两年呢，我当时就想调动一下，想调动一下他地区不让走，地区地区不让走呃，当时当地委书记的嘞也是北京师大毕业的，后来他就动员我，他说，我们都是都是都是校友啊，呃，你不要走吧，这个，就算帮我一段。（80岁，男性）①

　　上例中有 7 处画线标记，都是发生在句际之间的重复，前一小句的末尾成为后一小句的开头。但这些重复都没有很明显的修辞效果，既不能增强语势，也无强调作用，有些甚至和后续句之间连明显的语义联系都没有，只能给人一种累赘之感，属于冗余性重复句际。如果把这些重复的成分删除，不但不影响语义表达和信息传递，相反话语会更加简洁流畅。

　　冗余性句际重复是发生在两个小句之间的重复，但并不是两个小句之间出现的所有重复成分都是冗余性句际重复，只有当重复成分确实是后续小句的组成部分时才是句际重复。有时发生在两小句之间的重复仅仅是前一小句末尾成分的重复，可能是自言自语，也可能是有强调作用，但重复成分并不是后一小句的组成部分，此类情况则不属于冗余性句际重复。如：

　　（2）一直到"文化大革命"的时候，我们学校门前，还是一个大水塘，我们有时候晚上到这里来开会，开会我这个近视眼看着好像好亮，哈，闪光，我以为是路，噶就一走走到塘里去了，哈哈。（88岁，女性）

　　（3）早晨，早晨一般不会睡懒觉，起来嘞，起来的时候约莫，大概要到 5 点多钟就起来了，起来了，到外面院子里面校园里面走一下。呃，校园环境蛮好嘛。（83岁，女性）

---

① 本文所有例句都是来源于调查访谈之后的录音转写的材料，每个例句后都注明说话人（访谈对象）的年龄和性别。

（4）因为我们进入社会主义过程中间以后有一个很大误区，好多人说主要矛盾是资本主义，不是的，主要矛盾封建主义，唉，主要矛盾封建主义，我们要补课，要把封建主义肃清楚，也就是说中国的发展啊没有经过文明的，欧洲的思想启蒙。（80岁，男性）

上述例（2）属于冗余性句际重复，重复成分"开会"与后续小句之间没有语音停顿，在结构上就融入了后续小句。例（3）（4）则都不属于句际重复，因为其重复成分后出现了明显的语音停顿，在结构上与后续小句是相脱离的，例（3）可以理解为前一小句谓语的自言自语式的重复，例（4）则有一定的强调作用，更不是冗余性成分。

二　冗余性句际重复的结构类型

冗余性句际重复是由说话人的不自觉言语行为造成的。在言语表述中，有些说话人常常不自觉地用前一句话的末尾成分作为后一句话的起点，从而发生冗余性句际重复。冗余性句际重复成分是后续句的起点，在结构上已经成为后续小句的一个组成部分，但在语法上并不是后续小句的必有成分，在语义上也不增加新的内容，甚至往往和后续小句没有语义联系。重复成分在结构上能成为后续小句的组成部分是通过两种方式实现的：一是重复成分与后续小句直接相连，没有语音停顿；二是通过接续性词语把重复成分和后续小句联系起来。

（一）零形式系联

所谓零形式系联指重复成分和后续小句之间没有任何语言形式，也没有语音停顿，二者直接相连，重复的成分从结构上看就是后续小句的直接组成部分。如：

（5）大概，大概家里就这种，这种，我的老伴嘞，在教小学，教小学我调到这里来，调到这里来，她又跟着调到这里来，在在附小当校长，当校长。（80岁，男性）

（6）我刚才说我两个哥哥就在台湾了，那"文化大革命"是专整这些人，嗯，这个你有海外关系啊，你有什么关系啊，唉，就来整，整得你非常的难过，非常难过没有办法，但是天天要整啊，是嘛。（82岁，男性）

例（5）的重复成分"教小学"在语法上和语义上都与后续小句"我调到这里来"没有关系，但说话人以"教小学"作为"我调到这里来"的话语起点，二者直接相连，所以在结构上二者就成了一句话。例（6）情况一样，重复成分与后续小句中间没有任何连接成分，都是零形式。

（二）接续性词语系联

有些冗余性句际重复成分虽然在语法和语义上都和后续小句没有必然联系，但说话人使用了一些接续性词语，使重复成分在语气上成为后续小句的一个重要组成部分。此类重复成分明显就是后续句的说话起点。如：

（7）他说省里已经做了决定啊，他说这样吧，你再干三年吧，呃，要我再干三年，噶我好只好再坚<u>再干了三年，干了三年呢</u>，我也，呃，不太愿意搞行政，不愿意再搞下去，呃，我又向上面打报告。（80岁，男性）

例句中重复成分"再干了三年"与后续小句之间尽管有语音停顿，但是语气词"呢"的出现却使其与后边小句联系起来了，成为后续小句的一部分。屈承熹（2005）将"呢"称为"接续虚词"（continuative particle），是由于它表示目前的谈话内容是接着先前的交谈而来，或者是接着交谈着彼此之间的某种共识而来的。也就是说，接续语气词"呢"把其前后成分紧紧地联系在一起了，从某种意义上说，"呢"前的成分只是一个引子，是后续句的起点，目的是引出后续小句。

这些起系联作用的词语有多种类型，最常见的包括接续性语气词、接续性话语标记、表时间接续的名词等。其中最常见的是接续语气词，这种语气词以"呢"为典型代表，另外"呃""嘛""嘞""啊"也有系联作用。这些系联词语后面一般都会出现短暂的停顿，但也有的不停顿。如：

（8）她这个是是到那边去读<u>研究生，研究生呢</u>，估计两年左右吧。（81岁，男性）

（9）小孩都不在身边，儿女都不在身边，<u>三个小鬼，三个小鬼呢</u>老大原来在湖南湘潭，湘潭的炼铁厂当厂长。（81岁，男性）

（10）当当时上面也考虑我这个要求也不算过分，后来就就就就同意我<u>调回江西，调回江西呃</u>，这时候调回江西的时候因为那还"文革"期间。（80岁，男性）

（11）我又不到外面锻炼，就在家里，起的比较晚，起的比较晚，大约七八点，八点钟才<u>起来，起来嘛</u>反（正）家里就一天就在在家里，大概一天上午下午各锻炼半个小时，就在自己房间里。（81岁，男性）

（12）他说这样吧，你你申请调动，等一等看吧，等等看吧，过一段再看吧，噶又<u>等了一段，等了一段嘞</u>，突然有一天省里面打电话，要我到省里面来一下。（80岁，男性）

（13）现在我们又讲进入这个<u>老年化的社会，老年化的社会啊</u>怎么说呢，就是说人喽啊进入六十岁以上的人口比重超过百分之十以上，这就是老龄化，或者呢，你六十五岁以上超过百分之七老龄化。（80岁，男性）

例（8）（9）都使用"呢"把重复成分和后续小句系联起来，"呢"后可以停顿，也可以不停顿；例（10）—（13）分别使用的接续性语气词"呃""嘛""嘞""啊"把重复成分与后续小句联系在一起。

接续语气词的系联作用非常重要，如果没有它们，这些重复成分有时就不再和后续小句之间发生关系，而仅仅是前边小句的句末成分重复而已。如：

a. 她这个是是到那边去读研究生，研究生呢，估计两年左右吧。

→她这个是是到那边去读研究生，研究生，估计两年左右吧。

b. 同意我调回江西，调回江西呃，这时候调回江西的时候因为那还"文革"。

→同意我调回江西，调回江西，这时候调回江西的时候因为那还"文革"。

c. 过一段再看吧，噶又等了一段，等了一段嘞，突然有一天省里打电话。

→过一段再看吧，噶又等了一段，等了一段，突然有一天省里打电话。

从上边变换可以明显看出，如果去掉了语气词"呢""呃""嘞"，那么重复成分和后续小句之间的结合就非常松散，在语气上几乎没有什么联系，这些重复也就不再属于句际重复了，而仅仅是前一小句句末成分的重复。

除了接续性语气词之外，话语标记"的话"也是典型的系联成分，范开泰（1985）、江蓝生（2004）等学者都论述过"的话"的话语标记功能，也就是说，"的话"可以把其前后成分紧密系联起来。另外，表示时间接续的"后来""以后"等名词也都可以起到系联重复成分和后续小句的作用。如：

（14）噶我想去做手术，本来没有事啦，噶去做手术的时候，到到到那个眼科，二附医院，眼科去去去做手术，做手术的话，他跟我验了血，说我血钾高，好危险。（82岁，女性）

（15）他说，我们都是都是都是校友啊，呃，你不要走吧，这个，就算帮我一段，呃，帮帮忙，噶人家讲得这样子很恳切，噶我不好意思咯，不好意思后来噶就留在那个吉安师专。（80岁，男性）

（16）我嘞，就是这个，一到南师教书以后，后来就就分到了市委文教部，在党委部门做做文教干事，文教干事以后嘞57年就下放。（80岁，男性）

例（14）因为"的话"的话语标记功能，所以重复成分"做手术"成为后续小句的话题，使二者密切相关；例（15）（16）中的"后来""以后"

具有很强的时间接续性,所以其前后成分自然衔接。

当然,这几种系联方式不是截然分开的,几种系联方式经常同时出现,比如例(16)既出现了接续性时间词"以后"又出现了接续性语气词"嘞",而且与后续小句之间也没有语音停顿。

三 冗余性句际重复的句法语义特征

上文分析可知,冗余性句际重复成分在结构上已经融入了后续小句,自然与后续小句会发生一定的句法语义关系,具体表现如下:

(一)重复成分作主语

冗余性句际重复发生在两小句之间,作为后续小句的开头部分,尽管不是后续小句必有语法成分,但很容易成为后续小句的陈述对象,作主语。如:

(17)还有一个小女儿,她在图书馆工作,在图书馆工作,小女儿有一个女儿,<u>女儿</u>在原来也在在图书馆工作过,她是,那个外孙女呀。(86 岁,男性)

(18)有的比较富裕的也有请人去去打工,做一年,从正月这个这个大概是元宵以后开始嘎就紧做,做到十二月底,一年,多少工资呢?<u>600 斤谷子,600 斤谷子</u>呢,啊不够老婆吃,一一一一个月。(82 岁,男性)

上边例(17)中"女儿"是冗余性重复,但出现在后续小句之前就自然成为陈述对象,作后续小句的主语;例(18)情况一样,冗余性重复成分"600 斤谷子"在结构上成为后续小句的一个部分,是后续小句的主语。

(二)重复成分作话题

有些冗余性重复成分虽然不是后续小句的主语,却是后续小句的话题,后续小句都围绕着这个重复成分来展开。如:

(19)南昌的管理工作,啊,我举个例子来说,那就是,一管就死,你像,<u>公园路,公园路</u>呢,这个地方曾经是几起几落,这个,早三四年的时候啊,那个时候非常热闹。(83 岁,男性)

(20)这个,意思就说现在取得成绩跟一些老同志、老领导、老教授的关心分不开,讲了些客套话,嘎最后<u>发言,发言</u>那个化学系那个党老师,他就对着稿子念的,一念就念了五六分钟,我嘞,我本来不想发言,他叫我发言,我就两三分钟。(80 岁,男性)

上例中的画线部分虽然都是冗余性重复,但这些重复成分却成为后续句的话题。例（19）的重复成分"公园路"虽然不是后续小句的主语，但后续小句都围绕着"公园路"这个重复成分来述说的，所以是其话题成分，"呢"也可以看作话题的标志。方梅（1994）认为，"呢"一般不在始发句里，在一段较长的叙述语段里，"呢"常常出现在后续小句里，而且往往是转换一个新话题，或新的谈话角度。屈承熹（2005）将"呢"称为"接续虚词"，它的位置是在句首的词组之后，而这个词组通常被视为一个话题。例（20）的"发言"情况一样，虽不是后续小句的主语，却是其话题。

（三）重复成分作状语

有的冗余性重复成分不是后续小句的主语和话题，而是状语。如：

（21）他现在是因为出国留学么，后来就定居在美国，他一家里都在美国，现在在水密西华的么，而且他呢，<u>现在在国内，现在在国内</u>呢他开了一个公司。（92岁，女性）

（22）她跟我一起<u>生活了25年，生活了25年</u>以后，我一直是一个人生活，从来没有想到有另外一个人一起生活，根本就没没有没有这个想法。（89岁，男性）

上例（21）中的"现在在国内"作前一小句的谓语，其重复成分则作后续小句的地点状语；例（22）的"生活了25年"作前一小句的谓语，其重复成分与接续名词"以后"合在一起作后续小句的时间状语。

（四）重复成分与后续小句构成紧缩句

有的冗余性重复成分与后续小句一起构成一个紧缩句，重复成分作紧缩句的始发部分，从语义关系上看，始发部分与后续部分之间以顺承关系为多，也有转折关系的情况。如：

（23）我们干了十一年，我，突然之间得了心脏病我就<u>下来了，下来了</u>贺琛搞了一下子他也搞不下去了。（82岁，女性）

（24）我这个用老年证坐车，哎，的确，从来都感觉到啊，都是，那个，一上去，啊，哎，都有人让座，都有人让座。当然，啊，个别时候，个别车上，的确也有，呃，也有人<u>不让座，不让座</u>我也不，哎，我从来不会说，啊。（90岁，男性）

（25）可以你买房子，70%贷给你都可以，所以他呢，当时他贷的款他只贷了50%左右吧反正，呃，<u>买了房，买了房</u>子但是呢没有住。（83岁，男性）

上述例句中画线部分都是冗余性句际重复，其重复成分与后续小句都构成紧缩句，分别表示顺承关系、让步关系、转折关系。

（五）重复成分不作后续小句任何成分

有的重复成分无论在句法上还是语义上都与后续小句没有明显的内在联系，完全游离于后续小句之外，只是因为与后续小句之间没有停顿所以黏合在一起。如：

（26）我们讲原来村牌子里的房子没有人住了，年轻人都打工去了，年老弱病残的人老，那个婆公公婆婆呢就<u>带孙子</u>，<u>带孙子</u>因为他外面赚了一点钱咯，他就在乡下不有市镇啦，有市场的镇镇上啊，那就在那里租房子，有钱就买房子。（85岁，男性）

（27）解放以后当了一年贫下中农撒，<u>当了一年校长</u>，<u>当了一年校长</u>噶又我以前就在这里，以前这里叫作解解放初叫作南昌大学。（85岁，男性）

例句中的画线部分都是冗余性句际重复，其重复成分既不是后续小句的主语、话题或状语，也不是紧缩句的一个部分，完全游离于后续小句之外。

四 冗余性句际重复的非流利性质及年龄关联度

（一）冗余性句际重复的非流利性质

从言语交际效率来看，冗余性句际重复使话语显得臃肿烦琐，造成话语不流畅，属于口语非流利现象。西方学者对口语非流利现象有过较多探讨，Bussmann（1996）认为，任何形式的言语流利故障都属于非流利现象，Tseng（2003）认为有些重复属于非流利现象。杨军（2004）在总结了Maclay、Osgood（1959）、Fromkin（1988）、James（1973）、Levelt（1983）、Fox Tree（1992）、Lickley（1994）、Shriberg（1994）、Bussmann（1996）、Cross（1998）、Biberetal（1999）等人的研究之后认为，非流利指在时定（timing）、韵律和语序等方面明显区别于流利话语的口语产出。冗余性句际重复属于口语非流利现象，它们在句法上都是多余的成分，是话语的累赘，删除这些成分会使话语更加流畅。如：

（28）学校里吃饭，他们洗碗就在一个桶里洗碗，我不晓得他学校里面有人生肝炎，我不知道，我的抵抗力好弱，我在那里马上就染上这个<u>肝炎</u>，<u>肝炎</u>但是也治好了，治好了。（87岁，女性）

→我在那里马上就染上这个肝炎，但是也治好了，治好了。

（29）我现在是，两个老人家，我只有<u>一个儿子</u>，<u>一个儿子</u>呢在在美国，他现在是因为出国留学么，后来就定居在美国。（92岁，女性）

→我现在是，两个老人家，我只有一个儿子，在在美国。

（30）我认为现在就是这个怎么样呢？一个德，我总认为现在一个社会哎最大一个问题就缺乏一个德，缺乏一个德是根源在哪里？根源一个耻，耻辱的耻，就是一个人要知耻。（93岁，男性）

→现在最大一个问题就缺乏一个德，是根源在哪里？

上述例句中都有句际之间的冗余性重复，重复的部分在结构上多余，在语义上没有增加新信息，在语用上也没有特殊的表达效果，删除之后不影响任何语义的传递，而结构上则更加简洁顺畅了。

（二）冗余性句际重复的年龄关联度

冗余性句际重复属于口语非流利现象，很多人在口语表述中都会出现这种现象，从年龄特征来说，老年人相对于年轻人更容易出现，高龄老人比低龄老人更容易出现。本文例（1）是一位80岁老人的一段陈述性话语，共200多字，20个小句不到，但句际重复却出现了7次，其出现频率很高。我们以访谈获得的老年人口语材料为样本，调查了冗余性句际重复的出现频率与年龄的关联度，发现人的衰老与语言流利表述能力之间有一定的内在关系。

老年人是一个非常宽泛的群体，不同老年人的知识水平、职业生涯、人生经历、生活环境、文化背景以及健康状况等都有很大的差异，这些差异对其语言流利表述能力都会有影响。我们的研究目标主要是探究老龄化与语言流利性之间的关系，所以要尽量排除其他非年龄因素造成的语言流利表述能力下降或存在差异的情况。因此我们选择的调查对象首先都是健康状况较好的老年人，即没有老年痴呆或其他明显脑部疾病、没有语言交际障碍并且能够独立生活的老年人。其次我们选择了一个社会共性较多的老年群体——江西师范大学的退休教授/副教授作为考察对象，这个群体成员的工作、生活、人生经历、话语体系都大致类似，具有相对的同质性。

老年人的年龄标准国际上有两种界定，60岁以上和65岁以上。我们选择65岁以上的老年人作为调查对象，以5岁为一个年龄段把研究对象分成5组：老年一组：65—69岁；老年二组：70—74岁；老年三组：75—79岁；老年四组：80—84岁；老年五组：85—90岁。每一个年龄组我们调查了10位男性和5位女性（因难以找到对等数量的女性教授），但为排除性别因素的干扰，在数据统计时只选择男性老人作为统计对象。另外还设置了1个参照组，即40多岁的中年大学教师，也选择10位男性调查对象。很明显所有调查对象都属于高级知识分子，都是男性，都生活在大学校园，有相对较多的社会共性和大致相似的话语特征。

我们设置了五个话题请调查对象叙说，①然后把访谈录音转写成书面文本，提取每个调查对象 2000 字的语料，每一组的语料总数就是 20000 字。我们统计了每一年龄组出现非流利性词内重复的频次。下表是具体的统计数据：

分组 频次	年轻二组： 40 多岁	老年一组： 65—69 岁	老年二组： 70—74 岁	老年三组： 75—79 岁	老年四组： 80—84 岁	老年五组： 85—90 岁
各组频次 （次）	9	10	7	15	25	26
平均频次 （次）	9	17				

不容置疑，在言语表述中出现冗余性句际重复的频率越高，其语言的流利度则越低。上边的调查数据表清楚地显示了冗余性句际重复的出现频率与年龄的关联度，从中可以窥测老年人口语流利表述能力与老龄化之间的联系。具体说来大致可以得出如下三点基本规律：

第一，整体上老年人出现冗余性句际重复的频率明显高于年轻人，因此可以得出一个基本结论：老年人口语的流利度整体上低于年轻人。

第二，就老年五个组来看，整体趋势是年龄越大出现冗余性句际重复的频率就越高，因此可以说，随着衰老程度的增加，语言的流利度有所下降。

第三，老年一组（65—69 岁）和年轻二组（40 多岁）出现非流利性句际重复的频次差不多，可能就意味着 60 多岁的老年人其语言流利度并没有明显下降。②

总之，冗余性句际重复属于口语非流利现象，在老年人口语中出现比较常见，且年龄越大越容易出现，据此可以认为，随着人的衰老，口语流利表述的能力在缓慢下降。

参考文献：

曹凤霞：《汉语羡余现象类型与语言演变理据思考》，《广东工业大学学报》

---

① 访谈设置如下 5 个话题：（1）日常生活、饮食起居、儿女状况；（2）对南昌人走路闯红灯的看法；（3）人生中最自豪或最难忘的经历；（4）对南昌公交车让座情况的看法；（5）对南昌这个城市的印象。

② 本项调查数据显示，老年二组（70—74 岁）出现非流利句际重复的频次很低，甚至低于老年一组（65—69）组和年轻二组（40 多岁），但这并不是说 70 多岁的老人语言流利度要高于 60 多岁的人甚至 40 多岁的人。我们对老年人口语多种非流利现象调查显示，70 多岁是老年人口语流利度下降的一个重要的转折点，其语言流利度下降比较明显，详细数据参见刘楚群《70 岁是老年人语言能力衰退拐点》（《中国社会科学报》2015 年 9 月 30 日）。

（社会科学版）2011 年第 10 期。

范开泰：《语用分析略说》，《中国语文》1985 年第 6 期。

方梅：《北京话句中语气词的功能研究》，《中国语文》1994 年第 2 期。

江蓝生：《跨层非短语结构"的话"的词汇化》，《中国语文》2004 年第 5 期。

龙又珍：《语言羡余信息的性质、特点、分类及应用》，《湖北社会科学》2008 年第 12 期。

潘先军：《汉语羡余现象及与"赘余"的区别》，《汉字文化》2010 年第 1 期。

屈承熹：《汉语认知功能语法》，黑龙江人民出版社 2005 年版。

杨军：《口语非流利产出研究述评》，《外语教学与研究》（外国语文双月刊）2004 年第 4 期。

Bussmann，H.，*Routledge Dictionary of Language and Linguistics*，Translated and edited by Gregory P. Trauth & Kerstin Kazzazi.london：Routledge，1996.

Tseng，S，-C.Taxonomy of spontaneous speech phenomena in Mandarin conversation ［R］.*ISCA & IEEE Workshop on SSPR.Tokyo.* 2003

［附记］本文是笔者博士后出站报告《老年人口语非流利现象研究》的一个部分，蒙导师李宇明教授、苏金智教授悉心指导，并承袁毓林教授、石锋教授、张博教授、靳光瑾教授、张维佳教授、崔健教授等提出宝贵建议，谨致谢意！文中差错概由本人负责。

本文初稿曾提交"'疑问范畴·篇章语法'论坛"（2015·上海）宣读。

项目基金：

2017 年度江西省社会科学基金重点项目"老年人口语非流利现象研究"（项目编号：17YY01）。

作者简介：

刘楚群，江西师范大学文学院、语言与语言生活研究中心教授，华中师范大学汉语言文字学专业博士，学位论文《句管控中"V 起来"虚化式研究》（2005）。

河南移民与河南方言在赣北鄱阳湖地区的流播

南昌大学 胡松柏 黄河科技学院 张向阳

摘 要：赣鄱河南话是江西省北部鄱阳湖地区由河南移民入迁定居而形成的一支官话方言。赣鄱地区的河南移民主要系明清以来从河南省东南部迁来定居。赣鄱河南话呈方言群岛态势分布于环鄱阳湖的16个县市。赣鄱河南话以河南信阳地区的豫东南方言为主体，保留了源出地方言的基本面貌和主要特点，同时在本地赣方言的影响下也发生演变而与源出地方言存在某些差异。赣鄱河南话是中原文化在区域外江南赣鄱之地流播和延续的载体。

关键词：赣鄱地区；河南移民；河南方言；方言岛

由移民携带源出地方言而形成与迁入地原住居民的本地方言不同方言系属的方言岛，是汉语方言分布的一种重要类型。在江西省北部鄱阳湖地区（以下简称"赣鄱地区"），分布有相当数量的河南移民，并形成了众多与当地赣方言不同方言系属的外来移民的方言岛。赣鄱地区指我国最大的淡水湖鄱阳湖湖区以及环鄱阳湖的各县、市辖境。本文所称河南移民，指现居住于赣鄱地区的河南籍居民，包括自身由河南迁来定居的第一代移民及其后裔；所称河南方言，指分布于赣鄱地区的河南移民携来并相沿使用的移民源出地方言。河南移民以及本地的原住居民都称河南移民所操的方言为"河南话"，本文也因以称赣鄱地区的河南移民方言为"赣鄱河南话"。

赣鄱河南话是江西省北部赣鄱地区由河南移民入迁定居而形成的一支官话方言。关于赣鄱河南话的情况，包括《中国语言地图集》（中国社会科学院、澳大利亚人文科学院，1987）、《江西省方言志》（陈昌仪，2005）、《江西方言的分区》（颜森，1986）在内的诸多有关江西省境内方言分布的资料中均未有反映，仅本文作者胡松柏在《赣东北方言调查研究》（2009）一书中综述赣东北地区方言分布情况时提到"鄱阳县西北角肖家岭乡①有说'河南话'的村落"②。本文是作者对赣鄱河南话所做进一步调查的简略报告。

一　赣鄱河南话的分布和源流

考察赣鄱地区相关县市的地方志、地名志以及部分氏族宗谱等资料，并经数番大范围实地田野调查，可以得知，赣鄱地区的河南移民主要系明清以来从河南省东南部地区迁来定居，分布于环鄱阳湖的 16 个区县市（县级市），包括：南昌市郊区、南昌县、新建县③、安义县（南昌市辖），修水县、武宁县、永修县、德安县、星子县④、瑞昌市、都昌县、湖口县、彭泽县（九江市辖），高安市（宜春市辖），鄱阳县、余干县（上饶市辖）。

方言岛是汉语方言分布的一种特殊类型，"在方言地理上，被另一种方言（或语言）包围的方言称为方言岛"⑤，"就像汪洋大海中的一个孤岛"⑥。从分布的总体态势上看，赣鄱地区的河南话方言岛属于"群岛性方言岛"，即"方言岛面积很小，在语言分布图上呈斑点状，好像大海中的群岛。"⑦在上述区县市中，有河南籍居民居住的乡镇是 119 个，约占乡镇总数（361）的 1/3，而由河南移民建立以及迁入并主要居住的自然村是 828 个，则只占自然村总数（11000 余）的 7%，正反映了这种河南移民村落被本地原住居民村落包围而四下散布的"群岛"型分布特点。

在鄱阳湖环湖各区县市中，以永修、德安、彭泽、鄱阳 4 县分布的河南移民村为最多，合计有 652 个，约占总数 80%。下面是这 4 个县有河南籍居民分布的乡镇（包括垦殖场）的名称，县名和乡镇名称后是自然村的数量：

1. 永修县 279：

涂埠 1、梅棠 42、三溪桥 59、燕坊 32、江益 22、柘林 1、江上 18、虬津 11、八角岭 5、白槎 42、恒丰 9、艾城 2、云山 23、永新 1、立新 1、滩溪 10

2. 德安县 147：

蒲亭 4、樟树 1、吴山 12、林泉 6、爱民 2、白水 3、邹桥 2、黄埆 1、

---

① 2005 年，肖家岭乡并入响水滩乡。
② 胡松柏：《赣东北方言调查研究》，江西人民出版社 2009 年版，第 16—17 页。
③ 2015 年，新建县改设为南昌市新建区。
④ 2010 年，永修、德安、星子 3 县各划出部分辖域设置共青城市（县级市）；2016 年，星子县改为庐山市。本文中为便于统计地名中材料数据，仍按 2010 年之前行政区划汇总。
⑤ 游汝杰：《汉语方言学导论》，上海教育出版社 2000 年版，第 58 页。
⑥ 李小凡、项梦冰：《汉语方言学基础教程》，北京大学出版社 2009 年版，第 39 页。
⑦ 游汝杰：《汉语方言学导论》，上海教育出版社 2000 年版，第 61 页。

高塘 41、磨溪 63、农工商公司 4、米粮铺 7、县农科所 1

3. 彭泽县 142：

马垱 1、和团 2、瀼溪 1、东升 10、黄岭 1、湖西 3、天红 22、乐观 46、杨梓 49、上十岭 5、棉花原种场 2

4. 鄱阳县 84：

响水滩 33、谢家滩 5、石门街 19、侯家岗 11、枧田街 4、田畈街 2、金盘岭 3、饶埠 1、桐山 1、莳山 5

其余区县市有河南籍居民分布的乡镇和自然村数字（斜线前为乡镇数，斜线后为自然村数）如下：

    武宁县 8/35   修水县 15/28   都昌县 7/21
    高安市 7/27   南昌县 8/19   新建县 5/16
    安义县 5/12   湖口县 3/4   星子县 3/4
    余干县 3/5   瑞昌县 2/2   南昌市郊区 3/3

河南移民分布于赣鄱地区，形成了两个相对聚居的区域，即位于鄱阳湖以西的"湖西片"和位于鄱阳湖以东的"湖东片"。湖西片包括德安县南部的高塘、磨溪、蒲亭（县城）、米粮铺和相毗邻的永修县西北部三溪桥、白槎、梅棠、燕坊、江益以及武宁县东南部杨洲等乡镇共 320 余个自然村。湖东片包括彭泽县南部的乐观、杨梓和相毗邻的鄱阳县北部响水滩、石门街、侯家岗等乡镇共 160 余个自然村。与石门街、杨梓相接壤的安徽省东至县南部的东胜、铁炉、青山等乡镇的河南移民村也可归入湖东片（因在江西境外未做实地调查）。

关于赣鄱地区河南籍居民的人口，依据本文作者对上述县市地名志中所记载数字的统计，828 个河南移民村的总人口达 6.3 万余人。这个数字尚未包括那些河南籍居民与当地其他籍贯居民混杂居住的村落中的河南籍居民数。由于上述县市地名志均完成于 1983 年至 1986 年，所使用数据为 20 世纪 80 年代初的统计结果，根据 1980 年至 2000 年 20 年我国人口年均 2.6‰ 的自然增长率推算，这些河南移民村落的现有人口当在 7 万人左右。加上本文作者在田野调查中所掌握的约 2 万人的与非河南籍居民混居的人数，赣鄱地区共有 9 万以上河南籍居民。

从移民源出地的情况看，除了约有 2/5（320 个左右）的河南移民村在地名志上只笼统记载为河南，而居民也已不能说出河南具体何地以外，其余 3/5（500 个左右）的河南移民村的源出地包括河南省今郑州、开封、洛阳、商丘、许昌、安阳、南阳、驻马店、信阳等市所辖县市（县级市），其中以位于河南东南部的信阳市地区为源出地的最多，达到 305 个（今赣鄱地区的信阳籍居民共计有 3.7 万余人）。而信阳市地区移民又主要来自光山、罗山、商城、信阳 4 县（仅光山籍的居民就约有 1.9 万人）。《简明中国移民史》中称"仅由河南光山一县向苏南、浙西、安徽和江西近 60 个地方输送的移民就有 100 万以上"[①]。光山移民显然是赣鄱地区的河南移民最主要的部分。

信阳地区移民在赣鄱地区的分布情况是：

光山移民主要分布于永修、德安、鄱阳、彭泽 4 县，罗山移民主要分布于永修、德安、武宁、鄱阳、安义、彭泽 6 县，商城移民主要分布于鄱阳、德安、彭泽 3 县，信阳县[②]移民主要分布在永修、鄱阳 2 县。

从移民南迁时间来看，赣鄱地区的河南移民村落建村大致可以分为早、中、晚 3 个时期，即明代（早期）、清代及民国初（中期）、中华人民共和国成立前后（晚期）。这里中期的"清代及民国初"主要集中于清末民初，其中较早的迁徙发生于清道光年间（1821—1850）。晚期的"中华人民共和国成立前后"大体指 20 世纪 30—50 年代，又集中于抗战前后。关于具体村落建村时间的确定，除地名志有直接记载外系根据居民的传承代数推算而得。全部 828 个河南移民村中有 518 个建村于中期，179 个建村于晚期，只有 131 个建村于早期。中晚期移民的源出地大部分属于信阳地区，移民的动因主要是灾荒和逃难；早期移民的源出地主要为开封、许昌、南阳等地，移民的动因则主要是战争与动乱。

从使用语言的情况看，早期移民的后裔由于先祖南迁时间较长，且又主要分布于赣鄱地区偏南部属于鄱阳湖平原腹心地带的南昌、新建 2 县，已经不再使用源出地方言。例如新建县厚田乡新洲村，有 6 个由许昌、开封移民于明代建立的村落，但这里已传承 18、19 代的人数近 2000 人的河南籍居民都在使用与新建县城和南昌市区大体一致的本地赣方言了。中晚期移民南迁时间较短，大都为 100 年左右，稍早些的达 150 年，而短的只有 40—50 年，因此这些移民的后裔基本上都还保持了对源出地方言的使用。这样，减除 2 万余人的早期移民后裔人数，现在赣鄱地区还在使用河南源出地方言的河南籍居民人数推定当在 7 万人左右。

二 赣鄱河南话的语音、词汇特点

从以上所述分布和源流情况可以看出，赣鄱河南话是以河南信阳地区的豫东南方言为主体的，本文所主要考察的，也是以光山、罗山、商城、

[①] 葛剑雄等：《简明中国移民史》，福建人民出版社 1993 年版，第 205 页。
[②] 信阳县于 1949 年设信阳市（县级市），辖于信阳地区。1998 年撤信阳地区和县级信阳市，设地级市信阳市，原县级信阳市辖域分设浉河区、平桥区。

信阳为源出地的移民所使用的豫东南"河南话"。《中国语言地图集》把信阳地区归入中原官话区信(阳)蚌(埠)片。[①]在信埠片中还可以把信阳地区划出成为一个信(阳)潢(川)小片。赣鄱河南话应属于官话信潢小片的区域外支系。对所选择的代表方言点的调查表明，赣鄱河南话基本上保留了官话信潢小片的面貌。

以下简录选自赣鄱河南话代表点的永修县白槎镇栗山村的"栗山河南话"的声韵调系统。栗山河南话属于赣鄱河南话的"湖西片"，其源出地方言是光山话和罗山话(栗山村河南籍居民源流和社区语用情况见下文"赣鄱河南话社区的语言生活"小节)。这一音系有代表性地展示了赣鄱河南话语音的基本特点(发音合作人是栗山村河南光山籍居民徐天海，1951年生)。

1. 声母：24个（包括零声母）

p	八宝败	pʻ	派拍爬	m	麦磨米	f	飞饭黄	v	问万五
t	多东地	tʻ	讨贪甜					l	老连南
k	高盖共	kʻ	开快狂	ŋ	安恶熬	x	好盒汗		
tɕ	酒九交	tɕʻ	清欠强	ȵ	年泥严	ɕ	想谢鞋		
tʂ	柱主砖	tʂʻ	春初船			ʂ	书顺树	ʐ	肉荣用
ts	资张照	tsʻ	刺车床			s	丝双十		
ø	热软云								

2. 韵母：37个

ɿ	师资迟十	i	米戏衣七	u	苦五古骨	y	猪雨橘局
ʅ	直尺						
a	茶大法八	ia	牙鸭	ua	瓦挂刮		
ε	北白客麦	iε	写夜节雪	uε	国	yε	靴月热
o	歌活郭壳	io	药学削				
ər	二						
ai	开排盖矮	iai	鞋街戒	uai	快怪		
ei	赔对飞岁			uei	鬼吹亏围		
au	宝饱毛讨	iau	笑桥交料				
ou	豆走初六	iou	油流酒牛				
an	南半暖酸	ian	盐年面线	uan	官关	yan	砖船软远

[①] 中国社会科学院、澳大利亚人文科学院：《中国语言地图集》，香港朗文出版有限公司1987年版B3"官话之三"。

ən	参根灯横	in	心新星清	un	滚春顺	ʯn	云闰军
aŋ	糖双黄撞	iaŋ	响样浆姜	uaŋ	床王光		
əŋ	东用通虫					ʯəŋ	永

3. 声调：4个

| 阴平 | 42 | 三东通穀哭六 | 阳平 | 55 | 门铜娘人白毒 |
| 上声 | 214 | 懂统走买米有 | 去声 | 312 | 冻痛卖动道洞 |

这一音系与河南光山话的音系[①]基本相合。

从词汇角度看，栗山河南话也基本保持了河南光山话的面貌。[②]词汇中有相当部分与光山话相同且属于官话方言的共同性词语，例如：

  月亮 衣裳 公鸡 姥爷 闺女 娘们儿
  大家伙 撵 瞧 亮 他 今个儿

一些具有方言特色的词语，栗山河南话与光山话也是共有的，例如：

  小佬（叔父） 兄（弟弟） 晚上（下午）
  晚黑儿（夜晚） 郎猪（种公猪） 臭缠子（蚯蚓）

当然，远离源出地且经历百年的独立发展，赣鄱河南话也发生了演变而与源出地方言存在某些差异。

栗山河南话中的古入声字虽然也分别归入阴平（清声母字和次浊声母字）和阳平（全浊声母字），但这些字的调值都较短。古知、庄、章组字有许多（如"追、装、蒸"）在栗山河南话中读［ts-、tsʻ-、s-］组声母而不同于光山话读［tʂ-、tʂʻ-、ʂ-］组声母。古曾、梗摄字有部分（如"灯、荣、兄"）在栗山河南话中读［-ən、-in］韵母而不同于光山话读［-əŋ、-iŋ］韵母。这显然是受移民迁入地的本地赣方言永修话影响的结果：永修话中，古入声字保留带闭塞音韵尾的短促读法；舌尖塞音、塞擦音声母字多读舌尖前音（平舌音）声母，较少读舌尖后音（翘舌音）声母；古曾、梗摄阳声韵字韵尾读舌尖鼻音（前鼻音），不读舌根鼻音（后鼻音）。另外，在属于赣鄱河南话"湖东片"的鄱阳县谢家滩镇郭贺行政村后吴自然村的"后吴河南话"（发音合作人易森保，1948年生。后吴村河南籍居民源流和社区语用情况见下"三"小节）中，来母细音字（如"连、李、裂"）读塞音声

[①] 河南光山话的语音材料参见张启焕、陈天福、程仪《河南方音概况》，河南大学出版社1982年版；《光山县志》，中州古籍出版社1991年版。

[②] 河南光山话词汇材料参见同上

母［t-］，更是明显的赣方言鄱阳话的突出特点。

在词汇方面，有相当多的赣方言词语进入了赣鄱河南话。下面这些词语都是栗山河南话中与永修话共有而与光山话不同的：

落雨（下雨）	谷（稻子）	洋芋头（马铃薯）
手巾（毛巾）	猪婆（母猪）	檐老鼠（蝙蝠）
客气（漂亮）	打脾寒（患疟疾）	将（刚）

不过总的来看，赣鄱河南话与源出地方言官话信潢小片的差异还是比较小的，毕竟这一移民方言形成的历史还不是太久远。

三 赣鄱河南话社区的语言生活

赣鄱河南话以方言岛的形式分布于赣鄱地区。从总体上对河南话方言岛形成包围态势的本地方言基本上属于赣方言（只有瑞昌市的部分区域属于官话区）。早期河南移民村落应该也经历了方言岛的语言阶段，但由于定居时久以及人口、聚居程度及其他方面的原因，已经发生并完成了在本地赣方言的强势影响下放弃河南源出地方言而使用本地赣方言的语言替换，方言岛不复存在。本文讨论赣鄱河南话社区的语言生活，主要是考察中晚期的河南移民村落。

由于属于群岛型一类的方言岛，河南移民村落的规模一般不大，且呈星散分布，与非河南移民的村落混杂交错。群岛型方言岛语言制度的特点是社区用语的"双方言制"，即在社区内部居民都使用移民方言，而在对社区以外的本地居民都使用本地方言。不过，赣鄱河南移民村落因方言岛的规模和分布密度在"双方言制"的表现上也形成了有所差异的情况。在一些河南籍居民聚居程度较高的区域，即移民人口较多，移民村落分布较密，虽说是实行"双方言制"，河南话使用的空间比较大，频度也很高。一些方言较复杂的地区，即在河南话及本地方言以外还有一些其他方言，处于相对强势地位的河南话还成为当地的通用方言，一些非河南籍的本地居民和其他籍贯的居民也把河南话作为其对外使用的交际用语。这种情况主要见于赣鄱河南话湖西、湖东两片的中心区域。湖西片中的永修白槎镇、湖东片中的鄱阳旧肖家岭乡等乡镇中的河南移民村落即属于这类情况。例如肖家岭，素有"小河南"之称，民国年间还设有"河南会馆"以联络河南籍居民和处理内外事务，是附近乡镇和县份河南籍居民往来交际的中心。与此相反的情况是，有一些河南籍居民人数较少而移民村落分布较稀疏的区域，作为居民母语的河南话有逐渐衰微的趋势。以下分别考察两类情况的代表村落的社区语言生活。

永修县白槎镇有 42 个河南移民村，本文作者选择其中的栗山村（行政村）做了全面调查。栗山距县城 37.5 公里，在白槎镇镇政府驻地以北偏西 5.5 公里，处于群山环抱之中。村中河南籍居民约占总人口的 50%，达 900 多人，主要集中在徐家湾、永兴、范家、农科站、下东旺、港家 6 个自然村。范家村邱姓居民的宗谱《中华邱氏大宗谱——江西永修分谱》记载其先祖来赣的情况是："邱大全：道光五年（1825）生，居罗山周党，去世后，妻乐氏道光三年（1823）生，1850 年春同子媳迁江西永修县塘下区汪岗。"栗山河南话的发音合作人、徐家湾居民徐天海称其祖父徐德宽于清末民初从河南光山迁来江西。栗山还有湖南籍和四川籍的移民。《江西省永修县志》（1987）记载："清末，河南、湖南等地灾民，迁柘林、白槎、梅棠一带定居。"在栗山，河南话与本地话及湖南移民的"湖南话"、四川移民的"四川话"相比较处于相对强势的地位（村干部也基本上由河南籍居民担任），成为村中居民交际的通用语言，本地居民、湖南籍和四川籍居民除与河南籍居民之外，彼此之间也都使用河南话。

鄱阳县谢家滩镇郭贺行政村的后吴自然村也是一个河南移民村，但其语言状况却是另一种情形。后吴在镇政府驻地西北 3.5 公里的小山坡上。《江西省波阳县地名志》（1985）记载系清末河南信阳吴姓迁此建村。村中现有居民 13 户，60 多人，分别为易、夏、左、陈、李、刘等姓，均来自河南商城。其中易姓、夏姓居民称其先祖迁来已有 100 多年。其中也有较晚由河南迁来的，如一户陈姓家庭就是在 1958 年投奔乡亲而来。谢家滩镇有 6.8 万人口，只有 5 个河南移民村，人口不足 1000 人。后吴实际上只是一个赣鄱河南话的小孤岛，居民只要一出村就得使用属于本地赣方言的谢家滩话（鄱阳话的一支）。在村中，河南话的使用也在萎缩。目前村中有 10 多个小学阶段的学龄儿童已经基本上不会说河南话了，其父辈和祖辈与他们都说谢家滩话。至于成人之间大都还在说河南话，不过也有一些年轻人不怎么爱说了。

汉语的方言岛从总体上看都呈现衰颓的演变趋势，以方言岛形式存在的处于弱势地位的移民方言势必接受本地方言的影响，面临被同化的压力。就赣鄱地区的情况看，河南移民的生产活动已经与赣鄱地区的经济社会生活完全相融。在文化生活方面，河南移民也有了较多的融入。例如河南移民的习俗风情已与本地居民没有多大差别。如前述后吴河南话的发音合作人易森保，还是谢家滩镇民间剧团"谢家滩赣剧团"的负责人，已经是一名赣鄱文化的实践者和传播者了。

语言是文化的载体，其自身也是一类别具特点的文化种类。由于语言文化具有传承性，因而在文化融合的过程中它总是滞后的和有记忆的。因移民而形成的方言岛，其之所以得以延续，也正体现了语言文化的这种传承特性。在田野调查中，本文作者从发音合作人（徐天海）那里采录收集到了不少俗语、谚语，例如：

除了栗柴无好火，除了郎舅无好亲。
爹有娘有不如自己有，丈夫有还要开个口。
蚕豆不要粪，八月土里头困。
早黄豆迟芝麻，长得好莫夸它。

酒酣情深之际，从未回过祖籍地的发音合作人以地道的河南话击碗为节，吟起了祖辈传唱下来的《十劝歌》：

……
四唱我的哥，莫赌博。
赌博之人，无下落。
输了银和钱，还把衣裳脱。
五唱我的哥，莫骂人。
人人都是父母生。
不求今生，但求来生。
……

从赣鄱河南话中可以窥得其中所蕴含的豫东南的中原文化的丰富内容。赣鄱河南话是中原文化在区域外江南赣鄱之地流播和延续的仅存和唯一的载体。

语言文化是一个民族或民系构成的要素，是民族或民系文化体系的基本支撑和主要标志，因此语言文化具有认同功能。从总体上看，赣鄱河南移民对作为母语的河南话的认同感还是比较强的。例如在德安县城蒲亭镇上就有河南籍居民聚居而通行赣鄱河南话的街区。居于城镇，地理并不隔绝而保留规模不大的方言岛，确实显示了方言的凝聚力。也许是当年主要因灾荒而背井离乡的先辈外迁，移民经历了太多苦难而特别需要依赖族群、重视族群团结的缘故。

参考文献：

中国社会科学院、澳大利亚人文科学院：《中国语言地图集》，香港朗文出版有限公司 1987 年版。
葛剑雄等：《简明中国移民史》，福建人民出版社 1993 年版。
永修县志编纂委员会：《永修县志》，方志出版社 1987 年版。
光山县史志编纂委员会：《光山县志》，中州古籍出版社 1991 年版。
波阳县地名办公室：《江西省波阳县地名志》，1985 年内部刊行。

胡松柏：《赣东北方言调查研究》，江西人民出版社 2009 年版。
游汝杰：《汉语方言学导论》，上海教育出版社 2000 年版。
李小凡、项梦冰：《汉语方言学基础教程》，北京大学出版社 2009 年版。
游汝杰：《汉语方言学导论》，上海教育出版社 2000 年版。
张启焕、陈天福、程仪：《河南方音概况》，河南大学出版社 1982 年版。

［附记］本文初稿曾提交"第四届官话方言国际学术研讨会"（2007，陕西安康）宣读。

项目基金：

江西省高校人文社会科学重点研究基地招标立项课题"江西赣方言区域中的方言岛及其所受赣方言影响的研究"（2008）；

河南省教育厅人文社会科学研究项目"豫南地区河南话与赣北地区河南话比较研究"（项目编号：2014-zd-119）。

作者简介：

胡松柏，南昌大学人文学院中国语言文学系教授、博士研究生导师，客赣方言与语言应用研究中心研究员，暨南大学汉语言文字学专业博士，学位论文《赣东北汉语方言接触研究》（2003）。

张向阳，黄河科技学院国际学院副教授。

汉语方言古来母今读塞音之成因探析
——兼谈江南西道型分布

南昌大学　汪高文

摘　要：本文先总结《汉语方言地图集》中全国存在古来母今读塞音现象的地点，并结合现有的方言文献材料进行补充。在此基础上，指出古来母今读塞音的今韵母条件，并进一步探讨出该现象出现的必要条件即［n］、［l］相混。最后，提出古来母今读塞音现象所反映出的江南西道型分布。

关键词：古来母；塞化；必要条件；江南西道型分布

一　古来母今读塞音概况

关于古来母字今读塞音（以下简称"来母塞化"）现象多有报道，罗常培最早注意到临川话里有这个现象，并从音变角度解释了它的形成。[①]之后，有不少文章讨论来母塞化，主流意见是从音理上解释为自然音变。那么，自然音变的背后是否有一种"推动力"，促使来母字发生塞化呢？值得进一步探究。

从《汉语方言地图集·语音卷》中，可以大体纵观来母塞化现象在全国的分布情况。下列表是根据060图"梨来细的声母"总结而来。表中"冠鼻边音系列"因为有塞音的成分，所以也归为塞化现象。

塞音系列	省份	地区
d	安徽省	黄山区
	江西省	湖口、都昌、星子、修水

[①] 参见罗常培《临川音系》，商务印书馆1940年版，第111页。

续表

塞音系列	省份	地区
d	湖北省	通城
	湖南省	临湘、溆浦、辰溪湘、新邵、祁阳
dh	湖北省	崇阳
t	江西省	景德镇昌江区、鄱阳、乐平、万年、东乡、抚州、金溪、资溪、南城、崇仁、宜黄、黎川、永丰、南康、瑞金、会昌、信丰
	湖南省	衡南、岳阳县、涟源
	福建省	长汀、连城、上杭、武平
th	江西省	安义
	湖南省	岳阳市

冠鼻边音系列	省份	地区
ld	浙江省	遂安旧
	江西省	南丰
	湖北省	鹤峰
	湖南省	洪江、会同
	四川省	泸定
	重庆市	綦江
nd	安徽省	桐城
	湖南省	新晃
	广东省	龙门2
nz	甘肃省	秦安

"梨"字大致反映了来母塞化的分布广度，可以概括为江西、湖南、安徽南部、湖北东部长江以南形成的区域单元，其他省只是零星分布。当然，一个字还不足以详尽反映哪些地点有来母塞化的现象。结合现有的材料（见参考文献），如《江西赣方言语音研究》《赣语声母的历史层次研究》等进行补充的话，新建、进贤、德安、贵溪、临川（今为抚州市临川区）、吉水螺田镇、万安、安福、乐安、遂川、兴国、南康、上犹、社溪、大余、安远、定南、龙南、平江、蒲圻、祁东、邵阳、衡阳、衡山等地也有该现象。

从涉及的方言种类来说，主要有赣语、湘语和客家话。总体来看，江西省来母塞化现象又是最多的，且各个方言小片（昌靖片、大通片、鹰弋片、抚广片、吉茶片）都有所分布。《客赣方言历史层次研究》中有一幅"来母读塞音的字数"图，展示了江西来母塞化的一些情况。[①]从上文中我们统计的实际结果来看，江西境内的地点比"来母读塞音的字数"图中标出的要多出不少。此外，需要补充的一点，笔者 2011 年 8 月赴江西中部地区做田野调查时，发现乐安牛田镇方言中有大批古来字读塞音声母 [t]，数量有一百多个。此外，吉安县官田乡、万安武术乡也有少数字读塞音，南丰白舍镇有四十多个来母字今读 [ld] 声母。综合而言，来母塞化是江西境内的一个普遍语音现象。从《客赣方言历史层次研究》所附的"来母读塞音的字数"图中，我们还可以很直观地看到赣东的抚州一带及以西地区是来母塞化的集中区。

二 来母塞化成因的探讨

（一）来母塞化的今韵母条件

现有的方言文献资料显示，赣语、湘语、客家话中古来母今读塞音现象，在各韵摄、开合口、各声调调类中都有所涉及，所以看不出什么古音韵条件的限制。唯一的条件就是今为齐齿呼，兹不赘述。笔者将 2011 年田野调查所得的赣中地区几个方言点的情况列表如下，稍做举例。

地 点	开	齐	合	撮	泥来母的分合
万安县	[l]	[l] / [t]	[l]		洪混细分
泰和县	[l]	[l] / [t]	[l]		洪部分混细分
吉安县	[l]	[l] / [t]	[l]	[l]	洪混细分
吉水县	[l]	[l] / [t]	[l]	[l]	洪混细分
乐安县	[l]	[l] / [ld] / [ŋd] / [t]	[l]		洪混细分
南丰县	[l]	[l] / [ld]	[l]	[l] / [ld]	洪部分混细分

罗常培《临川音系》中认为由 [l] 变 [t] 应当有这样的程式：[l] > [ld] > [d] > [t]。表三中，乐安、南丰都存留了 [ld] 的中间过渡形式。共时差异往往反映历时演变，江西抚州地区共现了来母塞化的完整历史演变链。

[①] 参见刘泽民《客赣方言历史层次研究》，甘肃民族出版社 2005 年版，第 305 页。

（二）来母塞化的必要条件——［n］、［l］相混

曹志耘在《汉语方言的地理分布类型》一文中谈道："尽管［n］、［l］相混的地点南到广东、福建、北到甘肃、陕西，但主要分布地区正好与长江流域相吻合，离长江越近点越多，离长江越远点越少，可以说是一种'长江流域型分布'。"①［n］、［l］相混的地区主要集中在长江流域，包括江苏省、安徽省、湖北省、四川省、浙江省、江西省、湖南省、贵州省等。很明显，"［n］、［l］相混"的范围要比"来母塞化"的范围大。也就是说，有来母塞化现象的区域，基本都有不同程度的［n］、［l］相混现象。我们还注意到，060 图"梨来细的声母"中有很多方言点读鼻音系列［n］、［ŋ］、［ɲ］。毫无疑问，是由于［n］、［l］相互混读所致。

上文"古来母今读塞音概况"节中所列存在来母塞化现象的方言点大体都是［n］、［l］相混的。《汉语方言学基础教程》"湘方言古泥来母逢洪音韵母（开口呼、合口呼）多数方言相混"②。可以说，［n］、［l］相混是湘语分布范围较广的一条语音特点。王仲黎《论祁阳方言古来母字的塞化现象》通过对湘赣两地部分方言演变条件的分析及对湖南境内其他存在来母塞化音变的方言区域移民史的考察，论证了湘方言来母塞化是明清时期江西移民的赣语底层的反映，是接触式音变。笔者赞同王仲黎的这个观点。事实上，湘语的核心方言区中确实未有过来母塞化现象的报道。

比照之余，只有江西省内少数几个方言点［n］、［l］是不混的。比如，湖口、都昌、德安、星子、景德镇、鄱阳、万年、贵溪、南城、崇仁、东乡、南康、瑞金、会昌、信丰；此外，就是福建省的长汀、连城、上杭、武平。我们注意到，湖口、都昌、德安、星子、景德镇方言点北临江淮官话，鄱阳、万年、贵溪东临吴方言，南城、崇仁、东乡南临客家话。南康、瑞金、会昌、信丰、长汀、连城、上杭、武平都是客家话。

《汉语方言地图集·语音卷》057 图"泥来母的分合"中，江淮官话、吴方言、客家方言皆为空心圆，都是［n］、［l］不混的。上述江西省内有来母塞化却又［n］、［l］不混的地点都位于与别的方言交界之处，如湖口……北部是大面积的江淮官话区、鄱阳……东部是大面积的吴语区、南城……南部是大面积的客家话区。这些地点［n］、［l］不混，可以解释为是受到相邻方言的影响。笔者还注意到，057 图中"空心圆"（表示"［n］、［l］相分"）在下江线有逆流而上的趋势。岩田礼指出："语言特征沿着长江的移动却总

---

① 曹志耘：《汉语方言的地理分布类型》，《语言教学与研究》2011 年第 5 期。
② 李小凡、项梦冰：《汉语方言学基础教程》，北京大学出版社 2009 年版，第 154 页。

是以逆流为主的"[1]。可以看出,"[n]、[l] 相分"沿着下江线呈扩散趋势。

从前文提到的"来母读塞音的字数"图中可以看出,客家方言中来母塞化字的数量少,远不如赣语多。从地理分布上来看,赣南客家话(南康……)和福建省的长汀……远离赣语来母塞化的核心区,应该是受更早时期赣语的影响,很可能由移民带来。

综上,来母塞化虽然涉及赣语、湘语和客家话,但无论从字数、分布广度还是源流性来说,赣语的核心地位是显而易见的。

《汉语方言学基础教程》"赣方言古泥来母字逢洪音韵母(开口呼、合口呼)多数方言相混"[2]。万波《赣语声母的历史层次研究》推论出"赣语里这种泥来母在洪音前相混的变化,应是明末以后才发生的晚近变化"[3]。作者主要的依据有两项:一是丁邦新(1987)研究《问奇集》得出明末豫章新建话(今南昌市新建县)里[n]、[l] 相分的事实;二是古屋昭弘(1992)研究《正字通》得出明末清初宜春话里[n]、[l] 相分的事实。我们认为万波的推论是可靠的。上文提到王仲黎的观点,他认为湘方言来母塞化是明清时期江西移民带去的赣语底层。我们至少可以说,[n]、[l] 相混后,不久就出现了来母塞化现象,这显示了[n]、[l] 相混的先行性和相关性。

逻辑学认为:如果没有事物情况 A,则必然没有事物情况 B;如果有事物情况 A 而未必有事物情况 B,A 就是 B 的必要而不充分的条件,简称必要条件。借用逻辑学的术语,我们从以上分析得出"[n]、[l] 相混是来母塞化的必要条件"的结论。

(三) 从语言感知的角度看来母塞化

以往的研究大都从发音机理上,论证了[n]、[l] 发音的相似性。的确,从语音特征看,舌尖边音[l]与塞音[d]都是龈音,发音部位相同,只是发音方法不同,它们在一定条件下转化的可能性是有的。这都是从说话者的角度来讨论的。其实就听话者来说,在人们([n]、[l] 相混方言区)的语言感知里,[n]、[l] 会变得不具区别性。然后,说的时候就会很随意,这也即语音学上的自由变体。语言使用者作为说话者兼听话者,处于说与听的双向"误差"中。这个时候音位系统就会进行调节,那么,很可能会促使新的音变现象产生。

我们知道,音变一种是音素的变化,一种是音位的变化。音素的变化在每个人口中都有,因为每个人发的音不可能一模一样。语言学中的音变

---

[1] 岩田礼:《汉语方言解释地图》,日本白帝社 2009 年版,第 15 页。
[2] 李小凡、项梦冰:《汉语方言学基础教程》,北京大学出版社 2009 年版,第 170 页。
[3] 万波:《赣语声母的历史层次研究》,商务印书馆 2009 年版,第 144 页。

是指音位的变化，本质上就是区别性特征的转移。因为两个音之间除了区别性特征，还有羡余性特征，（区别加羡余就成了这个音位），把某个羡余性特征改换成区别性特征，就完成了音变。为什么整个音位系统会发生这样的转移呢？除了外部的影响（接触），还有系统内部的原因。比如说为什么 l 变成 d，生理上可以给出可能性，就是说两个音很相似，可以转变。但像 s 就不太可能变成 a，也就是说音变的生理制约性，但至于为什么会变，生理解释不了，还得从音位系统上来考虑。藏语的声韵搭配很平均，但汉语就有很强的规律性，如 [tɕ]、[tɕʰ]、[ɕ] 声母只能接齐齿呼和撮口呼。说明语言有可能也是在进化的，从无序到有序，在音位负担不变或变重的情况下（因为概念越来越多，词语也越来越多，汉语从单音节变成双音节词也是一个结果），就靠音位系统自身的组织结构的有序化来实现。

正因为"[n]、[l] 相混"导致某些字声母因随意性而摇摆不定，容易产生出 [ld/nd] 之类的中间状态（如江西南丰、安徽桐城），加之韵母中前高元音 [i] 的拉动，如果塞音成分继续加重就会自然读成 [d]。流音 [d] 便从羡余性特征，改换成区别性特征，从而完成音变。我们认为来母塞化这一自然音变背后的推动力是：[n]、[l] 相混带来的某些语言无序，需要 [l] > [t]（齐齿呼前）的变化，进而使得音位系统得到一定程度的修补。

三　来母塞化反映的分布类型

如上文所述，《汉语方言地图集·语音卷》中 060 图"梨来细的声母"中今读塞音系列的方言点主要分布在江西、湖南两省，还有少部分分布在安徽省南部、湖北省东南角。

笔者注意到，《江西通史》"唐代在地方行政上有一个重要的变化，那就是'道'制的确立，由州、县两级制变成道、州、县三级制。唐太宗为了便于监督对全国州县的管理，依据自然地理条件和着意加强边界某些地区的军事力量，分全国为 10 道，江南道为其一，下辖 51 州，范围极广，'东临海，西抵蜀，南极岭，北带江'。江西地区各州属依自然地理条件划分的江南道。开元二十一年（733）对其进行了再划分，析分为江南西道、江南东道和黔中道。'江西'由此得名。江南西道辖统包括今江西、湖南 2 省，安徽南部、湖北东部长江以南地区"[①]。"犁"今读塞音的分布区域正好与唐

---

① 陈文华、陈荣华：《江西通史》，江西人民出版社 1999 年版，第 202 页。

朝时的"江南西道"行政区划相合。其实,从现今方言分布的情况来看,湘赣方言的关系本来就很近,安徽南部、湖北东南又都有赣语的分布。那么,这块区域有一些共同的语音特征是很有可能的。

《汉语方言地图集·语音卷》026图(铜—懂冻浊平与清上清去声调的异同)中,"铜=冻"基本分布在江南西道;100图("踏特字的声母")中,"读如透或定母"基本分布在江南西道;169图(潭—糖咸宕韵母的异同)中,"相同:鼻尾/鼻化"基本分布在江南西道。这块区域单元今天还保留着的某些特征的一致性,至少可以说与当时"江南西道"的行政区划不无关系。我们姑且称为"江南西道型分布",即某些语音特征只出现在古江南西道(今江西、湖南2省、安徽南部、湖北东部长江以南地区)的地域单元里,内部具有一致性,同时对全国其他地区又具有排他性。

参考文献:

罗常培:《临川音系》,商务印书馆1940年版。
刘泽民:《客赣方言历史层次研究》,甘肃民族出版社2005年版。
曹志耘:《汉语方言的地理分布类型,《语言教学与研究》2011年第5期。
李小凡、项梦冰:《汉语方言学基础教程》,北京大学出版社2009年版。
岩田礼:《汉语方言解释地图》,日本白帝社2009年版。
万波:《赣语声母的历史层次研究》,商务印书馆2009年版。
陈文华、陈荣华:《江西通史》,江西人民出版社1999年版。
鲍厚星:《湘方言概要》,湖南师范大学出版社2006年版。
曹志耘:《汉语方言地图集》,商务印书馆2008年版。
李如龙、张双庆:《客赣方言调查报告》,厦门大学出版社1992年版。
刘纶鑫:《客赣方言比较研究》,中国社会科学出版社1999年版。
孙宜志:《江西赣方言语言研究》,语文出版社2007年版。
王仲黎:《论祁阳方言古来母字的塞化现象》,《语言科学》2010年第2期。
徐通锵:《历史语言学》,商务印书馆2001年版。
颜森:《黎川方言研究》,社会科学文献出版社1993年版。
朱晓农:《语音学》,商务印书馆2010年版。
彼德·赖福吉:《语音学教程》,张维佳译,北京大学出版社2011年版。

项目基金:

2017年度国家社会科学基金项目"地理语言学视阈中的客赣交界地带方言研究"(项目编号:17BYY071)。

作者简介：

汪高文，南昌大学人文学院中国语言文学系讲师、客赣方言与语言应用研究中心助理研究员，北京语言大学语言学及应用语言学专业博士，学位论文《江西客赣交界地带方言语音研究》（2013）。

赣方言浊音走廊入声之边/鼻音韵尾

江西师范大学　陈　凌

摘　要：赣方言浊音走廊入声韵尾较为特殊，它不仅有喉塞韵尾，还有边音韵尾和鼻音韵尾。这一语音现象，大多分布在长江中下游周围，是入声韵尾日趋简化直至最后消失的过渡音。

关键词：边音韵尾；鼻音韵尾；浊音走廊；赣方言

赣方言浊音走廊有三个边/鼻音入声韵尾[-l]/[-n]/[-ŋ]，大多分布在江西、湖北、湖南三省交界处，如"通城一部分字有 l 尾（cf.江西都昌）"，"通城入声-l 尾最特别"（赵元任，1948），此外还有湖口话、都昌话和修水话等。

根据报道，入声边/鼻音韵尾见于江西湖口（郑张尚芳，1990；陈凌，2011/2017）、都昌（陈昌仪，1991）、修水（董为光，1987）、武宁（董为光，1987）、余干（陈昌仪，1992）、奉新（陈昌仪，2005）、湖北通城（黄群建，2002、刘国斌，1991；曹志耘，2011）、湖南平江（董为光，1987；汪平/李崇兴，1988）、安徽桐城（杨自翔，1989）、江苏宝应（王世华，1992）等。

由此可见，入声之边/鼻音韵尾大多分布在长江中下游两岸。

一　入声韵尾概况

（一）地域分布

赣方言浊音走廊入声之边/鼻音韵尾，最突出的是江西省湖口县、都昌县、修水县和湖北省通城县。

赣方言浊音走廊特殊入声韵一览

湖	ˀ	iˀ	yˀ	aˀ	uaˀ	ɛˀ	iɛˀ	uɛˀ	yɛˀ	ɔˀ
口	-l	il	yl	al	ual	ɛl	iɛl	uɛl	yɛl	ɔl

续表

都昌	-ʔ	iʔ		aʔ	uaʔ	εʔ	iεʔ	uεʔ		ʅʔ	ɔʔ		
	-l	il		al	ual	εl	iεl	uεl		ʅl	ɔl		
修水	-ʔ	iʔ	uiʔ	aʔ	uaʔ	εʔ	iεʔ	uεʔ	uiεʔ	əʔ	ɔʔ		
	-l	il	uil	al	ual	εl	iεl	uεl	uiεl	əl	ɔl		
	-n	in	uin	an	uan	εn	iεn	uεn	uiεn	ən	ɔn		
通城	-ʔ	iʔ	yʔ	aʔ	uaʔ	εʔ	iεʔ	uεʔ	yεʔ	əʔ	ɔʔ	εuʔ	iuʔ
	-l	il	yl	al	ual	εl	iεl	uεl	yεl	əl	ɔl		
	-n/ŋ	in	yn	an	uan	εn	iεn	uεn	yεn	ən	ɔn	εuŋ	iuŋ
平江	-ʔ	iʔ	yʔ	ɒʔ	uɒʔ	εʔ	iεʔ	uεʔ	yεʔ	əʔ	ɔʔ	oʔ	ioʔ
	-l	il	yl	al	ual	el	iel	uel	yel	əl	ɔl	ol	iol

语料来源：前四县皆由笔者调查所得，平江县边音韵尾语料来自董为光《湘鄂赣三界方言的"l"韵尾》，喉塞韵尾取自本人调查的平江城关汉昌镇。

（二）各县例字

赣方言浊音走廊入声边/鼻音韵尾，在中古韵摄中分布按摄列举例字。

湖口县武山镇

咸摄：塔 dʻal²¹²/dʻaʔ²¹² 摺 tʂεl⁴⁵/tʂεʔ⁴⁵ 业 ɲiεl⁴⁵/ɲiεʔ⁴⁵ 答 tɔl⁴⁵/tɔʔ⁴⁵

山摄：辣 lal⁴⁵/laʔ⁴⁵ 挖 ual⁴⁵/uaʔ⁴⁵ 哲 tʂεl⁴⁵/tʂεʔ⁴⁵ 铁 dʻiεl²¹²/dʻiεʔ²¹² 滑 huεl²³/huεʔ²³ 月 ŋyεl²³/ŋyεʔ²³ 脱 dʻɔl²¹²/dʻɔʔ²¹²

深摄：急 tɕil⁴⁵/tɕiʔ⁴⁵ 汁 tʂεl⁴⁵/tʂεʔ⁴⁵

臻摄：笔 pil⁴⁵/piʔ⁴⁵ 橘 tsyl⁴⁵/tsyʔ⁴⁵ 质 tʂεl⁴⁵/tʂεʔ⁴⁵ 骨 kuεl⁴⁵/kuεʔ⁴⁵ 术 ɕyεl⁴⁵/ɕyεʔ⁴⁵

曾摄：熄 sil⁴⁵/siʔ⁴⁵ 域 yl⁴⁵/yʔ⁴⁵ 特 dʻεl²³/dʻεʔ²³ 国 kuεl⁴⁵/kuεʔ⁴⁵ 疫 yl⁴⁵/yʔ⁴⁵ 革 kεl⁴⁵/kɯʔ⁴⁵ 获 huεl¹³/huεʔ¹³

都昌县土塘镇

咸摄：塔 dʻal⁴⁵/dʻaʔ⁴⁵ 法 ɸual⁴⁵/ɸuaʔ⁴⁵ 摺 tʂεl⁴⁵/tʂεʔ⁴⁵ 业 ɲiεl⁴⁵/ɲiεʔ⁴⁵ 答 tɔl⁴⁵/tɔʔ⁴⁵

山摄：辣 lal⁴⁵/laʔ⁴⁵ 挖 ual⁴⁵/uaʔ⁴⁵ 哲 tʂεl⁴⁵/tʂεʔ⁴⁵ 铁 dʻiεl⁴³/dʻiεʔ⁴³ 滑 gʻuεl³³/gʻuεʔ³³ 脱 dʻɔl⁴³/dʻɔʔ⁴³

深摄：急 tɕil⁴⁵/tɕiʔ⁴⁵ 汁 tʂʅl⁴⁵/tʂʅʔ⁴⁵

臻摄：笔 pil⁴⁵/piʔ⁴⁵ 质 tʂʅl⁴⁵/tʂʅʔ⁴⁵ 骨 kuεl⁴⁵/kuεʔ⁴⁵

曾摄：熄 sil⁴⁵/siʔ⁴⁵ 特 dʻεl³³/dʻεʔ³³ 国 kuεl⁴⁵/kuεʔ⁴⁵

梗摄：敌 dʻil³³/dʻiʔ³³ 革 kεl⁴⁵/kεʔ⁴⁵ 获 ɸuεl³³/ɸuεʔ³³

修水县渣津镇

咸摄：塔 dʻan²³/dʻal²³/dʻaʔ²³ 摺 tεn²³/tεl²³/tεʔ²³ 业 ɲiεn²³/ɲiεl²³/ɲiεʔ²³ 活 fɔn²³/fɔl²³/fɔʔ²³

山摄：辣 nan²³/nal²³/naʔ²³ 挖 uan²³/ual²³/uaʔ²³ 哲 tɛn²³/tɛl²³/tɛʔ²³ 阔 gʻuɛn²³/gʻuɛl²³/gʻuɛʔ²³ 铁 dʻiɛn²³/dʻiɛl²³/dʻiɛʔ²³ 月 ŋuiɛn²³/ŋuiɛl²³/ŋuiɛʔ²³ 脱 dʻɔn²³/dʻɔl²³/dʻɔʔ²³

深摄：急 tɕin²³/tɕil²³/tɕiʔ²³ 汁 tən²³/təl²³/təʔ²³

臻摄：笔 pin²³/pil²³/piʔ²³ 橘 kuin²³/kuil²³/kuiʔ²³ 质 tən²³/təl²³/təʔ²³ 骨 kuɛn²³/kuɛl²³/kuɛʔ²³

曾摄：熄 ɕin²³/ɕil²³/ɕiʔ²³ 织 təl²³/təl²³/təʔ²³

梗摄：敌 dʻin²³/dʻil²³/dʻiʔ²³ 剧 kuin²³/kuil²³/kuiʔ²³ 核 gʻuɛn²³/gʻuɛl²³/gʻuɛʔ²³

通城县隽水镇

咸摄：塔 dʻan⁴⁵/dʻal⁴⁵/dʻaʔ⁴⁵ 摺 tsɛn⁴⁵/tsɛl⁴⁵/tsɛʔ⁴⁵ 业 ŋiɛn⁴⁵/ŋiɛl⁴⁵/ŋiɛʔ⁴⁵ 活 fɔn⁴⁵/fɔl⁴⁵/fɔʔ⁴⁵

山摄：辣 nan⁴⁵/nal⁴⁵/naʔ⁴⁵ 挖 uan⁴⁵/ual⁴⁵/uaʔ⁴⁵ 哲 tsɛn⁴⁵/tsɛl⁴⁵/tsɛʔ⁴⁵ 括 kuɛn⁴⁵/kuɛl⁴⁵/kuɛʔ⁴⁵ 铁 dʻiɛn⁴⁵/dʻiɛl⁴⁵/dʻiɛʔ⁴⁵ <u>热</u> yɛn⁴⁵/yɛl⁴⁵/yɛʔ⁴⁵ 脱 dʻɔn⁴⁵/dʻɔl⁴⁵/dʻɔʔ⁴⁵

深摄：急 tɕin⁴⁵/tɕil⁴⁵/tɕiʔ⁴⁵ 汁 tsən⁴⁵/tsəl⁴⁵/tsəʔ⁴⁵

臻摄：笔 pin⁴⁵/pil⁴⁵/piʔ⁴⁵ tɕyn⁴⁵/tɕyl⁴⁵/tɕyʔ⁴⁵ 质 tsən⁴⁵/tsəl⁴⁵/tsəʔ⁴⁵ 骨 kuɛn⁴⁵/ kuɛl⁴⁵/kuɛʔ⁴⁵

曾摄：熄 ɕin⁴⁵/ɕil⁴⁵/ɕiʔ⁴⁵ 域 yn⁴⁵/yl⁴⁵/yʔ⁴⁵ 织 tsəl⁴⁵/tsəl⁴⁵/tsəʔ⁴⁵

梗摄：敌 dʻin⁴⁵/dʻil⁴⁵/dʻiʔ⁴⁵ 疫 yn⁴⁵/yl⁴⁵/yʔ⁴⁵

通摄：鹿 nɛuŋ⁴⁵/nɛuʔ⁴⁵ 俗 ɕiuŋ⁴⁵/ɕiuʔ⁴⁵

平江县桂桥乡

咸摄：[al]塔眨腊夹 [iel]接协 [ɔl]磕鸽

山摄：[al]瞎抹 [ual]挖刮袜滑猾 [iel]别劣结 [yɜl]决掘穴热月 [ɔl]拔刷哲割磕

沫摄

深摄：[əl]拾汁 [yl]入

臻摄：[il]笔疾吉 [yl]术日 [əl]不质侄 [uəl]骨窟杌核物

曾摄：[yl]域

梗摄：[il]历激席藉籍笛击 [yl]役

上述所列例字，每个韵摄按不同的韵母排列，每个韵母列举一个例字；每个字可念几个音，例中就列几个音；例字最常念的读音，即例字的第一个读音；平江县桂桥乡例字，源自董为光《湘鄂赣三界方言的"l"韵尾》一文，依据原文材料，一律只列例字而没注音；所列入声韵都成系统，都有大批例字，若只是个别残存则不计其中。

例如，湖口话"得_{晓~}"念[tən¹³]，"栗_{毛~噢}"念[dʻiɛn⁰]，"摄_{鬼~走了}"念[ʂaŋ³⁵]；星子话"月_{一个~}"念[uiɛn⁴⁵]；崇阳话和赤壁话（黄群建，2002）也有一些带鼻韵尾的入声字，但大多数不明本字。

这些字要么在语流中带鼻音韵尾，如湖口话；要么有两读，如星子话；要么大多不明本字，如崇阳话和赤壁话。这些鼻尾韵所管的字数量少，不成系统，而且与上述入声鼻尾韵有较大的区别，因此不列入例字。

二 边/鼻音韵尾

赣方言浊音走廊边音韵尾，一与古韵摄相关，二与今韵母有关。

（一）与今韵母的关系

观察边/鼻音和韵母的关系，能带边/鼻音韵尾的元音不多，大多数县市只有[i]、[y]、[a]、[ua]、[ɛ]、[iɛ]、[uɛ]、[yɛ]、[ə]、[ɔ]（在边/鼻音韵尾后面，[yɛ]和[ɔ]的实际发音分别是[yoe]和[oe]）。此外，通城通摄出现后鼻音韵尾，只与[u]搭配。因为后鼻音韵尾只出现在一个韵摄，而且字数少，非本文研究重点，所以后文凡出现边/鼻音韵尾多指边音和前鼻音韵尾。

根据董为光的描写，平江还有两个[ol/iol]，但没有给相关的例字。我们调查的结果表明，[əl]虽然与[ɛl]有区别，但在交际中常常自由变读，故二者趋向归并。另外，前四县有[uɔl]，但在带边音韵尾之后，常常和[uɛl]混读。

一般有撮口呼的县市，如湖口县大约有 10 个带边音韵尾的韵母，没有撮口呼的方言如都昌县只有 8 个这样的韵母。

从韵母的组合关系看，边/鼻音韵尾多与韵腹[i]/[y]/[a]/[ɛ]/[ə]/[ɔ]搭配。从[ɔ]的实际发音看，即使是舌面后元音，带上边/鼻音韵尾也可以变成相应的前元音。

从韵腹和韵尾的稳定性观察，舌面前元音之舌位越高与边音韵尾发音越和谐，其结构也越紧凑，自然也越能稳固地保持。因此，相对而言，边/鼻音韵尾与高元音[i]的关系比与低元音[a]的关系更加紧密。

（二）与古韵摄的关系

从韵摄看，咸深山臻四摄和曾梗二摄（多细音）均有边/鼻音韵尾，而宕江通三摄没有边/鼻音韵尾，但各摄均有喉塞韵尾。

	咸深山臻	曾梗	宕江通
边音韵尾	有	多细音	无
鼻音韵尾	有	多细音	无
喉塞韵尾	有	有	有

由此可见，边/鼻音韵尾主要分布于咸山深臻四摄之中。曾梗二摄入声字后带边/鼻音韵尾，之所以绝大多数在细音中：一是洪音更能保持喉塞音韵尾，特别是舌面后元音，如[u]、[ɯ]、[o]、[ɤ]、[ɔ]；二是细音与喉塞音

韵尾发音不和谐，结合不紧凑，易于像咸山深臻四摄的舌面前元音带上边/鼻音韵尾。

然而，咸山深臻四摄也有个别字或只有喉塞韵尾，或没有韵尾，或有边/鼻音韵尾和喉塞韵尾两读，但是韵腹完全不同，如湖口县：

[-ʔ]：磕 hɔʔ212 蛰 dzʻɯʔ23 侄 dzʻɯʔ23 秩 dzʻɯʔ212

[-Ø]：揭 kɛ42 拉 la42 萨 sa42 炸 tsa35

[-l]：湿 ʂɛl45/ʂaʔ45 抹 mɛl45/maʔ45 缉 tɕil45/dzʻiaʔ212 末 mɛl45/maʔ45 栗 dʻil212/dʻiaʔ23 室 ʂɛl45/ʂɯʔ45

曾摄也有个别字洪音带边音韵尾，如"特"[dʻəl]，五县基本如此。

在这些带喉塞韵尾的例字中，韵腹都是舌面后元音或舌面前低元音，都带着较强的喉塞音，可见韵尾仍与今读韵腹密切相关。

入声之边/鼻音韵尾，与古韵摄相关，但与今韵母关系更密切：今韵母之韵腹是舌面前高元音（或半高元音、半低元音），与边/鼻音韵尾结合最牢固。若是曾梗二摄入声字，韵腹变读为舌面前高或半高半低元音，则易于带上边/鼻音韵尾；相反地，若是咸山深臻四摄入声字，韵腹是舌面后元音，其边/鼻音韵尾则也会变为喉塞音韵尾。

（三）演变类型

1. 自由变读

从韵尾的自由变读来看，其方言有边音韵尾[-l]就一定有喉塞韵尾，但是有喉塞韵尾不一定有边音韵尾[-l]；有鼻音韵尾的方言就一定有边音韵尾[-l]、塞音韵尾[-t]和喉塞韵尾[-ʔ]。

在大多数情况下，一字多读是韵尾的多种自由变读，它们不只是边/鼻音韵尾和喉塞韵尾的自由变读，还可念成塞[-t]韵尾，如平江县长寿镇（汪平、李崇兴等，1988），五县情形莫不如此，如入声混入舒声的湖口新派方言：

漆 dzʻil212/dzʻit212/dzʻiʔ212　出 dzʻyl212/dzʻyt212/dzʻyʔ212　纳 nɔl45/nɔt45/nɔʔ45

杂 tsal45/tsat45/laʔ45　袜 ual45/uat45/uaʔ45　说 ɕyɛl45/ɕyɛt45/ɕyɛʔ45

虱 sɛl45/tsɛt45/sɛʔ45　切 dzʻiɛl212/dzʻiɛt212/dziɛʔ212　阔 gʻuɛl212/gʻuɛt212/gʻuɛʔ212

有些读音甚至可以变读为元音韵尾，如通城县[-i]韵尾自由变读：

	塔	擦	插	捺	窄	杀	八	扎	鸭
-l	tal45	dzʻal45	dzʻal45	nal45	tsal45	sal45	pal45	tsal45	ŋal45
-n	tan45	dzʻan45	dzʻan45	nan45	tsan45	san45	pan45	tsan45	ŋan45
-ʔ	taʔ45	dzʻaʔ45	dzʻaʔ45	naʔ45	tsaʔ45	saʔ45	paʔ45	tsaʔ45	ŋaʔ45
-i	tai45	dzʻai45	dzʻai45	nai45	tsai45	sai45	pai45	tsai45	ŋai45

通城县城关四种韵尾都存在，但是人们日常只习惯于其中某个韵尾，或作另种变读，即不会四种韵尾随意使用。虽则如此，他们却浑然不觉这些韵尾之间的区别，总认为大家念的毫无差异。

例字都为咸山开口一二等今读[a]的字。据邓晓华（1986）和董为光（1987）报道，通城县石板铺和黄袍乡都有入声韵[aī]。董为光指出，"离麦市不远的黄袍乡，i尾已经产生，但转化为韵尾鼻化音成分依旧保持着。"

2. 文白异读

边/鼻音韵尾和喉塞韵尾，会表现为文白异读。在大多数情况下，文读为边/鼻音韵尾而白读为喉塞韵尾，如湖口话：缉 tɕil⁴⁵/dzʻiaʔ²¹²、末 mɛl⁴⁵/maʔ⁴⁵、抹 mɛl⁴⁵/maʔ⁴⁵、湿 ʂɛl⁴⁵/ʂaʔ⁴⁵。这些白读音韵母很少与边音韵尾搭配；一旦韵母演变为常与边音韵尾结合在一起的韵母（如[i]/[ɛ]等），就很容易受同韵的影响，也带上边音韵尾。

文白异读可能出现新的层次，例如湖口新派丢失边音韵尾，可能剩下弱喉塞，这样边音韵尾是白读层而喉塞韵尾是文读层，如：纳 naʔ⁴⁵//nɔl⁴⁵/nɔʔ⁴⁵。

3. 舒声入化

入声字可以舒声化，舒声字也可以入声化。舒声字入声化之后，除了带喉塞韵尾之外，还可以带边音韵尾，如湖口话：迷 mil²³、毙 bʻil²³、碎 syl⁴⁵、最 tsyl⁴⁵、泪 lɛl⁴⁵、泄 siɛl⁴⁵。这些字可带上边音韵尾，原因可归纳为两点：[i]、[y]、[ɛ]等多为前高元音，与边音韵尾易于结合，易受同韵字感染而带上边音韵尾；这些字都是去声字，湖口方言去声和入声调值相近，容易相混。

无论是哪种多读类型，这些字是否带边音韵尾，都与韵腹今读密切相关。

（四）发音原理

入声之边/鼻音韵尾发音原理相同，都在即将发完整个音节时带出韵尾。

1. 边音韵尾

例如，湖口话的"塔[dʻal²¹²]"：首先，发韵尾前面的声韵[dʻaʔ²¹²]；稍作停顿，憋住短而弱的喉塞音[ʔ]；接着，解除紧张喉塞态，舌尖舒缓而自然地抵住上齿龈。在往上顶的同时，舌尖稍稍卷起后缩，继而抵住上齿龈形成阻碍，同时软腭上升，则从舌尖前部两侧发出一个较清晰的边音[l]（有时接近[ɭ]），于是就听到一个带[l]尾的[dʻaʔl²¹²]。

2. 前鼻音韵尾

例如，修水话的"杰[dzʻiɛn²³]"：首先，发韵尾前面的声韵[dzʻiɛ²³]；稍作停顿，憋住短而弱的喉塞音[ʔ]；接着，解除紧张喉塞态，舌尖舒缓而自然地抵住上齿龈。在往上顶的同时，舌尖稍稍后缩，继而抵住上齿龈形成阻碍，封闭口腔，软腭下降，打开鼻腔通道，从鼻腔发出一个较清晰的前鼻音[n]，于是就听到一个带前鼻韵尾的[dzʻiɛʔn²³]。

3. 后鼻音韵尾

例如，通城话"肉 [ɲiuŋ⁴⁵]"：发音与上述"杰"的发音原理基本相同，不同在舌根部位抵住软腭，封闭口腔，软腭下降，打开鼻腔通道，发出一个较模糊的后鼻音[ŋ]，于是就听到一个带后鼻韵尾的[ɲiuʔŋ⁴⁵]。

为简便起见，湖口话"塔"、修水话"杰"和通城话"肉"，记音时省去[ʔ]，而分别记作[dʻaI²¹²]、[dzʻiɛn²³]和[ɲiuŋ⁴⁵]。若严式记音，湖口话"塔"、修水话"杰"和通城话"肉"，则当分别记作[dʻaʔI²¹²]、[dzʻiɛʔn²³]和[ɲiuʔŋ⁴⁵]。

我们的记音，与陈有恒（1987）基本相同，即认为入声之弱喉塞音当处于韵腹和韵尾之间，而不是在韵尾的后面。然而，在记通城话时，曹志耘（2011）、张勇生（2012）和栗华益（2013）均将喉塞音记在边音/鼻音韵尾后面。曹志耘认为"[l n]尾后的[ʔ]表示一种紧张色彩，不是独立的喉塞音"，其喉塞音大概与我们所讨论的不是一回事，很可能只是入声弱化的标志符号。

赣方言浊音走廊入声之边音/鼻音韵尾，是非常特殊的一种韵尾，紧喉状态在发韵腹时就已经存在，一直延续到音节最后完成。这也就意味着，喉塞音[ʔ]一直伴随在入声边音/鼻音韵尾前后，但相对而言喉塞音[ʔ]前头强于后头，以至后头甚至可以完全消失，因此记在边/鼻音韵尾前头似乎更妥当些。

（五）音节特征

边/鼻音韵尾与喉塞韵尾和舒声韵尾相比，音节特征不太相同。

1. 发音时间长短和响度大小不同

边/鼻音韵尾在韵腹后面有短暂的持续时间，而且有一定的响度，足以使我们感觉到它们的存在；喉塞音发音在韵腹后面稍纵即逝，几乎没有响度，仅仅是戛然而止的无声断裂；舒声韵尾发音虽说不是稍纵即逝，发音都相当短暂，韵尾音色相当模糊，[-i]/[-u]/[-n]/[-ŋ]莫不如此。

2. 与整个音节的紧密程度不同

边/鼻音韵尾游离于紧凑的音节之外，像衣服和皮肉的关系；而喉塞音紧贴在韵腹上面，一如皮与肉的关系；舒声韵尾与韵腹结合也很紧凑，就像贴在韵腹上的一层膜，紧贴着无法分离。

3. 对韵腹的影响程度不同

（1）边音/鼻音韵尾，对韵腹没有太大影响，是发完整个音节后的点缀音。

尽管边音/鼻音韵尾对韵腹影响不大，但不是没有影响，特别是边音和前鼻音韵尾，之所以与前高元音或半高半低元音关系密切，与其影响不无关联，即边音和前鼻音韵尾会促使韵腹前化高化。

（2）喉塞韵尾，对韵腹影响较大，往往促使韵腹舌位后移，都靠近后元音。

（3）舒声韵尾，对韵腹影响也较大，如韵尾[u]/[ŋ]使前元音变为后元音，鼻韵尾还会使主元音鼻化，致使不少方言产生一批鼻化韵。

综上所述，入声与舒声之鼻音韵尾是性质迥异的两种韵尾；因为入声之鼻音韵尾前面有较弱的喉塞韵尾，所以陈有恒（1987）称为复辅音韵尾。

此外，在语音环境中的表现不一。

正如前文所述，边音/鼻音韵尾，只出现在单音节词和词句的最后一个音节；而喉塞韵尾和舒声韵尾不受限制，会出现在任何语音环境中。

无论是边音韵尾还是鼻音韵尾，都是在一定的语言环境中出现的。

（1）单音节词：如果只是读字，常常听不见边音或鼻音韵尾。

（2）多音节词末尾：多音节词开头或中间的音节多不会出现边/鼻音韵尾。

（3）句子末尾：若语速正常，边/鼻音韵尾不会出现在开头或中间的音节。

喉塞韵尾与之不同，虽然这一带喉塞韵尾很弱，却可以出现在任何场合。

（六）变读原理

塞音韵尾如果发音不典型，就很容易变读其他发音相近的音。

1. 从语音性质观察变读

在赣方言浊音走廊，入声韵尾主要有七个：舌尖前塞音[t]、边音[l]、前鼻音[n]、舌面元音[i]、舌根音[k]（只在语流中出现）、喉塞音[ʔ]、后鼻音[ŋ]。

舌尖前塞音[t]，当舌尖抵住上齿龈时，并不完全阻塞而从舌尖两侧渗气发声，就会读成边音[l]韵尾，如湖口话；若形成全封闭阻碍，软腭下降又打开鼻腔通道，则发出鼻音[n]韵尾，如修水话；若发韵腹[a]时，舌尖往上靠而不形成阻碍，就会拖出一个类似的尾巴，念成了元音[i]韵尾，如通城话。在通城话中，这四个入声韵尾是一个音位，不区别意义。

舌根音[k]，只在语流中隐约出现（特别是句末音节），很明显喉塞音[ʔ]和后鼻音[ŋ]就是由舌根音[k]变读而来。当发舌根音[k]时，若舌位不动而只出现喉部紧张状态，则就念成喉塞[ʔ]韵尾；若舌位不变，当稍稍紧喉之后突然打开鼻腔通道，则就会念成后鼻音[ŋ]韵尾。

当方言出现新老两派时，新老两派相互竞争，而在一定时期内又相互容忍。若该方言新派入声舒化了，新派会丢掉入声韵尾，而老派一方面哀叹方音不古，另一方面偶尔也跟着念成舒声，如湖口话。

2. 从稳定性观察变读

入声韵尾发音很不稳定，其不稳定性使得语音出现各种自由变读。如湖口新派方言入声韵尾可以进行多种自由变读：鸽 kɔl⁴⁵/kɔt⁴⁵/kɔʔ⁴⁵/ko⁴⁵、踏 dʻal²¹²/dʻat²¹²/dʻaʔ²¹²/dʻa²¹²、忽 huɛl²³/huɛt²³/huɛʔ²³/hu²³。前三个变读音比较常见，老百姓都能接受，因为老派方言亦如是变读。最后一个读音，其实是类蓝青官话，接近城关音；发音人大多是在城关念过书的学生，老百姓可以容忍它，但是都带着一股别扭劲、不屑感。

3. 从模糊性观察变读

在日常谈话中，入声韵尾多含混模糊，难以听辨，尤其是可以自由变读的入声韵尾。究其原因，简单归纳如下：（1）发音部位相近，只是发音方法的差异；（2）语音自由变读没有辨义功能，而且往往可有可无；（3）一般都处于弱读状态，若是轻声音节，就更听辨不清了。

入声韵尾的模糊性，会导致各种自由变读，也会越发让人们相互容忍、认可；反之亦然，人们相互认可容忍，致使自由变读更加"放肆"，入声韵尾听起来也就更加模糊不清了。

此外，还有一个模糊不定的因素，即同一个韵尾会产生多种变体，如边音韵尾未必一定要读成标准的 [l]，舌位可前一些也可后一些，念成[l]、[ɫ]、[ɭ]和[r]都能让人接受，这也是模糊性的一种表现。

（七）稳定功能

凡韵尾在一定程度上会改变韵腹的音色，同时对韵腹又具有一定的稳定作用（胡安顺，2002），入声韵尾也是如此。

边音/鼻音韵尾，与韵腹的关系并不十分亲近，但对韵腹的稳定作用不容忽视。其韵尾之有无，直接关系到韵腹元音的音色，如湖口话：

答 tɔl⁴⁵/ta³⁵	割 kɔl⁴⁵/ko³⁵	纳 nɔl⁴⁵/na³⁵
德 tɯʔ⁴⁵/tɛ³⁵	色 sɯʔ⁴⁵/sɛ³⁵	革 kɯʔ⁴⁵/kɛ³⁵
菊 tɕiuʔ⁴⁵/tɕy³⁵	局 dʑiuʔ²³/dʑy¹³	玉 ɲiuʔ⁴⁵/y³⁵

若没有边音韵尾，韵腹往往会发生变化，可见边音韵尾的稳定作用。

上列第一组例字都有[l]尾，而且韵腹都是舌面后元音；舒化后的韵腹都发生了变化，而且除了"鸽"之外都是舌面前元音。

喉塞韵尾也是如此，如第二组和第三组，[ɯ]/[iu]在发音时喉头较紧，喉塞韵尾协同发音和谐；一旦喉塞韵尾失却，不仅入声舒化，韵腹也失去保护作用，都一律变读为舌面前元音。

三　其他方言边鼻韵尾

（一）赣方言

1. 概况

除赣方言浊音走廊之外，其他赣方言也有边音/鼻音韵尾。根据我们的调查和查阅的文献资料，不少赣方言不仅有塞音韵尾[t]，而且也有边音/鼻音韵尾，如高安话、奉新话、余干话、新余话和宜丰话。

（1）高安县

[il]: 急笔七力息	[əl]: 湿出佺失入	[ɛl]: 舌钵泼北黑
[al]: 辣杂鸭八纳	[ua]: 刮括挖袜滑	[ol]: 割鸽夺脱答
[iɛl]: 月缺血叶节	[uɛl]: 活郭骨物阔	[yɛl]: 橘决缺血

（2）奉新县

[il]: 急力七粒日	[ul]: 木鹿酷粥骨	[əl]: 湿出不佺失
[al]: 夹辣达鸭	[ua]: 刮发获	[ol]: 割夺脱答杂
[ɛl]: 舌钵泼	[iɛl]: 月缺血叶节	[uɛl]: 活郭

（3）余干县

[il]: 壹揖乙吉入	[əl]: 立七橘出失	[ɛl]: 塞浙彻舌设
[al]: 答跌杀八辣	[ual]: 发法挖滑刮	[ɔl]: 掇钵刷鸽沫
[iɛl]: 灭铁劣节月	[uɛl]: 括阔活物杌	[uiɛl]: 决缺越阅粤
[in]: 壹揖乙一入	[un]: 忽物杌域佛	[on]: 掇钵杂鸽沫	[uon]: 括阔活
[an]: 答甲恰杀辣	[ian]: 热	[uan]: 发伐法乏刮	
[ɛn]: 塞浙彻舌设	[iɛn]: 灭铁劣节切	[uiɛn]: 决缺劣阅粤	[ən]: 立七桔出失
[iŋ]: 违僻即式夕	[uŋ]: 俗竹鹿伏速	[iuŋ]: 肉玉欲育	
[oŋ]: 剥托卓削脚	[ioŋ]: 约若跃	[uoŋ]: 霍郭扩	
[aŋ]: 百择石吃只	[uaŋ]: 哐	[ɛŋ]: 北得特则色	[uɛŋ]: 或国获

语料来源：奉新话边音韵尾和余干话鼻音韵尾参照陈昌仪（2006），但鼻音韵尾[n]和[ŋ]前分别去掉了[t]和[k]，余者为笔者调查所得所记。

此外，赣方言还有一些方言有元音韵尾[i]，如南城话、樟树话、分宜话、万载话、宜春话、黎川话、寻乌话，情形一如通城话。

2. 比较

赣方言浊音走廊与其他赣方言相比，二者基本相同，但也有不同。

（1）奉新话韵母[u]带边音韵尾，这是赣方言浊音走廊难以容忍的现象。

（2）高安话、余干话和新余话，边音韵尾特征并不典型，在大多数情况下还是念塞音韵尾[t]。

（3）余干县九龙话，鼻音韵尾和边音韵尾都不鲜明，其中宕江通曾梗五摄有后鼻音韵尾而音色相当模糊，音色清晰的还是喉塞韵尾[ʔ]和塞音韵尾[k]。

此外，边/鼻音韵尾只出现在单音节词和词句的最后一个音节中。

3. 讨论

在《余干方言入声调的不连续成分》（1992）一文中，陈昌仪对余干话入声调的不连续成分的描写，与赣方言浊音走廊的边/鼻音韵尾颇为相似。

其入声韵尾[tn]和[kŋ]中短暂的间隔，就是喉塞韵尾造成的无声嘎裂；喉塞音将音节隔成前后两段，前段重后段轻说明后段是一个附着成分；鼻音韵尾的有无受年龄、语意、语气、情绪以及交际场合的影响，也会因人而异因字而异，但是并不影响意义的表达。

我们所记的弱喉塞[ʔ]，就是[t]和[k]弱化后留下的痕迹。弱喉塞造成的嘎裂感，是极短暂的停顿，只在特别夸张时才"显山露水"，清晰得使外乡人误以为两个音节，其实是喉塞音的作用给人听感上的错觉。弱喉塞短而轻，若不特意强调几乎听不出来，因此我们记音时忽略不计。

朱晓农（2008）认为，入声演化有开化路、长化路和变声路三种途径，并推论变声路余干方言入声"由于嘎裂声最后阶段音高极低，而入声的唯闭音尾使得音高无法再恢复。所以这样发的入声往往又短又低。如果出于听感上的清晰要求，要让音高在最后阶段再恢复过来，那么最简单的办法就是在唯闭音的同部位'嗯'一声，也就造成了鼻音韵尾：vk'>vk'ŋ。"

余干方言入声发音，与赣方言浊音走廊相似。朱晓农以实验的方式，更科学地解释了为什么[t]变为[n/l]而[k]却变成[ŋ]。

（二）江淮官话

1. 概况

（1）桐城话

根据杨自翔（1989）报道，安徽省桐城话有四个边音尾韵母：

[ɤɬ]不毒十黑　　[iɤɬ]笔笛急一　　[uɤɬ]骨哭忽屋　　[ʋɤɬ]局出叔育

（2）宝应话

根据王世华（1992）报道，江苏省宝应话有四个边音尾韵母：

[əl]不革额得　　[iəl]必密立一　　[uəl]忽物骨窟　　[yəl]掘出术橘

郝红艳（2003）报道，江淮官话枞阳等方言点也有类似的入声韵尾；冯青青（2014）报道，苏北之灌南、响水、滨海、阜宁等方言都有边音韵尾。

2. 比较

（1）相同处

安徽桐城话边音韵尾，分布于深臻曾梗四摄，边音韵尾[l]出现多种变体。

江苏宝应话边音韵尾：只分布于深臻曾梗四摄之中；单念时或在语流的末音节为边音韵尾，而在语流的首音节或央音节变读为喉塞韵尾；老派念边音韵尾，而新派念喉塞韵尾。

在赣方言浊音走廊，边音韵尾[l]也会出现多种变体，也只出现在一定的语音环境中，即单音节词和词句的最后一个音节中。

（2）不同处

安徽桐城话，音节之韵腹都是后半高元音，而赣方言浊音走廊韵腹大多是前元音，与后高或后半高元音很难结合。

桐城话的后半高元音，应当是边音韵尾前头弱喉塞造成的听感差别。

此外，凡带边音韵尾[l]的音节（杨文记作[ɫ]音节）延长，桐城话不是韵腹延长，而是韵尾[l]延长。赣方言浊音走廊，凡带边音韵尾[l]的音节延长，是韵腹延长而不是韵尾延长。

当然，在赣方言浊音走廊，边音韵尾[l]不像喉塞音戛然而止，也可以无限延长，但那只是为延长而延长，没有任何意义。

（三）吴方言和西南官话

1. 吴方言

在吴语中没找到类似的特殊韵尾，但浙江省温岭话的变音现象饶有趣味。

在《温岭方言的变音》（1978）一文中，李荣指出，温岭话的变音不会出现在多音词的开头或中间，只用于多音词的末了或单音词，其变音相当于词尾。入声字变音不仅声调有变化，韵母也起变化，变得像舒声韵母一样。

其变音变成鼻音韵或鼻化韵，如：

[ən] 相仿佛 ɕiã³³fɔ̃⁴²fən⁵¹

[in] 二尺 n¹³tɕʻin⁵¹ 棚 _{猪睾丸}

[uən] 尾巴髋骨 _{尾骨}ʔmi⁴²po³³dzyɔ̃³³kuən⁵¹ 水窟 ɕy⁴²kʻuən⁵¹ 猪卵棚 _{猪睾丸} ts¹³³ʔlø⁴²ɦuən⁵¹

[yn] 橘 kyn⁵¹ 白雪雪 ba¹¹ɕyʔ²³³ɕyn⁵¹ 黑黢黢 hɤ³³tɕʻy²³³tɕʻyn⁵¹ 下个月月 _{下月里} ʔo⁴²gəº ŋy¹¹ŋyn⁵¹

[øn] 尿衲 _{襁子}ɕy³³nøn⁵¹ 捉谷粒 _{拾穗儿} tɕyoʔ²³³kuoʔ²³³nøn⁵¹

[ã] 伯 _{父亲} pã⁵¹ 格 _{抽替} kã⁵¹ 匾额 pie⁴²ŋã⁵¹

[iã] 掠梳子 liã⁵¹ 喜鹊 ɕi⁴²tɕ'iã⁵¹ 蚊虫药蚊香 møn¹³dzyuŋ¹³ɦiã⁵¹

[uã] 捆一捆用手掌打一下 kuaʔ⁵⁵i⁰kuã⁵¹ 划加划每一划 ɦuaʔ¹¹ko³³ɦuã⁵¹

[ɔ̃] 火烙长柄小烙 hu⁴²lɔ̃⁵¹ 凿凿子 zɔ̃⁵¹ 信壳信封 ɕin³³k'ɔ̃⁵¹

[iɔ̃] 狗尾巴粟小米 tɕiɤ⁴²mi⁴²po³³ɕiɔ̃⁵¹

[uɔ̃] 前郭地名 zie¹³kuɔ̃⁵¹ 小镬小的尖底锅 ɕiɔ⁴²ɦuɔ̃⁵¹

[yɔ̃] 书桌 ɕy³³tɕyɔ̃⁵¹ 戳戳儿 tɕ'yɔ̃⁵¹ 推镯小孩带的镯儿 t'e³³dzyɔ̃⁵¹

[uŋ] 山北地名 sɛ³³puŋ⁵¹ 老六 ²loʔ⁶luŋ⁵¹ 积谷岛名 tɕi³³kuŋ⁵¹ 小屋 ɕiɔʔ⁴²ʔuŋ⁵¹

[yuŋ] 粥 tɕyuŋ⁵¹ 叔 ɕyuŋ⁵¹ 麦熟麦子成熟的时节 maʔ¹¹ɕyuŋ⁵¹

[ɤŋ] 墨黑 moʔ¹¹hɤŋ⁵¹ 一刻一会儿 i⁰k'ɤŋ⁵¹ 掷色掷色子 dzi¹¹sɤŋ⁵¹

该现象让我们感兴趣，其焦点不是降变音本身，而是降变音中入声韵尾的鼻化现象。在吴方言中，像温岭一样的变音现象（李荣，1978）还有不少，如绍兴"大伯"="大浜"，宁波"阿叔"="阿宋""阿伯"="阿浜"，崇明"雀儿"="酱儿"等。

2. 西南官话

在武汉话（朱建颂，1995）中，"木""牧""目"都念[moŋ²¹³]，而且一些非入声字也带鼻音韵尾，如"凸""谋""模""慕""幕""墓""母"。"木"类字念[moŋ]的，还有沔阳、天门、京山、荆门、钟祥、应城、黄陂、黄安、鄂城、麻城、蕲春（赵元任等，1948）以及鄂东一些方言（汪化云，2004）等。

3. 比较

吴方言和湖北方言类似的入声鼻音韵尾，与修水话和通城话有质的不同。

（1）吴方言鼻音韵尾，主要是一种语法现象；而修水话和通城话却是纯语音现象，与语法没有任何关系。

（2）湖北方言鼻音韵尾，虽不同于修水话和通城话；但与湖口话的残存现象非常相似，即入声韵尾和阳声韵尾发音特征毫无二致。

有人（王力，1985）将该现象称作"阴阳对转"，不过，阴阳对转是否与入声韵尾的演变有关，有待于进一步论证。

四 普遍特征

通过比较分析，我们发现入声之边/鼻音韵尾具有一些普遍性的特征。

1. 从历时角度看，与古韵摄有关

边/鼻音韵尾多分布于咸山深臻曾梗之六韵摄中，后鼻音韵尾多分布于通摄，宕江二摄多没有这两类韵尾。这与吴宗济（赵元任、丁声树等，1948）

通城话的描写基本一致。

2. 从共时角度看，与今读韵腹密切相关

不管哪个韵摄，如果韵腹是前元音或央元音，大多同边音韵尾和前鼻音韵尾相配；如果是后元音，难得与边音韵尾和前鼻音韵尾相配，而多与后鼻音韵尾相配。

3. 从地理分布看，与地理位置有关

它们多分布于长江中下游周围以及长江以南地区。边/鼻音韵尾，目前发现多分布于赣方言浊音走廊和江淮官话；这也是入声韵倾向消失、入声韵尾日趋简化乃至消失的方言。由此可见，入声之边/鼻音韵尾是入声走向消亡过程中呈现的特殊语音现象。

4. 从稳定性看，不如舒声韵尾稳定

入声之边/鼻音韵尾，大多会出现多种自由变体，如桐城话的三个变体[ɬ]、[ʌ]、[ɣ]（杨自翔，1989）以及赣方言浊音走廊多种变读[l]、[t]、[ʔ]、[Ø]。舒声韵尾多不会发生该现象，因此这些变体都是该韵尾不稳定的具体体现。

5. 从演变趋向看，它们是由[t]韵尾走向独立的[ʔ]韵尾的过渡音

从三个塞音韵尾看，舌尖前音[t]最稳定，双唇音[p]和舌根音[k]都有可能演变成[t]，进而演变成边/鼻音韵尾[l/n]，最后只剩下独立的[ʔ]韵尾，直至全部消失。然而，过渡音韵尾[l]并不是必然的，不然汉语方言边/鼻音韵尾[l/n]也不会显得如此稀罕。有了边/鼻音韵尾[l/n]，经过喉塞韵尾[ʔ]阶段也并非必然。方言事实告诉我们，在当前入声消失的大势之下，边/鼻音韵尾很有可能不经过独立的喉塞韵尾阶段而直接消亡。

我们认为，[l]尾是由[t]尾演变而来，[n]尾由[l]尾混读而成（该音变与修水和通城二县泥来洪音相混有关），甚至[i]尾（通城咸山摄）都是边/鼻音韵尾发音不到位的结果。然而，[ʔ]尾与[l/n]韵尾到底何者在前何者在后？这是一个很复杂的问题。吴波（2007）认为江淮官话边音韵尾向喉塞韵尾靠拢，而不是相反。赣方言浊音走廊似乎不能支持该理论，因为在边/鼻音韵尾生发的同时喉塞韵尾早已产生，喉塞韵尾在入声音节中如影相随。当然，边/鼻音韵尾脱落之后，可能只剩下独立的喉塞韵尾；然而，这不是必然的，也可能二者同时消失，入声完全舒化。既然如此，喉塞尾即[p/t/k]尾弱化乃至消失时出现的语音现象，它与边/鼻音韵尾出现的时间几乎分不出孰先孰后。

赣方言浊音走廊的边/鼻音韵尾，无论产生还是消亡都不是一个短暂的过程。罗常培（1949）曾说"至于高丽译音（Sino-corean）及湖北江西一部分方言由[-t]变来之[-l]尾，则与唐末西北方言中之[-r]尾相近，盖古代方言歧

异之遗迹也。"[①]由此可见，入声[-l]韵尾由来已久。

参考文献：

陈昌仪：《赣方言概要》，江西教育出版社 1991 年版。
陈昌仪：《余干方言入声调的不连续成分》，《方言》1992 年第 2 期。
陈昌仪：《江西省·方言志》，方志出版社 2005 年版。
陈凌：《幕阜山方言浊音走廊概况》，《东方语言学》2011 年第 1 期。
陈凌：《赣方言浊音走廊语音研究》，光明日报出版社 2017 年版。
陈有恒：《通城入声的复辅音韵尾》，《咸宁师专学报》1987 年第 3 期。
邓晓华：《通城黄袍语音特点》，《龙岩师专学报》1986 年第 2 期。
董为光：《湘鄂赣三界方言的"l"韵尾》，《语言研究》1987 年第 1 期。
郝红艳：《江淮官话入声韵的现状》，《殷都学刊》2003 年第 1 期。
黄群建：《鄂东南方言音汇》，华中师范大学出版社 2002 年版。
李荣：《温岭方言的变音》，《中国语文》1978 年第 2 期。
刘国斌：《通城方言》，中国文史出版社 1991 年版。
罗常培：《中国音韵学导论》，国立北京大学出版社 1949 年版。
汪化云：《鄂东方言研究》，巴蜀书社 2004 年版。
汪平等：《平江长寿方言的语音语法特点》，《语文论集》，外语教学与研究出版社 1988 年版。
王力：《汉语语音史》，中国社会科学出版社 1985 年版。
王世华：《宝应方言的边音韵尾》，《方言》1992 年第 4 期。
吴波：《江淮方言的边音韵尾》，《语言研究》2007 年第 1 期。
杨时逢：《湖南方言调查报告》，"中央研究院"历史语言研究所，1974 年。
杨自翔：《安徽桐城方言入声的特点》，《中国语文》1989 年第 5 期。
袁家骅：《汉语方言概要》，文字改革出版社 1988 年版。
詹伯慧：《现代汉语方言》，湖北教育出版社 1981 年版。
赵元任等：《湖北方言调查报告》，商务印书馆 1948 年版。
郑张尚芳：《方言中的舒声促化现象说略》，《语文研究》1990 年第 2 期。
朱建颂：《武汉方言词典》，江苏教育出版社 1995 年版。

---

① 据我们对朝鲜语的调查，朝鲜语汉字词入声韵尾[r]对应于汉语方言入声字中的[t]尾，一共有 10 个带[r]尾的入声韵：[ar]、[uar]、[or]、[ɯr]、[ir]、[ur]、[iur]、[ɜr]、[iɜr]和[uɜr]。入声韵尾[r]多分布于山臻二摄，个别在咸梗二摄。入声[r]韵尾，闪音特色很浓，发音时舌尖稍卷起，向上颚后方很快地弹击；[r]韵尾与韵腹之间没有停顿，即发音时不是先弱喉塞再带上韵尾。汉字词入声[r]尾发音，虽然是典型的卷舌韵尾，但也可念作边音韵尾[ɭ]或[l]；因为闪音或边音都是含糊的入声韵尾，二者没有音位价值，自由变读不会影响日常交流。

朱晓农等：《入声演化三途》，《中国语文》2008年第4期。

［附记］本文发表于《东方语言学》第十七辑，收入本论文集中稍有改动。

项目基金：

2012年度国家社会科学基金项目"赣方言浊音走廊语音研究"（项目编号：12BYY028）；

江西师范大学博士启动基金项目"客家方言铜鼓片语音研究"（项目编号：JXNU2009）；

2016年度国家社会科学基金后期资助项目"江西省湖口方言研究"（项目编号：16FYY011）。

作者简介：

陈凌，江西师范大学国际教育学院教授，苏州大学语言学及应用语言学专业博士，学位论文《幕阜山方言语音研究》（2009）。

《客法词典》所记梅县音系及其百年演变

赣南师范大学　田志军

摘　要：本文利用《客法词典》和粤东现代客方言调查成果，首先构拟出该词典所记客话音系，然后从汉语语音史的角度，通过对声母、韵母演化的描写及其演化机制的总结，探讨粤东客家方言近百年来的发展嬗变。

关键词：客家；方言；梅县；演变

一　《客法词典》简介及其相关研究

自 1840 年鸦片战争以来，西方基督教新教差会纷纷来到中国，逐渐从沿海深入内地，在华素有渊源的各天主教差会也不甘示弱，卷土重来，与新教争划势力范围，希望"中华归主"。在粤东客属地区进行传教活动的主要有属于新教的巴色会、英国长老会和属于天主教的法国巴黎传教会。

其中巴黎外方传教会神父赖嘉禄（Charles Rey，1866—1943）1889 年来华，在粤东嘉应、潮汕客属地区传教五十余年。于 1901 年编成《客法词典》[①]（*Dictionnaire chinois-français: dialecte hac-ka; précédé de quelques notions et exercices sur les tons*）并出版，正文共 360 页。1926 年由香港巴黎外方传教会那匝勒（Nazarath）印书馆再版，增订后正文长达 1444 页。《客法词典》增订版《前言》（avant-propos）简单说明了客家民系、客家方言形成的背景、分布的地域。《标音说明》对韵母、部分声母的读音、声调的情况进行了说明。

词典正文以客家方言的罗马字音节排序，客话罗马字音节则按照法文字母的顺序排列，但带送气音符号的音节则排在相应不送气音节之后，如"tao"（刀）音节之后排"t'ao"（滔）。以客话音节（"字"）为单位，同一个音节内的体例是：汉字字头，部首代码，笔画数；斜体罗马字拼音，又读音；法文字义；汉字例词、例句；例词、例句斜体罗马字拼音；例词、例句法文解释。声调标写于音节结构的主元音字母之上。

[①] 台湾等地学者亦译作《客法大辞典》。

对《客法词典》的研究可分为文献考录和语料研究两大类：杨福绵（1967）、桥本万太郎（Hashimoto，1973）、游汝杰（2002）、庄初升（2010）均对《客法词典》进行了相关介绍、考录；而林英津（1994）、汤培兰（1999）则对《客法词典》（1926年增订版）①进行了语音研究。其中林文分引言、声韵调位的描述、音节结构、结论并若干问题的省思等几部分对《客法词典》的声调、声母、韵母从音位和音节结构的角度进行了细致的分析、讨论。汤文分绪论、《客法词典》音韵系统、《客法词典》历史音韵——声母部分、《客法词典》历史音韵——韵母与声调、结论五章。绪论简要介绍了《客法词典》的情况。第二章从现代语音学角度对《客法词典》声母、韵母、声调进行了讨论，归纳了其声韵调系统。三、四两章历史音韵部分则联系《广韵》讨论了从中古音到《客法词典》所记客话语音的音韵演变情况。

本文拟在前贤的研究基础上，对《客法词典》所反映的嘉应音系百年来的演变，做初步的探索。

二 《客法词典》所记客话音系

《客法词典》字头计11327个，每个字头后面都标注罗马字注音。这种客话罗马字系统，很明显是以法文正字法为基础设计的。每个汉字字头后面用以注音的罗马字音节虽然包含了声母、韵母和声调的记录，但显然还不是声、韵、调系统而准确的表现。所以，从具体罗马字音节到音类系统及其当时实际音值②仍需以考证、归纳。考证的具体步骤和方法简述如下：

限于篇幅，《客法词典》音系的具体构拟步骤当另文说明。先将所构拟的音系表之如下：

声母（21个）

拟音	p[p]	P'[pʰ]	m[m]	f[f]	v[v]
例字	跛补变剥	怕婆判白	麻梅蚊木	夫花烦罚	无话王物
拟音	t[t]	t'[tʰ]	n[n]		l[l]
例字	知₁多当答	头大同塔	恼忍迎业		螺雷量落
拟音	k[k]	k'[kʰ]	ng/gn[ŋ]（[n]）	h[h]	[ø]
例字	瓜困捐合	科葵空吸	我语岸入	虚河坑客	鸦矮暗轭

---

① 《客法词典》1901年初版目前尚未见有研究成果。
② 我们认为求出音类及各音类具体音值（实际读法）后方能得出声母、韵母、声调及完整的语音系统。

续表

拟音	tch/tj[tʃ]	tch'/tch[tʃʰ]	ch[ʃ]	y[j]
例字	志遮中竹	助车深轴	蛇世扇湿	衣夜圆一
拟音	ts/tz[ts]	tsh/ts[tsʰ]	s[s]	
例字	租早张贵	初茶状凿	些沙山杀	

表2　　　　　　韵母（66个）

		元音尾韵			鼻音尾韵			塞音尾韵		
		-ø	-u	-i	-m	-n	-ŋ	-p	-t	-k
开口	罗拟字	a [a] 爬麻	ao [au] 毛朝	ai [ai] 材埋	am [am] 男三	an [an] 难山	aṅ [aŋ] 彭成	ap [ap] 合鸭	at [at] 滑八	ac [ak] 白麦
齐齿	罗拟字	ia [ia] 邪姐	iao [iau] 消聊	iai [iai] 皆街	iam [iam] 甜廉	ian [ian] 圈年	iang/eang [iaŋ] 平岭	iap [iap] 接夹		iac [iak] 逆惜
合口	罗拟字	oua [ua] 瓦瓜		ouai [uai] 块怪		ouan [uan] 宽顽	ouang [uaŋ] 胱矿		ouat [uat] 括阔	
开口	罗拟字	e· [e] 洗齐	eou [eu] 偷楼		em [em] 砧森	en [en] 恩烹		ep [ep] 啬涩	et [et] 蜜德	
齐齿	罗拟字	ie· [ie] 蚁				ien [ien] 全天			iet [iet] 雪切	
合口	罗拟字								ouet [uet] 国	
开口	罗拟字	e [i] 私粗								
齐齿	罗拟字	i [i] 衣知			im [im] 金寻	in [in] 民清		ip [ip] 立集	it [it] 七力	
开口	罗拟字	o [o] 坡多		oi [oi] 胎推		on [on] 酸川	ong [oŋ] 帮江	op [op] 蛤	ot [ot] 脱割	oc [ok] 角学
齐齿	罗拟字	io [io] 靴茄		ioi [ioi] 脆		ion [ion] 软旋	iong [ioŋ] 墙放			ioc [iok] 削弱
合口	罗拟字	ouo [uo] 果过				ouon [uon] 观腕	ouong [uoŋ] 光旷			ouoc [uok] 郭扩

续表

		元音尾韵			鼻音尾韵			塞音尾韵	
		-ø	-u	-i	-m	-n	-ŋ	-p	-t	-k
合口	罗拟字	ou [u] 徒书		oui [ui] 杯归		oun [un] 论粉	oung [uŋ] 同中		out [ut] 律物	ouc [uk] 服木
齐齿	罗拟字	iou [iu] 修囚				ioun [iun] 训近	ioung [iuŋ] 雄松		iout [iut] 屈倔	iouc [iuk] 肉足

表3　声调（6个）

今调类名	阴平	阳平	上声	去声	阴入	阳入
旧调类名	上平	下平	上声	去声	下入	上入
拟定调值	33	11	31	53	2	5
例字	青舅冷毛	详囚来芉	表跪女震	店谢道染	迹曲六术	白别力宿

另外，我们将《客法词典》与《客英词典》、新安客话土白《新约》、五经富客话土白《新约》等粤东西方教会客话语料进行比较研究，发现《客法词典》有五条排他性的语音特征：（1）无唇化舌根声母；（2）蟹、山摄二等有 i 介音；（3）止摄知章组韵母为 ɿ；（4）山摄三四等韵腹为 a；（5）有见组合口介音 u。

其中第二、三、四条都和今梅县方言紧密联系（其中第三条中 ɿ 演变为 ʅ）。我们另外考察了《客法词典》作者赖嘉禄神父来华经历，发现其来华后的最初十年都是在嘉应州城附近住堂。而《客法词典》显示的音韵特征又和今梅县方言密合。两相结合，那么我们可以认定嘉应州城客话或者说梅县客家方言就是《客法词典》的基础音系。

三 《客法词典》所反映的嘉应百年语音演变

（一）精知庄章由分到混

《客法词典》在声母上表现出精庄知₂‖知₃章整齐分立的格局，精庄知₂读 ʦ、ʦʰ、s，知₃章读 ʧ、ʧʰ、ʃ。举例如下：

例字	声组	《客法》
写	精	˓sia
沙	庄	˓sa
桌	知₂	tsok˳
住	知₂	tʃʰu˳
遮	章	˳tʃa

我们同时还注意到晚近乃至现代客话中庄组三等字虽然声母已入精组，但韵母却变为洪音，与同摄精组韵母不同，如：

韵摄	遇合三	流开三	深开三	臻开三	曾开三
庄组	o\i	eu	Em	en	en
精组	i	iu	Im	in	in

将上例中的流摄、深摄、臻摄及跟臻摄完全合流的曾摄三等结合起来看，我们就能注意到晚近客话中庄组韵母主元音均为 e，而精知章组均同为 i。

据李荣（1958：150）臻摄开口三等各韵分别拟为子类殷*iən、寅类臻*iěn、真*iěn，深摄开口三等侵韵拟作*iəm，深臻两摄主元音可以说是相同的。那么从中古到晚近，粤东客话深臻两个开口三等韵摄合理的演变当为 *iəm→im，*iən、*iěn→in，即韵头 i 脱落，主元音 ə（ě）→i，流开三、曾开三主元音也都合流为 i。

我们则进一步认为晚近庄组主元音作 e（现代庄组仍作 e），则是因为庄组字在从舌叶音演变为舌尖前音与精组声母合流之前，由于语言内部须保持区别性的要求，导致流摄、深摄、臻摄及跟臻摄完全合流的曾摄庄组的主元音*i 低化演变为 e，这样从韵的角度保持了庄组的独立。

晚近粤东客话精庄二组虽则声母已然混一，但二者区别仍保留在韵母上。这种现象一是印证了高本汉（2003：313）关于山西、甘肃、陕西以及广州、客家等现代方言庄组读如精组的现象都是近代演变结果而非上古音遗留的观点；二也说明庄组三等在其声母演变时，韵母的韵头 i 脱落，主元音发生变化。三说明了知₂庄组首先变读精组，而知₃章组读入精组则相当晚近，二者演变不同步。

但近百余年来，粤东客话齿音这种二分格局发生了分化，主要出现于旧属新安、嘉应地区。有《客法词典》作历史材料支撑，我们认为现代梅县及其他客话中精庄知章混一的类型是源于精庄知₂‖知₃章二分的类型，而且四组混一的历史只有百年左右，相当晚近。

《客法词典》所反映齿音的后世演变：

精庄知₌：ts、tsʰ、s
知₌章：tʃ、tʃʰ、ʃ } →ts、tsʰ、s

这说明《客法词典》到现代梅县方言，已然完成了齿音混一的过程。

梅县齿音混同为 ts、tsʰ、s 的时间不会早于《客法词典》修订出版的时间，即不会早于 1926 年。甚至于 1925 年接替巴黎外方传教会，在嘉应主持教务的美国天主教会玛丽诺会（Maryknoll）1948 年出版的客话课本 *Beginning Hakka* 中仍然是精庄知₌‖知₌章分立的（谢留文，2003：20）。因此，梅县齿音 tʃ、tʃʰ、ʃ；ts、tsʰ、s 二分到合流为 ts、tsʰ、s，至今仅历半个世纪左右。

那么，结合粤东客音历史点齿音的情况，可以看到《客法词典》发展到现代梅县客话，齿音已完全合流，均作舌尖齿音。

（二）日母演变

粤东客音日母是二分的，即白读、口语常用字读 n，与泥母细音合流；文读、非常用字读 j，与影母细音及云以母合流。而《客法词典》所记晚近客话语料一分为三，分别是 n、ɲ、j，其中 j 为文读、非常用字，但 n、ɲ 的分化条件不显豁。

《客法词典》日母的演变：

n（常用字、白读部分字）
ɲ（常用字、白读部分字） } →ɲ
j（非常用字、文读）   →Ø

《客法词典》白读音二分本来条件不显豁，所以到现代梅县二分不能继续维持，遂合流为 ɲ；而文读音的 j 摩擦成分可能逐渐减弱，现代记音也就一般作零声母了。

（三）ə 元音的出现

《客法词典》反映出来的音系格局为六元音系统，六个元音分别为 ɿ、i、u、a、e、o，现代梅县元音系统却为 ɿ、i、ə、u、a、e、o 共七个元音，与百年前晚近粤东客话中的嘉应方音比较，在 100 年内多出了一个元音 ə，在梅县韵母系统中也就相应产生了 əm、əp、ən、ət 四个新韵母。先看新元音 ə 的分布及来源：

(1) əm\əp
深开三知章组

例字	沉	针	深	十	汁
声组	知	章	章	章	章
《客法词典》	ˌtʃʰim	ˌtʃim	ˌtʃʰim	ʃipˌ	tʃipˌ
梅县	ˌtsʰəm	ˌtsəm	ˌtsʰəm	səpˌ	tsəpˌ

(2) ən\ət
臻开三知章组

例字	镇	陈	真	身	肾
声组	知	知	章	章	章
《客法词典》	ˀtʃin	ˌtsʰin	ˌtʃin	ʃin	ʃinˀ
梅县	ˀtsən	ˌtsʰən	ˌtsən	sən	sənˀ

曾开三知章组

例字	蒸	神	升	直	织
声组	章	章	章	知	章
《客法词典》	ˌtʃin	ˌʃin	ˌʃin	tʃʰitˌ	tʃitˌ
梅县	ˌtsən	ˌsən	ˌsən	tsʰətˌ	tsətˌ

我们从上述三摄演变的情况可归纳如下几点：

三摄韵母是中古三等的闭音节韵（阳声韵、入声韵）；在《客法词典》反映的晚近嘉应客话中主元音均为 i，到现代主元音变为 ə，由细变洪；声母为知章组，晚近读 tʃ、tʃʰ、ʃ 到现代入精组读 ts、tsʰ、s。

很显然，ə 元音的出现是在齿音知章组声母演变作用下产生的，是声韵互动的结果。从历时角度看，现代粤东客话知章组入精组跟晚近粤东客话庄组入精组时发生的韵母变化现象应该是完全相类的。请看晚近客话中庄组和精组三等韵母的比较：

韵摄	流开三	深开三	臻开三	曾开三
庄组	eu	em	en	en
精组	iu	im	in	in

虽然我们没有精庄混一前的历史客话文献可资证明，但很显然，晚近精组韵母实则代表了庄组或知₃章组入精前的韵母，也即当精组和庄组或知₃章

组声母相区别时，其韵母没有区别，主元音同为 i，这是粤东客音演变的出发点。随着声母的合流，原声母的区别，就转移到韵母上，则原庄组或知₌章组的韵母即出现洪化。那么，由此我们可以推论庄组*tʃ、*tʃʰ、*ʃ入精组*ts、*tsʰ、*s 时，上述四摄韵母也从*i 演变到了*e，由细变洪。所以说，客话现代知₌章组入精和近代庄组三等入精，声韵的演变是相似的，图示如下：

近代庄组三等： 声母*tʃ、*tʃʰ、*ʃ→*ts、*tsʰ、*s 韵母主元音*i→*e
晚近知₌章组：   声母 tʃ、tʃʰ、ʃ→ts、tsʰ、s   韵母主元音 i→ə

从共时平面看来，梅县 ə 的出现，即 i→ə，也跟嘉应客话及其他粤东客话知₌章组字中 i→ɨ→ʅ 的演变是平行的。请看止开三知章组字的情况：

例字	智	耻	治	志	齿	示	诗	市
声母	知	彻	澄	章	昌	船	书	禅
新安	tʃiˀ	ˆtʃʰi	tʃʰiˀ	tʃiˀ	ˆtʃʰi	ʃiˀ	ʃi	ʃiˀ
《客法词典》	tʃɨˀ	ˆtʃɨ	tʃɨˀ	tʃɨˀ	ˆtʃɨ	ʃɨˀ	ʃɨ	ʃɨˀ
梅县	tsʅˀ	ˆtsʰʅ	tsʰʅˀ	tsʅˀ	ˆtsʰʅ	sʅˀ	ˆsʅ	sʅˀ

很显然，梅县止开三的 ʅ 是从 i 演变来的，只不过经过了《客法词典》记录的 ɨ 的阶段。那么 ɨ[①]（ʅ）的出现，即 i→ʅ 的变化，也和 i→ə 的变化平行。只不过两个演变中前后的元音均各有限制：i→ʅ 中的 i、ʅ 元音是单音韵母 i、ʅ，不结合韵头或韵尾；i→ə 中的 i、ə 均非单音韵母，后面必须跟-m、-p、-n、-t 韵尾。所以它们出现的环境是互补的，实际上现代梅县的 ə、ʅ 就可以归并为一个音位/ʅ/，即：

/ʅ/ { [ʅ] 单韵母
      [ə] 不能单独成韵，必须带韵尾

经这样合并音位后，梅县实际上仍然是六元音系统。那么这个音位的演变途径为：

i ⎫   i→ʅ ⎫
u ⎭ → i→ə ⎭ → /ʅ/

很显然，梅县/ʅ/音位的形成完全是在具体韵摄条件下受中古声母精庄知章四组演变的影响而逐步形成的。

（四）舌尖元音 ʅ 的出现

晚近粤东客话止开三知章组韵母为 i。先请看历史点和现代点止开三

---

① 很显然嘉应的 i 比 ʅ、ə 均先出现，且 ʅ 出现后就取代了 i。

(含蟹开三)知章组及止开三精组、遇合一精组、遇合三庄组所配韵母的比较：

音韵条件	《客法》	梅县
止开三知章组	i	ʅ
止开三及遇合一精组、遇合三庄组	i	ʅ

从上表我们可以得出如下结论：

《客法词典》止摄开口三等韵（含蟹开三）的知章组和遇合一精组、遇合三庄组在韵类上已经混同，韵类符号为 e（拟音为[ɿ]），这表明《客法词典》止开三知₌章组字韵母已经从[i]发展为[ɿ]，和止开三、遇合一精组、遇合三庄组中的韵母已经趋同合流。《客法词典》发展到今天梅州现代客话，声母韵母都合流了，韵母从[ɿ]→[ʅ]。

（五）山摄开口三四等主元音演变

晚近粤东客话新、富、英三点及三点所对应的现代粤东客话山摄开口三四等主元音基本为 e，没有变化。但我们在分析晚近客话韵母异同时注意到了山摄开口三四等舒声入声主元音《客法词典》和其他三个材料表现不一，其他材料中各声组均为 e，而《客法词典》中则知章组舒声入声、泥母、日母、牙喉音舒声（见系晓匣母除外）字，主元音均为 a。

那么这两种类型中究竟哪一种是早期的层次呢？也就是说究竟是主元音 e→a 呢，还是 a→e 呢？光依靠历史方言材料本身我们已难于解决这个问题。只有历史方言材料和现代方言材料相结合，也许能找到相关的线索，辨明演变的方向。

我们检视现代梅县方言山开三四等主元音的情况，发现已然有所变化，我们与《客法词典》对照如下：

《客法词典》所反映记嘉应山摄开口三四等
舒声入声主元音及其演变

声组（母）	帮组	端组	泥母 舒	泥母 入	来母	精组	知组	章组	日母 舒	日母 入	见组 舒	见组 入	晓匣	影喻
《客法词典》	e	e	a	a	e	e	a	a	a	a	a	a	e	a
梅县①	e	e	a	a	e	e	a	a	a	a	a	a	a	a

---

① 李如龙、张双庆（1992）《客赣方言调查报告》字音对照表中误将梅县山摄开口三四等帮组、端组、来母、精组字的主元音排印成 a，与所附音系不合，也与林立芳、黄雪贞及笔者的调查不合。

这样，我们就能清楚地看到，主元音 a 在近一百年内仍在扩散，今天梅县方言中见组入声、泥日晓匣母入声主元音从 e 演变到 a，即 iet→iat，例如：

例字	结	洁	缺	杰	竭	孽	血	歇	穴
声母	见	见	溪	群	群	疑	晓	晓	匣
《客法词典》	kie₂	kiet₂	kʰiet₂	kʰiet₂	kʰiet₂	ȵet₂	hiet₂	hiet₂	hiet₂
梅县	kia₂	kiat₂	kʰiat₂	kʰiat₂	kʰiat₂	ȵiat₂	hiat₂	hiat₂	hiat₂

而晓匣母的舒声也发生演变，hien→hian，例如：

例字	献	掀	贤	现
声母	晓	晓	匣	匣
《客法词典》	hien³	₋hien	₅hien	hien³
梅县	hian³	₋hian	₅hian	hian³

这样现代梅县和晚近嘉应相较，就出现了一个新韵母 iat 和一个新音节 hian，这两个客话的新质要素，均不见于晚近客话的四个材料。那么从这百年内新起的变化反推回去，百年前的变化也应该是山摄三四等主元音从 e 到 a 的演变，而非相反，这百年内的演变正是百年前 e→a 演变的进一步延续。

参考文献：

高本汉：《中国音韵学研究》，商务印书馆 2003 年版。

李荣：《切韵音系》，科学出版社 1958 年版。

李如龙等：《客赣方言调查报告》，厦门大学出版社 1992 年版。

林英津：《论〈客法大辞典〉之客语音系》，《声韵论丛》第二辑，1994 年。

汤培兰：《〈客法大辞典〉音韵研究》，硕士学位论文，台湾国立暨南国际大学，1999 年。

王力：《汉语语音史上的条件音变》，《语言研究》1983 年第 1 期。

谢留文：《客家方言语音研究》，中国社会科学出版社 2003 年版。

游汝杰：《西洋传教士汉语方言学著作书目考述》，黑龙江教育出版社 2002 年版。

庄初升：《清末民初西洋人编写的客家方言文献》，《语言研究》2010 年第 1

期。

Hashimoto，Mantaro，*The Hakka Dialect：A Linguistic Study of Its Phonology，Syntax and Lexicon*，Cambridge University Press，1973.

基金项目：

2015 年度国家社科基金项目"十九世纪以来梅州客家方言历史演变研究"（项目编号：15BYY038）。

作者简介：

田志军，赣南师范大学文学院副教授，南京大学汉语言文字学专业博士，学位论文《近代晚期粤东客音研究》（2011）。

方言特殊语汇论
——南城方言文化研究

南昌理工学院　邱尚仁

摘　要：在对南城方言文化全面深入研究的基础上，提出"方言特殊语汇"的概念。从"方言文化类型与特殊语汇界定、方言特殊语汇分类、方言特殊语汇内在性质、方言特殊语汇文化价值"四大方面论述方言特殊语汇反映民族传统文化的重要地位。

关键词：南城；方言；特殊语汇；民族文化；研究

一　方言文化类型与特殊语汇界定

（一）南城方言文化的特征类型

著名方言学家李如龙教授提出，方言文化类型即方言文化特征的归类，方言文化特征即地域文化所决定的方言外部特征。可从三个方面考察：一是从区内众多方言点关系划分为向心型和离心型；二是从古今演变状况划分为稳固型和变异型；三是从方言与共同语及外部方言接触状况划分为强势型和弱势型。而政治、经济、文化、人口、交通、地域状况等，则是方言类型划分的重要参照系。[①]

就区内比较而言，南城方言外部特征总体属向心型、稳固型和强势型。一是南城方言内部差异小，不仅在南城县域范围内，甚至在整个抚州市辖域范围内，以南城话对话不至发生根本性困难。二是从语音系统和词汇系统看，南城方言都保持相对稳定性，有一定年龄层次的南城人多不习官音，而大不同于南昌市。三是在前两者的基础上，其在南城方言区内的使用十

[①] 李如龙：《汉语方言的比较研究》，商务印书馆2001年版；《方言与音韵论集》，香港中文大学中国文化研究所吴多泰中国语文研究中心，1996年。

分活跃，明显强势。长期在外工作的人员回老家如果还能说一口纯正的南城话则大受赞扬，自己也颇以为荣。尽管改革开放后有所变化，为父母者多教自己下一代说共同语，此也只是民族方言板块随时代发展整体前移拉动的结果，尚无实质性改变。而整个赣方言却基本上是离心型的，不同方言片区通话困难，只能借助共同语。把南昌话作为赣语代表方言，实际上标志并不明显。

（二）南城方言文化的区域品位

千百年来系统的地方行政制度和严密的地方行政区划，是中国传统社会人文地理环境的一个重要特点。

自秦始皇统一中国以来，两千多年相对稳定的行政区划沿革对全国各地政治经济文化产生着深远的影响，使得一郡一州一路一府之内的语言、风俗不断趋于一体化。当然，从马克思主义辩证唯物主义哲学观点看，这种一体化并非绝对。诸多主客观因素自觉不自觉地起着阻碍、制约作用，因而"百里不同俗，十里不同音"状况得以长期存在。但郡治、州治、路治、府治所在地既是一郡一州一路一府的政治中心，同时又是经济文化和重要的交通枢纽，其所属各县与郡州路府治所在地的密切接触，又必将产生消除各县方言特异差别的外部因素，使之自觉不自觉地向郡州路府治靠拢而逐渐出现某些共同特征。加上历代重农抑商政策，百姓安土重迁，除战乱或天灾外，中国历史上人口远距离流动现象并不多见。所以，在历史行政区划界线相对稳定的地域，旧郡州路府所辖境内的地域方言往往具有较为明显的一致性。当代汉语研究的文化学方法子系统之一的文化底层法及历史地理法，正是基于上述观点提出来的。这对于以西方历史比较语言学谱系理论为基础的谱系即发生学的分类法划分方言区的传统理论依据来说，是言之成理、持之有据的另辟蹊径，符合方言自身发展和相互影响、相互渗透规律。[①]

（三）南城方言文化的研究价值

南城乃江西省最早设立的十八县之一，迄今已有两千二百余年的历史。在一千五百多年时间中，南城先后为临川郡、建武军、肇昌路、建昌府之郡治、军治、路治、府治所在地，并于明代设益端王府。虽治所版图有易，对外关系复杂，然社会文化繁荣，经济相对发达，而语言现象千姿百态，

[①] 游汝杰、周振鹤《方言与中国文化》，《复旦学报》（社会科学版）1985年第 期；申小龙《汉语研究的文化学方法》，光明日报出版社1988年版。

南城文化又以其鲜明的特色在赣文化宝藏中熠熠生辉。又恰恰由于地域、历史、经济、文化的鲜明特色,使得南城方言在赣方言乃至全国方言中均占有重要地位,因而对南城方言及其承载的文化类型与内涵的研究,便具有相应重要的价值。

(四)方言特殊语汇的内涵界定

所谓"方言特殊语汇",乃方言语句中的特殊形式,与一般意义的"语汇"或"词汇"非同一语法范畴。既不可"语汇"单用,亦不可以"词汇"取代。南城方言特殊语汇,包括一般词汇学意义上的熟语(含成语、谚语、格言、歇后语等)、惯用语、俗语、警句等,同时包括少量带有某种相对固定的特殊意义又具词汇学意义的基本方言词汇,如"牛(犟,笨)""猪(蠢)""盖(配种)"等,或者一般方言词汇,如"莫听""念旧"等。根据研究目的,我们亦可统称"文化词语"。李如龙教授将反映历史文化的词语称为"文化词语",并把常见的文化词语归纳为"风物词语""习俗词语""观念词语""史迹词语"四小类。[①]本文研究的南城方言特殊语汇即包含了这四小类内容,重点在"观念词语"类。

方言特殊语汇亦不同于方言特征词汇。方言特征词汇为一定地域里一定批量的、区内大体一致、区外相对殊异的方言词汇,具方言之间的词汇区别特征。如果没有共同语音特征,不同方言片点之间不能相互通话;而如果没有共同词汇特征,各相关方言点也不能成为同一方言区。[②]方言特殊语汇并非单纯意义上的词汇,词汇仅占其中极少部分。方言特殊语汇虽亦可界说为一定地域里一定批量的、区内大体一致的语言单位,区外亦有相对殊异的特点,但并不排除在结构形式特别是文化指向方面区外同时所具有的相当的包容性。而正由于这个包容性,人们才有可能得以更为清楚地从此地域方言特殊语汇中窥见民族传统文化的整体样貌和整体特征。

二 方言特殊语汇分类

根据方言特殊语汇的内在文化指向,可以划分为"自然"与"社会"两大类。其中"自然"大类包括"天文地理""农事活动""生物环境"三小类,"社会"大类包括"处世哲理""行为评判""祈使请托""身心感受""世象百态""传统习俗"六小类。

[①] 李如龙:《汉语方言学》,高等教育出版社2001年版,161—168。
[②] 李如龙:《论方言特征词》,《中国语言学报》2000年版第10期;《汉语方言学》,高等教育出版社2001年版。

（一）自然大类

自然大类特殊语汇的文化指向为人类之间的关系即社会关系之外的人们对自然的认知和评价亦即自然科学技术方面。此类认知和评价没有人类社会集团主观意识的制约和摆布。尽管这些认知或评价有可能与自然本身的客观规律产生错位而发生偏差，但这些偏差并非来自人们主观意识的随意性，而仅仅在于人们对自然认识不可穷尽的时空发展方面的偏离。这种偏离又随着人们对自然认知的不断深化而不断纠正，并且这种纠正同样也没有人类社会集团主观意识的制约和摆布。

自然大类条目只反映方言特殊语汇的生物特征。其内在文化主旨为天文地理和自然科技，在现实生活中所占比例相对较小，在研究所选的 2700 多条中仅占不到 3%。

1. 天文地理

对天文和地理现象及其运行规律的认知和表述。涉及气象、节气、气候及天体运行规律等。如"云火烧天""当昼一现，三日不见""六月六，晒得禾黄鸡蛋熟"等。

2. 农事活动

对农业和农业生产规律的认知和表述，往往与天象规律结合紧密。涉及农时、栽种、收获等，重点在于主粮即水稻生产方面，如"懵懵懂懂，清明浸种""立夏落一点，高山崠上都有捡""七月半，挖芋看"等。

3. 生物环境

对客观实物及人身生理表象的认知和表述。涉及动物、植物、身体等，有相应经验性。如"活碧新鲜""上床个萝卜下床个姜""十八瘌痢"等。

（二）社会大类

社会大类特殊语汇的文化指向为人们对人类间关系亦即社会关系的认知和评价。此类认知和评价成形于人类社会发展过程的千百年间，始终置于人类社会集团主观意识的制约和摆布之下。包括人们的处世态度、评判标准、心理感受以及价值观念等意识形态各方面。此类认知和评价乃人类社会集团的主观意识，又反过来决定、制约和摆布人们的行为。同时这些认知或评价虽以方言特殊语汇的浅层形式予以表述，其核心内涵却远超方言自身的区域局限，而成为整个民族传统文化宝库的璀璨明珠。李如龙教授明确指出，方言词语所反映的历史文化内容有的是全民族共同的，有的则是一定的地域特有的，正像其他方言的词义一样。有时这两个方面又是你中有我、我中有你互相纠缠在一起的。①正因为此类认知和评价的存在，才使方言特殊语汇自身得以产生、得以发展和得以广泛传播，也才使人们得以窥见方言文化研究在语言文化研究中的特殊价值。

社会大类条目除反映方言特殊语汇社会特征外，同时又反映生物特征。其自身文化含量相对自然大类条目来说具有无限性，在现实生活中所占比例极大。在研究所选的2700多条中占97%以上，亦为本文论述的重点。

1. 处世哲理

对为人处世的规律及所应恪守的原则的认知和表述。涉及伦理关系、道德修养、价值观念等，如"天上个雷公，地下个母舅""软藤扎杀树，硬铁打成屎""上完皇粮，下供父母，天经地义"等。

2. 行为评判

对社会关系行为的是非善恶、真假美丑的认知和表述，往往与人们的具体活动紧密相连。涉及政治、经济、国家、群体、家庭、个人等。如"黑掉天""好人不服敬，狗肉上不得秤""着多掉怕热着，着少掉怕冷着；吃多掉怕饱着，吃少掉怕饿着；声音大掉怕吓着，声音小掉怕眠着；牵得手上怕跌着，搂在怀内怕扭着，含得嘴内怕咬着，搁得床上怕□[ŋan]（硌）着"（对小孩的溺爱）"奈会买错，不会卖错"等。

3. 祈使请托

对社会关系中直接作用于第二者的指令性行为的认知和表述。涉及请求、委托、指令、呵斥、商讨、感谢等，如"大路神仙，各走各边""快滴乱仍""帮忙莫作乱"等。

4. 身心感受

对社会关系中存在的各种现象的内心感受的认知和表述。涉及世态、运命、交往、生计、感观等，如"阎王把你三角米，行遍天下不满升""嘴是两张皮，话事有转移""三岁看大，七岁看老"等。

5. 世象百态

对社会关系中存在的各种现象表面感受的认知和表述。涉及人事表现、物态面貌等，如"单身汉，似神仙，块块肥肉到嘴边。有朝有日黄病打，眠得床上喊黄天""绑身"（棉背心）"病病壳壳世上捱，雄王霸王土内埋"等。

6. 传统习俗

对社会关系中存在的各种风俗习惯的认知和表述。涉及婚丧喜庆、年

---

① 李如龙：《汉语方言学》，高等教育出版社2001年版，第161页。

节仪礼、祝愿避讳、四时劳作等，如"穿钱""放年猪""烧掉门神纸，大大细细寻生意。伢伢扒猪屎，女倌纳鞋底"等。

六小类中，"处世哲理""行为评判""身心感受""世象百态"四小类形式活泼、内涵丰富、寓意深刻，最能反映民族整体文化的基本特征，从不同层次、不同角度、不同倾向多方位形成了人们对世界观、价值观的总体概念，同时不可避免地出现属性多元化和条目归纳的兼类问题。这种现象既是方言特殊语汇中的客观存在，也更利于对传统文化心态的多边性语言学阐释。

三 方言特殊语汇内在性质

（一）普遍性

1. 地域习用

从使用地域角度看，南城方言特殊语汇使用周遍性习用性强，区域范围广，出现频率高。南城五个地点方言中基本普遍使用。由于这类语汇语面表达浅显，内容含义深刻，口气诙谐有趣，因而在当地群众中颇受欢迎。在特定的地域文化背景下，无论文化层次或知识水准处于何种地位，社会全体成员基本能够心领神会，尽管可能为初次接触。即使偶然发生理解上的困难，但由于相应语境或口头简释，受众只需略加思考便多恍然大悟。南城方言特殊语汇中相关条目遣词造句幽默、调侃往往令人忍俊不禁而捧腹喷饭，然其深邃思想却又使人回味无穷，如"掸（跌）得蝇伢死""豆腐奈（只）是水，阎王奈是鬼""是我个爷奈是我个娘个老公""瞎子观灯"等。

2. 社会易解

从社会理解角度看，此类特殊语汇大部分字面意义和隐含意义并不局限于方言域内成员理解，域外成员也亦容易理解和接受。人们还可以发现，其中不少内容在共同语成语中都可以找到对应条目，如"吃得饱，眠得着，背上搁得钵伢落"，对应成语有"高枕无忧""乐不思蜀"等。

域内使用的周遍性和域外受众的易解性是南城方言特殊语汇的明显特色，这与南城颇具特色的历史文化密不可分。更令人拊掌称奇的是，在英语中也可以找到措辞、结构十分类似，含义、指向基本相同的某些固定对应句式，如"四脚落地（爬）"，英语为"on all fours"；"把只把眼睛看住一下（帮助照看、照料一下）"，英语则是"keep an eye on"等。这从另一侧面反映了方言文化、地域文化、民族文化与人类文化具有重叠交叉的共同结合层。

3. 逻辑鲜明

方言特殊语汇的普遍性丝毫不排除其特殊性，恰好相反，方言特殊语汇通过其普遍性而明确反映其特殊性。黑格尔的《逻辑学》写道，语法同逻辑一样，应该使通晓一种或几种语言的人能够体会到语法的丰富内容，并能够通过语法规则认识到这个民族的精神和文化的特点。黑格尔以此说明逻辑概念中的普遍性。列宁称其"微妙而深刻"，黑氏所谓"普遍"不只是抽象的"普遍"，而是自身体现着特殊、个体、个别东西的丰富性的"普遍"，因而是一个"好极"的"绝妙公式"。按照此"绝妙公式"，透过方言特殊语汇使用的周遍性，可以充分认识其特殊方式所传达的民族精神和文化特点。

（二）独有性

1. 典型的内在信号

与普遍性相辅相成的一个对立特征，即表现形式鲜明的独有性。占相当分量的南城方言独有的特殊语汇，与特征词汇属性处于基本相同的坐标，不少条目即由特征词汇组合构成。如"挥不死个黄鳝，扭扭辗辗""锯倒手指仂等刀敷药""冷不死个面嘴，热不死个屎窟"等，"挥""扭扭辗辗""锯倒""手指仂""刀敷药""面嘴""屎窟"都是方言特征词汇，其中又有相当数量属于基本词汇或一般词汇的常用部分，而特殊语汇由这些极为普通的常用词汇固定结合却表现出极不普通的内在信号，即文化底蕴的指向形式，这种内在信号又成为方言特殊语汇独有性的另一个侧面。如"鹰□[tsan]（狠劲啄下去）个癞癞""倚[tɕ'i]（站、立）个不晓得坐个脚酸"等。正由于此独有性，构成了南城方言特殊语汇与其他地域方言相关语汇的区别性特征。

2. 特别的雅俗兼用

南城方言特殊语汇部分条目之"雅"，甚至与一般条目比较显得不相称。如"冤哉枉也""呜呼哀哉""烟哉脑闷""如尚可""忍得一时之气，免得百日之忧""天不注绝人之路，地不生无根之草""人生何处不相逢"等。还有一些条目，主词或主语文雅之至，却加上一个土话词尾或语尾"仂"，结果便"俗"得可以。如"仿缥仂""效母格仂""两可仂""强者为王仂"等。"仂"为南城方言中颇有代表意义的特征词，有"小、少、散、渐、稍微、约略"等义，可看作原义引申。南城话中主读[li]，不同语境音变为[lɛi]等。有时也用作动词的名化，如"剪仂""钩仂""勺仂"等，但其原义引申义仍隐约可见。南城人取名特别喜欢用"仂"字。不管文化程度高低，凡名字中有[li]的一律自己写作"仂"，除非连自己名字也不会写。个别人写[li]为"俚",只是企望所谓"文雅"的通假而已,并无实质区别。与"伩"使用情况类似的还有一个特殊音节,即"□[ɛ]",有音无字,用于名词或名字后,多在口语中或称呼时,意义同于"伩",在书写时干脆就用"伩";用于动词后则多为语助词,表完成时态。南城方言特殊语汇不少条目中的"伩"字和"□[ɛ]"音节,是其独有性的重要表现,也是南城方言一大特色。

3. 各异的外在形式

与《中国俗语谚语库》①所收全国相关条目四万余相比较,南城方言特殊语汇条目总量约为其条目总量的 6.5%,而两者字面表现、结构形式相似的只有 115 条,占其 0.27%左右,占南城方言特殊语汇的 8.6%左右。如"不怕贞节好,就怕闲叮当"(南城方言特殊语汇)与"不怕你是贞节女,只怕遇到调皮汉"(《中国俗语谚语库》)、"南京个马,北京个鞍"(南城方言特殊语汇)与"南京买马,北京制鞍"(《中国俗语谚语库》)等。其中完全相同的仅 23 条,占《中国俗语谚语库》的 0.05%左右,占南城方言特殊语汇的 1.7%左右。如 "上山容易下山难""人不为己,天诛地灭"等。

4. 深层的指向规律

方言特殊语汇独有性和普遍性并不矛盾。从中国文化底层的内在规律来看,套用方言外部特征的术语,全国各地域文化总体上说是向心型文化,即地域文化以民族传统文化整体核心为核心,以整体特征为特征。地域文化和民族传统文化的关系,以几何学观点看,可称为同心圆关系。又如无数在一起不规则旋转的"呼啦圈",虽然大家各转各的,但却始终挣脱不了共同的中心支柱,又重叠又分离。地域文化和民族传统文化的这种关系,完全是由数千年"普天之下莫非王土,率土之滨莫非王臣"的高度中央集权的政治体制、行政体制和经济体制所决定的。

尽管"历史地理法"根据历史行政地理的底层投射考察汉语方言的区划,以历史旧府作为划分方言区的基本单位,选择较多的项目比较各府之间的接近程度,再根据接近程度将各府经过调整和拼合后组成一个一个次方言区,这种方言分区方法确有其科学性,但并不排除地域方言文化的整体向心性。同时,任何一种地域方言从原始基础语——如果确曾有过这么一种共同的原始基础语的话——中分化出来后,也几乎没有可能完全封闭式地存在、发展或完全以独自的特殊规律演变。方言特殊语汇表现形式的独有性反映了方言特殊语汇文化指向的普遍性,而文化指向的普遍性又往往孕育于方言特殊语汇表现形式的独有性之中。

---

① 张印栋编:《中国俗语谚语库》,中州古籍出版社 2001 年版。

（三）潜在性

1. 使用的环境限制

在日常生活和日常言语交际中，方言特殊语汇使用频率又表现出其潜在性。方言特殊语汇与方言基本词汇或一般词汇不同，其使用频率散在于全部日常生活和全部日常言语交际的整体过程，而并不经常表现于一般的口语交流行为的具体过程，即并不等同于常用词汇的一般使用频率。当出现一定的语境或相应的文化氛围时，方言特殊语汇的使用便呈高频态势，反之则处低频状态。这里所说的语境或相应的文化氛围，指的是全部日常生活和全部日常言语交际整体过程中所出现的理性思维或理性评价要求，即人们对客观事物所产生的相应的主观判断情绪。如"行时不要半个运"，在于评判某人突然发迹而深有感慨时所说；"官不打送礼个，狗不咬屙屎个"，在于评判某人多次公开贿赂官员，却并未见受任何处置而充满激愤时所说；"人是百节草，不晓得□[shɛi]（哪）节好"，在于劝解某人身处困境而情绪低落、愁肠百结难以自拔时所说；等等。

2. 流传的语境领悟

除使用频率外，方言特殊语汇的流传也是散在的、潜移默化的。并没有这样的老师或长辈将方言中的特殊语汇有意识地、系统地、专门地、准确地传授给学生或晚辈，也没有专门的社会集团或个人集中地使用方言特殊语汇中的某些特定内容。如前所述，先人在一定的语境或相应的文化氛围中下意识地使用了方言特殊语汇，后人在自己的潜意识里开始形成了不确定映像，如果再次出现类似场合，后者潜意识中的不确定映像便清晰可见，曾经听人使用过的特殊语汇即脱口而出。无须过多的再思考，只不过使用者由先人改换成了后人。而又由于这样的反复相同改换，特殊语汇的使用场合更加情境化、针对化，语词结构更加格式化、固定化，词汇成分更加明确化、规范化，于是也更加容易流传了。当然，基本词汇或一般词汇的相传也有类似的过程，但这个过程并不决定于基本词汇或一般词汇是否具有方言特殊语汇同样的潜在性特质，这正是二者相区别的地方。而且，言语交际中不使用基本词汇或一般词汇，则这样的言语交际行为无法进行，言语交际也就不复存在，这样的现象并未发生也不可能发生。但方言特殊语汇则完全不同，言语交际中甚至可以完全不使用特殊语汇，撇开情感、修辞、凝练、哲理、深刻等相关方面问题不谈，一般的言语交际行为照样可以完成而不会有多少明显的阻碍。当然，在一定的语境或相应的文化氛围下，情感、修辞、凝练、哲理、深刻等相关方面问题亦无法撇开也不可能撇开，所以方言特殊语汇应运而生。

3. 调查的目标无定

正因为方言特殊语汇具有潜在性特点，加之内在意义上的兼类性，所以特殊语汇的调查工作相对语音、词汇、语法来说更为困难。方言特殊语汇的调查和收集，不太容易先期设计整套成系统的调查表，然后由点至面、井然有序地展开。调查合作人也不太容易固定，且调查合作人的基本文化素质与特殊语汇的调查内容的密切程度也各有出入，因而也不太容易准确选择。

作为本文研究背景的数千条目，绝大部分为笔者在南城二十多年的生活积累。也许正如南城方言特殊语汇所说乃"命上注载个"，即命中注定的，笔者从小就对周围的人尤其是老年人说话时不同的发音、不同的用词和带有做人道理的固定语式有着特别爱好和浓厚兴趣，以致不特耳熟能详，甚而烂熟于心。加之笔者的姐姐、爱人和亲戚亦长期在南城生活，讲话又好譬况，虽然于20世纪80年代全部迁于南昌，实际上语境并无太大改变。与笔者关系密切的当地领导、老师、同学和亲朋好友，对南城方言文化知识均有厚实积淀，为南城方言特殊语汇的调查整理起了重要作用。

在恩师李如龙教授悉心指导下，苏新春、蒋冀骋教授又多方赐教，作者反复进行了数年时间的调查研究，并将积累的资料在大量不同层次、不同年龄、不同阅历的土著南城人中反复核实，确证无误后方正式见诸笔端。

（四）公认性

1. 区域受众认可

与词汇不尽相同，方言特殊语汇不确定为可自由运用的最小语言单位或最小音义结合体。基本词汇和一般词汇作为可自由运用的最小语言单位或最小音义结合体，随语言的产生发展而产生发展，没有语言就没有词汇，没有词汇亦没有语言，词汇的出现自身即社会约定，无须任何社会集团的认可。而作为固定的言语结构的方言特殊语汇，其构成成分的组合却要求具备确实的区域公认性，才能保证这种言语结构的稳固性。

一方面，方言特殊语汇的表面结构，即外部表达形式，必须得到区域受众的公认。否则，这种表面结构或外部表达形式便难以固定，其扩散和流传必然受阻。另一方面，方言特殊语汇的内在含义也必须得到区域受众公认，在这方面的要求甚至大大超过前者。这是因为内在含义实际上是方言特殊语汇活的灵魂，而表面结构或外部表达形式则是方言特殊语汇的物质外壳。内在含义未得到公认就等于抽去其灵魂，表面结构或外部表达形式便成为徒有其名的僵硬空壳而失去存在条件。

如"吃酒量身价"，语面意为"能喝多少酒，要考虑自身酒量"，虽未说出但可补充的语意为"否则要被醉翻，吃亏的还是自己"。按照这样的语面表意，显然仅仅为使用于酒席宴上劝人慎酒的一般言语，完全可以增减词汇或换一种说法。然而作为特殊语汇，其语面表意仅仅是一种外部譬况，实际要表达的是其内在含义，即"能办什么事情，能接多少任务，要掂量自己的能力和资本，千万不能胡乱应承，否则只能是没事揽事自讨没趣"。而这种内在含义正是受众所公认的，因此其表面结构及外部表达形式亦便得到受众公认而格式化、固定化，不可随意更改，不可随意增删，于是其广泛性使用和永久性传播资格便得到确认。当出现一定语境或相应文化氛围时，"吃酒量身价"的出现即水到渠成，并非真要劝人慎酒的现实背景；相反当真需劝人慎酒的现实背景出现时，却又是另外多种不确定的说法了。

2. 特定表达清晰

方言特殊语汇乃口语或书面交际中千变万化的语义组合形式，越过一般交际话语组织的基础规律，追求的是特定表达的特殊效果。又正因为其所具备的确实公认性，超越一般规律反成方言特殊语汇组合形式的一般规律。学者多以宋祁《玉楼春》"红杏枝头春意闹"句被李渔误批为例说明修辞手法耐人寻味的隽永意境。实际上之所以被李渔"误批"，正因为出于特定表达需要而突破一般规范的超常规临时组合的修辞形式未被李渔认可。而远在李渔前的淳熙进士赵师侠《浪淘沙·杏花》词中"独向枝头春意闹"句，可谓得宋氏之真。方言特殊语汇则由于其稳固的社会公认性，庶几可免遭哲人误批。

（五）隐含性

1. 语面浅显含义深刻

方言特殊语汇的文化价值即在于其隐含性。南城方言特殊语汇表面结构及外部表达形式活泼、生动、多样，即语面表达浅显，口气诙谐有趣，而内容含义却深刻见血，一语破的。如"话（说、讲）蛇'窸窣'"条，语面表达似乎仅为"说到蛇'窸窣'地一声"，形式简单语义亦不复杂，而透过语面深究其隐含义，却耐人寻味。展开看其结构过程：一人说："哎呀，一条蛇！"另一人马上说："怪不得我听见'窸窣'一声！""哦，是死的！""难怪这么臭！""都已经烂了！""真的，这么多蛆！""唉，只是一根破绳子！""这就对了，我刚心里还说怎么没看见它动呢！""话蛇'窸窣'"即由此凝结而成。从其结构过程可窥其隐含意义：对为人圆滑、溜须拍马说瞎话，甚至助纣为虐的行为以无情批判。正因为这种隐含性，方言特殊语汇"话蛇'窸窣'"就比相应普通成语"随声附和""人云亦云""亦步亦趋"等生动、深刻得多。方言特殊语汇每一条目后面，几乎都隐藏着一段诱人的故事。

2. 语境转义受众合作

方言特殊语汇话语内容，有直接通过语义体现方面，但更多则是依赖语境转义，亦即"意"在"言"外，这正是其隐含性特质的表现，乃方言特殊语汇主流方面。与一般交际用语不同，方言特殊语汇不是语义借助语音物质外壳组成的内容与形式的临时统一体，无论语义和话语内容相一致或"意"在"言"外与否，其语义和语音物质外壳组合都是相对固化的稳定结构。

现当代英国学者 E.H.贡布里希爵士在其对自然和人文学科都产生着深远影响的著作《艺术与错觉——图画再现的心理学研究》第五版序言中谈到，一幅画如果观看者不予合作就能被看成一堆乱七八糟的颜色污渍。一段文章如果读者不注意句子、段落和篇章意义，就能被离析成一串单词。

确实，如同内在含义未得到公认就等于抽去其灵魂一样，如果摒去方言特殊语汇文化指向的隐含性，或者这种隐含性未得公众审察、承认、领悟和传播，那么这样的语汇充其量不过是一摞杂乱无章的方言语句堆砌，其中很大一部分将显得粗俗不堪，不仅难登大雅之堂，不少条目即使在一般交往中也羞于启齿，毫无生命力可言，根本谈不上文化传承价值。因此，在此意义上又可以认为，方言特殊语汇隐含性甚至具有化腐朽为神奇的功能。

四 方言特殊语汇文化价值

（一）人类文化的基础内容——社会意识

1. 人类文化的一般定义

传统的广义定义为人类社会实践过程中所获得的物质、精神的生产能力和创造的物质、精神财富的总和；狭义定义则指精神生产能力和精神产品，包括一切社会意识形态，即自然、技术科学与社会意识形态等。有时又专指教育、科学、文学、艺术、卫生、体育等方面的知识与设施。

2. 观念形态的集中呈现

方言特殊语汇研究转而引发讨论的文化问题，兼及传统广、狭两义与专指诸方面，又主要侧重于社会意识形态即观念形态的集中呈现方面。这是由方言特殊语汇的本质属性所决定的。

哲学层面的社会意识，即人脑对社会存在的反映和认识；社会存在则是人们所处环境及社会关系社会过程。不管人类社会意识的内容正确与否，始终都是对某种社会现实存在的某个方面的某种反映，都可以从现实社会存在中找到这种反映的根本来源。社会意识存在形式多种多样，包括政治、法律、道德、科学、哲学、艺术、宗教诸方面；表现形式亦多种多样，包括制度的、图影的、声像的特别是语言的、文字的，等等。社会意识决定于社会存在，又给予极大的甚至带根本性的反作用于社会存在，乃人类文化基础内容。

（二）社会意识的根本反映——人类语言

1. 人类思维与交际的最重要功能

语言是人类最重要的交际工具和思维工具，是人类最终脱离动物世界的根本标志之一。因此，语言的产生便成为人类文明与动物本能的分水岭。

语言与思维密不可分。人们一旦掌握了语言，纯粹的非语言思维便不复存在。以语言为工具的抽象思维在思维过程中始终起着主导作用，因而实际上由语言组织和制约着人类全部思维过程。[①]当然，思维构筑过程并非都必须通过语言在大脑中的组合过程予以实现，但思维的系统表达过程却必须通过语言组合过程予以实现，包括口头过程和书面过程。

语言存在于言语中，言语为语言的具体运用。言语包括两方面内容，即语言使用过程之言语行为、语言使用结果之言语作品。前者说写为表达过程，听读为理解过程；后者则包括口头作品和书面作品，既可以是一句话，也可以是一段或一大段话乃至长篇大论的讲话或文章，句子则在言语作品中充当基本单位的角色，方言特殊语汇又是其重要角色。

2. 社会结构与模式的最根本框架

生理学观点认为，人的意识以具有第二信号系统为特征，是人类高级神经系统高度发展的表现，与人类语言同时产生。意识既是自然产物又是社会产物。哲学观点认为，意识和思维都是人脑对客观存在的反映，因而可以说意识和思维乃同一类型同一性质的概念。但前者包括了认识的感性阶段和理性阶段，而后者仅指认识的理性阶段。心理学观点则认为，意识多指人对客观现实自觉的心理反映，即"有意识"的反映。

美国人类学家威斯勒概括不同社会共有结构的九种普遍文化模式：语言、物质特质、艺术、神话与科学、宗教活动、家庭与社会、财产、政府与战争。其中"语言"处于第一位置，为其他八种特别是后七种模式的基础模式。这七种模式无一不受控于人类思维和意识，而思维和意识离不开语言功能。如果人类社会没有语言这一文化框架，很难设想后七种文化模式将如何实现，人类社会又如何生存。

[①]《中国语言学大辞典》编委会：《中国语言学大辞典》，江西教育出版社1991年版。

（三）方言特殊语汇体现言语作品的本质特征

1. 存在意识的充分凝聚

因此，无论从生理学还是哲学、心理学、人类学角度看，言语都是社会意识最直接、最根本、最朴素的外部表现形式。而方言特殊语汇作为言语作品的一个整体，恰恰凝聚了社会意识存在形式的方方面面，且不管其内容正确与否、完整与否，也不管其内容反映自然存在或社会存在，都充分体现了言语这个外部表现形式的最本质特征。

2. 清俗境界的紧密系联

古代文艺理论家美学家们都视"清"为文学重要审美范畴，"清新、清真、清雅、清拔"合称文章"四清"。其中"三清"即"清新、清真、清拔"，皆可与方言特殊语汇紧密系联。"清新"，明杨慎《升庵诗话》云："清者，流丽而不浊滞；新者，创见而不陈腐也。""清真"，清章学诚说："清则气不杂也，真则理无支也。"（《与邵二云》）"清拔"，南朝梁钟嵘《诗品》评晋刘琨、卢谌诗"善为凄戾之词，自有清拔之气"。不仅是文学风格概念，更是人格境界命题。可以说是一种理想，一种精神，一种情怀，一种追求，或者说一种抱负。方言特殊语汇中大量积极向上的条目，正反映了广大人民群众这样的创见、这样的纯真和这样的人格境界。

至于"清雅"，民间俗语似乎很难沾边。然文献中高雅之作难离俗语，乃某种意义上俗语的艺术化巧妙剪辑而已。如李白《静夜思》："床前明月光，疑是地上霜。举头望明月，低头思故乡。"等。中国古代文学四大名著，不就曾经是里巷俗话吗？"大俗则是大雅"的观点，也是颇具见解的。

（四）方言特殊语汇映射社会文化的深层感悟

1. 简单形式中的人生道理

彭玮斆《简单道理》[①]一书写道，听一堆大道理，不如读一段故事。故事让道理更人性、更简单。简单道理也是内容最深刻的道理，高度概括引导人们直入主题。大音希声、大象希形，真有价值者都不以夸张繁复形式出现。人生道理永远简单，好事者却将其弄得复杂繁难，离生活越来越远，才使人们对这些大而空繁的道理越来越恐惧。方言特殊语汇正是以民间俗话再普通不过的形体外壳，将深刻的人文哲理简单化、具象化，从而使社会每一成员都能从中悟出千头万绪、变幻莫测的人生真谛。

方言特殊语汇总结历史经验，精确科学，无偏无颇，意味深长；阐述

[①] 彭玮斆：《简单道理》，哈尔滨出版社2003年版。

生活教训，声情并茂，入木三分，令人遐想；宣示处世哲理，言简意赅，深刻透辟，振聋发聩；评判品德行为，形象生动，泾渭分明，准绳可见。修辞手法特色鲜明，形式丰满，比喻、对偶、夸张、对比、拟人、借代等，错综搭配，活泼多彩。可以说赋、比、兴咸备，其风格、境界，都远远跃出民间俗话的形体外壳，而被称为"街上的智能语言"。[①]直称方言特殊语汇为人类社会或社会意识、社会观念的"智能语言"，亦不为过。无论历时抑或共时，方言特殊语汇蕴含的社会文化价值都是不可忽视的。

2. 口传心授的历史映像

人类自身创造的灿烂文化是人类天才的最高成就，是人类有权引为自豪的永不衰败的历史。人类语言毫无疑义地连同方言特殊语汇，正是映像人类灿烂文明永不衰败历史活剧的色彩斑斓的绚丽荧屏。

一个历史悠久的伟大民族之所以具有强大的维系力量，包括地域、政治、经济等多方面因素，其中带有决定性意义色彩的因素之一，则是这个伟大民族全体成员共有的文化心理认同。其多方面外部表征最重要的就是这个伟大民族的民族语言，斯大林的《马克思主义与语言学问题》明确指出民族语言是民族文化的形式。方言特殊语汇作为民族语言基层单位结构和文化概括，正是民族文化心理认同重要表征的重要基础构件之一。

3. 性质特征衬托民族传统文化厚重底蕴

方言特殊语汇两大鲜活特征，即"生物特征"和"社会特征"，一为形式，二为内容。生物特征反映社会特征，社会特征寓于生物特征。南城方言特殊语汇的两大特征与五大性质一样，并不排除其他地域方言特殊语汇同样存在的可能性。正是两大特征巧夺天工的完美结合而准确凸现五大性质，充分展示方言特殊语汇的文化价值，共同衬托民族传统文化的厚重底蕴。

综上所述，方言特殊语汇似应成为当前方言文化保护工作的一个重点。

[附记] 本文参照作者原著《方言特殊语汇与民族传统文化》（香港择时出版公司，2004）撰写。

作者简介：

邱尚仁，江西省语言学会会长，南昌理工学院资深教授，厦门大学汉语言文字学专业博士，学位论文《方言特殊语汇与民族传统文化研究》（2003）。

---

① 张印栋编：《中国俗语谚语库》，中州古籍出版社2001年版。

汉语方言"早饭"义词的类型与分布

江西师范大学　张勇生　熊紫琳

摘　要： 本文采用地理语言学的研究方法，考察汉语方言"早饭"义词形的分布与演变。主要内容包括三个部分：第一部分是研究概说；第二部分介绍词形分类的方案；第三部分结合语言地图考察"早饭"义词形的地理分布及其演变。

关键词： 汉语方言；早饭；古词的保留；长江型分布

一　研究概说

"早饭"指"一日三餐制"中早上吃的那一顿饭，与"中饭""晚饭"相对应。

本文以全国 1200 个地点作为考察对象，研究材料取自（按音序排列）安徽、河北、河南、福建、广东、甘肃、广西、贵州、海南、湖北、黑龙江、湖南、吉林、江苏、江西、辽宁、内蒙古、宁夏、青海、四川、山东、陕西、山西、台湾、云南、浙江 26 个省区已发表的文献资料，（语料来源于《汉语方言解释地图集》数据库，可参考岩田礼 2009：282－327）。

本文采用地理语言学的方法考察汉语方言"早饭"义词形的分布及其演变。地理语言学认为，语言地理的共时分布反映了不同的发展层次和历史演变过程。因此，我们可以根据语言的地理分布来考察语言的历史。语言的地理分布主要凭借语言地图来表现。

绘制语言地图的工具使用日本金泽大学林智（Tomo Hayashi）开发的"PHD"（Project on Han Dialects）信息系统，"PHD"是一套综合的信息系统，该系统兼有语言数据的存储、整理、分类以及地图输出的功能。

二　词形分类

绘制语言地图的过程中，词形分类是一项极为重要的工作。岩田礼

(2009)说,词形分类的结果反映在语言地图上如果呈现出规律性的分布,那么说明词形分类的工作是成功的,反之,则是失败的。因此,词形分类如何分,采用什么标准来分,都应该考虑到不同词形在语图上的分布,这也是本文词形分类应当考虑的原则之一。然而,在词形分类的过程中,还会碰到很多具体的问题,比如,看似很相近的两类词形,实际上代表了历史上的两个演变阶段,或者其中一类另有来源。或者,看似差别很大的两类词形,它们却是同一类词形演变的结果。因此,在分类过程中,哪些词形应当归为一个大类,哪些词应当分离出来成为一个独立的小类,需要研究者仔细甄别和判断,这个过程除考虑语图的因素外,还会参考历史比较和传统文献学的做法。

词形分类过程伴随大量的分析性工作,这可以看成解释地图和一般语言特征图的重要区别。一般语言特征图只需告知各类词形的分布结果,而解释性地图的词形或词义分类以及地图上符号的用法都反映出画图者对方言变化的解释。也就是说,解释性地图的目的不在于描述各种词形的分布,而在于考察不同词形在空间地理上的历史演变,包括考察词形的历史演变过程以及与语言演变密切关联的各种地理人文因素。显然,本文绘制的关于"早饭"义词形的地图属于解释性地图。下面先介绍"早饭"义词形的分类情况。

对所有词形进行分类梳理,可以将汉语方言中的"早饭"义词形分为八个大类,每个大类下面又包含若干个小类。

1. "朝"系

所有"朝"类词形在地图中记为 A 系,主要包括"朝(单音节)""朝饭""食朝""吃朝""朝早(饭)""早朝(饭)"等词形在内。"朝"类词形下面分离出三个小类,分别是:(1)不含"早"的词形(记为 A-1),例如:朝、朝饭、朝晨饭、食朝、吃朝,等等;(2)"朝早"类词形(记为 A-2),包括朝早、朝早饭等;(3)"早朝(饭)"类(记为 A-3),如早朝、食早朝等。

"朝"系词的分类

系		类		例词
A	朝	A-1	"朝"(不含早)	朝、朝饭、朝晨饭、食朝、吃朝
		A-2	朝早	朝早、朝早饭
		A-3	早朝(饭)	早朝、食早朝

2. "天光、五更"系

"天光、五更"系在地图中记为 B 系。下面分离出四个小类：(1)"天光（不含饭）"类（记为 B-1），例如：天光、天光白、天光早等；(2)"天亮饭"类（记为 B-2），如天亮饭、天娘饭、天光饭等；(3)"五更（不含饭）"类（记为 B-3），如五更、五更饭等；(4)"颗心饭"类（记为 B-4），包括颗心饭、枯心饭等词形。

"天光"、"五更"系词的分类

系		类	例词
B	天光、五更	B-1 天光（不含饭）	天光、天光白、天光早
		B-2 天亮饭	天光饭、天亮饭、天娘饭
		B-3 五更（不含饭）	五更、五更饭
		B-4 颗心饭	颗心饭、枯心饭

3. "早"系

所有"早"系在地图中记为 C 系。下面分离出三个小类：(1)"早（单音节）"类（记为 C-1），主要包含了"早""早饭""食早""吃早""吃早饭"等词形；(2)"早餐"类（记为 C-2），如"早餐、早顿"等；(3)"过早"类（C-3），如过早。

"早"系词的分类

系		类	例词
C	早	C-1 早（单音节）	早、早饭、食早、吃早、吃早饭
		C-2 早餐	早餐、早顿
		C-3 过早	过早

4. "早+X"系

"早+X"系在地图中记为 D 系。下面分离出四个小类：(1)"早晨"类（记为 D-1），如"早晨""早晨饭"；(2)"早上"类（记为 D-2），如"早上、早上饭"；(3)"早起"类（记为 D-3），主要包括"早起""早儿起饭""早起儿饭等；(4)"早点"类（记为 D-4），如"早点""早点心""早堂"等。

"早+X"系词的分类

系		类		例词
D	早+X	D-1	早晨	早晨、早晨饭
		D-2	早上	早上、早上饭
		D-3	早起	早起、早儿起饭、早起儿饭
		D-4	早点	早点、早点心、早堂

5. "X+早"系

"X+早"系在地图中记为 E 系。下面分离出三个小类：（1）"清早"类（记为 E-1），主要包括"清早（饭）""清早饭儿"等；（2）"清早起"类（记为 E-2），主要包括"清早起、清早起饭、清早起来、清早起（来）饭"等；（3）"打早"类（记为 E-3），主要包括"打早""打早饭""大早""大早饭""当早饭""赶早饭"等。

"X+早"系词的分类

系		类		例词
E	X+早	E-1	清早	清早（饭）、清早饭儿
		E-2	清早起	清早起饭、清早起（来）饭
		E-3	打早	打早饭、当早饭、赶早饭

6. "清+X"系（不含"早"）

"清+X"系在地图中记为 F 系。F 系词形主要包括清晨饭、清清饭、清道饭、清起饭、清起来饭、晨起来饭，等等。

7. "食物"系

"食物"系在地图中记为 G 系。下面分离出两个小类：（1）"饭"类（记为 G-1），如饭、食饭、吃饭等；（2）"粥"类，主要包括"粥、糜、茶、点心"类词形。

"食物"系词的分类

系		类		例词
G	食物	G-1	饭	饭、食饭、吃饭
		G-2	粥	粥、糜、茶、点心

8. 其他类

其他类在地图中记为 H 系。如继晚饭、界反饭、自返饭、自先饭、日起、眠起、食焰头、谭柳饭，等等。

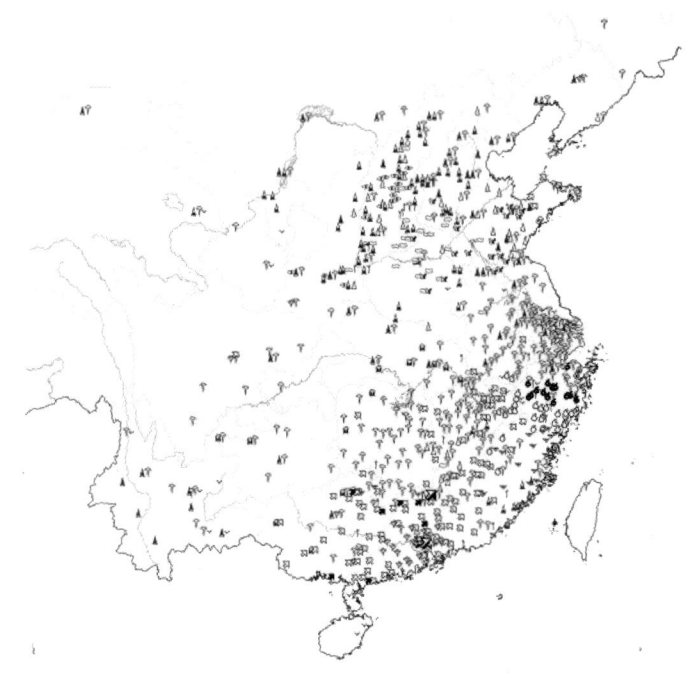

A. 朝
- A-1 朝、朝饭
- A-2 朝早
- A-3 早朝

B. 天光，五更
- B-1 天光
- B-2 天亮饭、天娘饭
- B-3 五更
- B-4 颗心饭

C. 早 (+饭，餐，顿)
- C-1 早、早饭
- C-2 早餐、早顿
- C-3 过早

D. 早+X (+饭)
- D-1 早晨
- D-1 早上
- D-1 早起
- D-4 早点、早堂

E. X+早 (+饭)
- E-1 清早饭
- E-2 清早起（来）饭
- E-3 打早饭、当早饭

F. 清+X+饭（不含"早"）
- 清晨饭、清起（来）饭

G. 食物系
- G-1 饭
- G-2 粥、糜、茶、点心

"早饭"义词形的分布

依据上述词形分类方案绘制出来的语言地图如图所示。该图是汉语方言中关于"早饭"义词的综合地图。该图还有一些信息没有表现出来，下面做几点补充说明：例如：（1）"食物"系词形的种类；（2）带不带"饭"类中心语（如"早"和"早饭"的差异）；（3）带不带"饭"类中心语（如"早"和"早饭"的差异）。下面先针对这几种情况做一些说明。

（1）"食物"系词形的种类及其分布

食物系主要有饭、汤、粥（糜）、茶、点心几类词形，主要出现在长江下游地区以及福建、浙江、江西、广东、海南等东南地区，也出现在西北地区和云南，在地图上共26个点。详细分布情况如下：

饭：罗源、福清、永泰、柘荣、霞浦、泰顺、莆田、漳平、福鼎、政和、临桂

粥（糜）：莆田、建德、湖州、江山、郸城、江山、南海、长乐、星子

汤：韩城

茶：山丹

点心：繁昌、祁门、曲靖、维西傈僳族自治县

（2）带不带饮食动词（"食""吃""喝"等）

各类词形，尤其是 A、C 二系的单音节形式，经常和"食""吃"等饮食动词连用，如"食朝""吃早"。带饮食动词的集中出现在湖南、江西、福建、浙江及广西等东南地区。

（3）带不带"饭"类中心语（如"早"和"早饭"的差异）

有不少不含"饭"类名词的，如"早朝""过早"，等等。不带"饭"类中心语主要出现在广东、湖南、江西、福建、浙江等东南地区。地域上与带不带饮食动词的分布区域大致重合，即大都出现在长江以南的地区。但两者在分布上有互补的倾向：如不带"饭"，就前带饮食动词。这可能与汉语趋向取多音节结构的趋势有关。

三　词形的分布与解释

下面根据地图 1 考察汉语方言"早饭"义词形的分布及其历史演变。

"朝"系（A 系）和"天光、五更"系（B 系）："朝"系是古老词形的保留。主要分布在东南一隅，此外，山东半岛也有若干点使用带"朝"的词形，这表明"朝"系词形也曾在北方地区普遍存在。历史文献中可以找到与"朝饭"一词相关的"朝食"，例如：

（1）朝食不免胄，夕息常负戈。（晋陆机《从军行》）

（2）朝食不盈肠，冬衣纔掩路。（唐韩愈《县斋有怀》）

（3）凶问已确，诸臣奋戈而起，决一战以赎前愆，自当不俟朝食。（《明史·刘宗周传》）

"朝食"可以解释为早上所食之物，后来的"饭"代替了"食"产生"朝饭"一词。

B 系的"天光""天亮""五更"等词形集中分布在浙江、福建以及江西境内的一些点，其周围都有"朝"系词形。《汉语方言解释地图集》（岩田礼，2009，以下简称《地图集》）地图 4 的解说指出，"朝"的原义是"天亮"。B 系词形的词义正与"朝"相同，很可能是"朝"的同义代替。"五更"被"天光"或"天亮"包围，据此推测："天光">"五更"。

"早"系（C系）：在"早"系中出现频率最高的是"早饭"，其他出现得不多。"早餐"（C-2）应为"早饭"的同义代替。

"早饭"的分布面积较广，但在江淮地区和长江中游地区表现为集中分布，《地图集》地图4的解说认为，"早上"一词发端于江淮地区（岩田礼，2009：76-79）。从地图分布来看，"早饭"一词也可能源于江淮地区。但呈现长江型分布的词形不一定都是江淮起源。并且据我们所知，江淮起源的普通话词在文献出现的年代一般是在明代以后，如"今天""明天"等时间词（岩田礼，2009）。然而，"早上"一词的用例已在南宋的《朱子语类》出现几例。如，

（4）早上看了，晚间又看。（《朱子语类》第10卷）

这样看来，"早上"是否江淮起源，尚需做进一步的探讨。

"早饭"可能来自"朝饭"。据地图1可知，"朝"系分布于"早"系的南边，两者的分布区域互为邻近，这有利于"朝"＞"早"的假说。然而，一般地说，发生这种词汇变化应满足两个条件：一是原词和新词在语音上的类似性，二是新词的理据性较原词高。"朝"当变化时其"天亮"的原义已经习焉不察，变成无理据形式。但是"朝""早"二字声调和声母都不相同，"朝"可能不会一下子变成表时间概念的"早"。我们认为，"朝饭"先变成"朝早饭"，然后"朝"字脱落以至成了"早饭"。《地图集》地图4的解说认为："朝早"早期也在北方地区存在，与"晚上"义的"夜晚"配套。

"朝早（饭）"（A-2类）分布于广东，如广州、江门、斗门、三水、仁化等点（《珠江三角洲方言词汇对照》《粤北十县市粤方言调查》），分布点并不多。但我们认为，"朝早（饭）"的分布范围过去广大，往北至少抵淮河—秦岭，现在大大缩小了其地域，此为在长江流域的方言中多数都变成了"早（饭）"的缘故。

另外还出现"早朝（饭）"（A-3类），主要出现在广西及粤北。我们就《地图集》地图4认为，"朝早"是南方固有的词序，而词序颠倒过来的"早朝"是受北方方言影响所致，相当于"母鸡"和"鸡母"的对立。

"早+X"（D系）、"X+早"（E系）、"清+X"（F系）：这三系词形集中分布于北方地区。

"早+X"（D系）包括"早晨""早上""早起""早点"等次类，遍及整个北方地区，少数也出现在福建、江西等南方地区。

"X+早"（E系）包括"清早饭""清早起饭""打早饭、当早饭、大早饭、赶早饭"等次类，构词方式与上文所举"朝早"相同。但我们认为，北方地区的"X+早"式构词法不是存古，而是原充当修饰成分的"早"后来经历名物化所致（参见《地图集》地图4的解说）。"X+早"主要分布在河南至河北、山西的南部地区，其周围都有"早+X"。故推测，E系从D系变过来。

"清+X"（F 系）主要分布在山东西部、江苏北部、河北南部以及河南东部。这类词形的地区通常也分布着 D 系或 E 系。我们认为是来自 E-1、E-2 类的，即"清早">"清晨"、"清早起">"清起"等。

　　总之，"X+早"（E 系）、"清+X"（F 系）都来自"早+X"（D 系），即"早晨""早上""早起"等。假如说"早饭"原来在淮河–秦岭以北也存在，那么，"早+X"以及从此派生出来的词形有可能起源于"早饭"，演变次序可以表示为："早饭">"早晨饭、早起饭">"清早饭">"清晨饭。

　　食物系（G 系）："早饭"只说"饭"或"食饭、吃饭"的方言出现在福建及浙南地区；"汤""粥""茶""点心"等"主要出现在长江下游地区以及福建、浙江、江西、广东、海南等东南地区，也出现在西北地区和云南，这部分词形多和当地饮食习惯有关，是通俗词源的表现。原来很可能前面亦贯有表早上义的词，有些点兼有两种说法，例如福建建德："粥/五更粥"。

　　[附记] 写作过程中，得到了日本金泽大学岩田礼教授的悉心指导，谨致谢忱！由本人负责绘制的有关"早饭"义词条的语言地图收录《汉语方言解释地图集》（续集）（岩田礼编，2012：114—117）。整理后在"第二届赣鄱语言学博士论坛"（2015，宜春）宣读。

参考文献：

柴田武：《言語地理学の方法》，日本摩筑书房 1969 年版。
贺登崧：《汉语方言地理学》，石汝杰、岩田礼合译，上海教育出版社 2003 年版。
岩田礼：《汉语方言解释地图集》，日本白帝社 2009 年版。
岩田礼：《汉语方言解释地图集（续集）》，日本好文出版 2012 年版。

项目基金：

　　2014 年度国家社会科学基金青年项目"语言接触视角下的鄂东南赣语地理语言学研究（项目编号：14CYY005）。

作者简介：

　　张勇生，江西师范大学文学院副教授，北京语言大学语言学及应用语言学专业博士，学位论文《鄂东南赣语语音研究》（2011）。
　　熊紫琳，江西师范大学文学院 2019 级硕士研究生。

宁都方言的"来"

赣南师范大学 黄小平

摘 要：宁都方言的"来"字有实词的用法，也有虚词的用法。做实词时可以单独做谓语或做代动词；也可用于其他动词的前面或后面，表示将要做某事、表目的、表趋向，有的演化成表将来的体标记。"来"也可用在句末做语气词，表祈使、表确认等。

关键词：宁都方言；来；动词；语气词

本文探讨宁都方言的"来"。"来"可以做动词，也可以虚化做句末语气词等。文中的例句材料，基本来自笔者的内省式调查，笔者为宁都县田头镇人，所以本文的基础方言是田头方言。

一

这一部分包括"来"字的实词用法，"来"读阳平调。例如：

（一）"来"单独做谓语动词

"来"单独做谓语动词，从别的地方到说话人所在的地方，表示动作的趋向。可带"呃、过"。

① 舅舅来（过）呃舅舅来（过）了。
② 你屋卡来呃人客你家里来了客人。

加处所宾语可以构成"来+处所宾语"结构，或构成"到+处所宾语+来"。

③ 还是你来宁都吧。
③' 还是你到宁都来吧。

（二）"来"用在其他动词前（动作主体是有生物）

"来"用在其他动词前，构成"来+动词"结构。表示将要做某事。分两种情况，第一种是叫别人过来。例如：

④ 让渠来撑船让他来撑船。
⑤ 唔相信都喊水生来话不相信就叫水生来说。
　　另一种是自己将要进行某活动或邀约别人一起进行某活动。主语一般是"我"或"我们"。例如：
⑥ 侬多来屏蒙我们去捉迷藏吧。
⑦ 算唔清偃来算算不清楚（的话），我来算。
　　两种情况都能加"去"，构成"来去"格式。例如：
④'让渠来去撑船让他去撑船/让他和我们一起去撑船。
⑤'唔相信都喊水生来去话不相信就叫水生去说/不相信就叫水生和我们一起去说。
⑥'侬多来去屏我们一起去捉迷藏吧。
⑦'算唔清，偃来去算算不清楚（的话），我去算。
　　但两者稍有差异，④'和⑤'加了"去"，首先被叫者的行动方向发生了改变，由"过来"变成了"去某处"；其次"去某处"的主体一般只是被叫者，叫唤者通常不包括在里面。而⑥'和⑦'通常是叫唤者和被叫者一起"去某处"，或者叫唤者自己去"某处"。

（三）"来"用在其他动词前（动作主体是无生物）

"来"用在其他动词前，构成"来+动词"结构。
⑧（天）来落雨去（天）快下雨了。
⑨ 墙（就）来倒去墙（就）要倒了。
⑩ 开水来开去开水就要开了。

（四）"来"用在动词后做趋向补语（向心标记）

"来"字用在动词后做趋向补语，也可以叫作向心标记，因为这一运动方向是朝向说话者的。例如：
⑪ 你唔要去去，渠等偃寄来呃你不用去了，他给我寄来了。
⑫ 哪底膛来呃股臭气哪里飘来一阵臭味。
⑬ 公公送来呃袋落更爷爷送来了一袋花生。

（五）"来"表示目的

⑭ 洗光行李来过年洗干净家具好过年。
⑮ 减落菜来张汤倒干净菜好装汤。
⑯ 戴上眼镜来看书戴起眼睛好看书。
　　"来"用在动词结构和动词结构之间，表示前者是方法、方向或态度。"来"在语句中成为新事件标志，这时它的作用在于引出一个新（或非预期）

的事件，从这个意义上讲，这些词具有了连接词的功能。

"来"也可以用在介词结构与动词结构之间，表示目的。例如：

⑰ 让尼地来㧯石牯来_{怎么来抬石头呢？}
⑱ 用米来滚粉干更划唔来_{用大米换米粉不划算。}

"来"在句子中引出动作行为的目的。

（六）"来"做代动词

⑲ 炉子烧唔着啊，偃来炉子_{烧不着呀，我来烧。}
⑳ 你荷底担，嗰担让渠自家来_{你挑这担，那担让他自己挑。}
㉑ 渠多话你坐掉一工去，你来_{她们说你坐了一天了，你干活（了）。}

这个"来"具有代替意义具体的动词的作用。其实也可以省略"来"后的动词，例⑲可看作"来"后省略了"烧"字，例⑳可看作"来"字后省略了"荷"字。例㉑可看作"来"字后省略了"干活"二字。

二

（一）"来"用于句末表祈使语气

这类句子的动词后面带着结果补语"紧、倒、掉"等，"来"居于句末是使令或祈请别人进行某动作以便达到说话者的要求。

㉒ 等偃关紧下门来（请）_{帮我关一下门。}
㉓ 坐倒来（请）_{坐下。}
㉔ 食掉底碗饭来（请）_{把这碗饭吃掉。}

（二）"来"表确认

这种"来"字句是有一定预设的，多是预设对方对某事实有怀疑/否定/不知情/误解/不甚确定等倾向，要求说话者确认这个事实，以排除上述倾向，即"反预设"。这时的"来"读轻声，音值为 3 度，强调时则近 5 度。

1. 叙述者对事实的确认

陈述句一般是叙述者自己对事实进行确认。例如：

㉕ 三生去咋难布来_{三生去了难布（地名）来着。}
㉖ 撞日夜晡落咋雨来_{昨天晚上下了雨来着。}
㉗ 渠带头还係嗰赶紧得墟来_{他刚才还在那赶集呢。}

例㉕如不用"来"就仅是指出一个事实，而用"来"则隐含着预设：有人怀疑（或否定）三生去了难布。说话者要确认与"三生没去难布"形成对照的事实。㉖的语境可能是：有人认为昨天晚上没下雨；有人认为今早下的雨；有人猜测昨天晚上下过雨，但不确认；有人问地上为什么是湿的，等等。㉗的语境可能是：有人一上午没找到他，以为他回家了；他和别人说过早点回去，别人以为他早回去了；等等。

陈述句中需要确认的事情通常是已发生过的事情，因此这类"来"字句可"表示某一情况曾经实现过"，即表"曾然"。而且这些事情往往是邻近时间发生的，也即为"最近过去时"。

2. 要求对方确认事实

"来"字如果用于疑问句中，则要求对方对事实进行确认。如一般疑问、特指疑问、选择问和反复问：

㉘ □[tsʰei³⁵]真个係渠偷个来是否真的是他偷的吗？
㉙ 田头去宁都有几远地来田头去宁都有多远呢？
㉚ 要底只还要啯只来要这个还是要那个呢？
㉛ 你究竟有冇搦渠个笔来你究竟有没有拿他的笔？
㉜ 渠姓什么来她姓什么来着？

不用"来"是一般的疑问，用"来"就有希望得到对方确认（包括否认，即否定性的确认）。例㉘希望对方确认是不是他偷的东西。例㉙希望对方确认田头去宁都的距离，或希望对方赶紧确认他判断距离的能力。也即知道就快说，不知道就别磨蹭了。例㉚希望对方确认他自己究竟要哪一个。例㉛希望对方确认他自己有没有拿别人的笔。例㉜希望对方确认另一个人姓什么，或希望对方赶紧确认自己判断另一个人姓什么的能力。知道则快说，不知道就说不知道。

"来"也可用于反问句中。例如：

㉝ 偓哪令间顶地话呃来我什么时候这样说了呢？

例㉝是质疑事实是否发生过（等于否定），而用了"来"，就更提出质疑性的预设，表面上是要求对方确认，实际上认为对方没办法确认，因为所说事实并没有发生。

上述要求对方确认事实的疑问句，有时候所确认的事实并不一定发生在过去，而只是表示想不起来/没听清/不能确定等，这是一种特殊的曾然：不是问事实曾经如何，而是问对话方曾经想过什么（有什么意愿）/说过什么/知道什么/听到什么等。如例㉙㉚㉜。但有时候所确认的事实是发生在过去，要求对方确认，如例㉘㉛，这也可算是表"曾然"。

3. 判断句对事实的确认

宁都方言的判断句的系词是"係"，如"看真来旨定係树苑仔细看原来是树墩。"句末加"来"就成为确认性的判断。这是严格意义上的判断。这

些句子还表达一定的"商请语气",表示请求、商量、提议、邀约等。再如:

㉞ 嗰个真个係自家买个来那个真的是我自己买的来着。

㉟ 少算点子,渠係九生个老师来少算点,他是九生的老师来着。

㊱ 言係天上有捡个来不是天上掉下来的来着。

这种判断也带有一种预设,而判断本身是与预设相反的。如例㉞的预设是对话方原以为那个(东西)是别人送的或拿别人的;㉟预设原先不知道"渠"是谁,而打算多收"渠"的钱;㊱的预设是对话方以为现有的东西轻而易举就能得到。

(三)"来"表持续态

在宁都方言中,语气词"来"有表示动作/情况正在继续,即持续态用法。例如:

㊲ 还係嗰落雨来还在下雨呢。

㊳ 舅舅係嗰睡眼来舅舅在睡觉呢。

㊴ 等住下,渠还係路上来稍等,他还在路上。

"来"指过去(近过去)的事件/状态,这些事件/状态延续到当前,便是持续态。当然这些"来"字句也表确认。如例㊲预设是对话方原以为外面不下雨了,想回家去,另一方确认外面还在下雨;例㊳预设对话方原以为舅舅不在睡觉,另一方确认舅舅还在睡觉;例㊴的预设是对话方以为"渠"不来了/来不了了,打算自己先走,另一方确认"渠"快来了,请求对话方等一等。

参考文献:

江蓝生:《吴语助词"来""得来"溯源》,《近代汉语探源》,商务印书馆 2001 年版。

李新魁、黄家教、施其生等:《广州方言研究》,广东人民出版社 1995 年版。

李小华:《客家方言实现体助词"来"及其探源》,《华南理工大学学报》2013 年第 4 期。

吕叔湘主编:《现代汉语八百词》(增订本),商务印书馆 1999 年版。

麦耘:《广州话的句末语气词"来"》,《21 世纪汉语方言语法新探索——第三届汉语方言语法国际研讨会论文集》,暨南大学出版社 2008 年版。

温美姬:《江西吉安方言的"来+NP/VP+来"与"去+NP/VP+去"》,《方言》2012 年第 3 期。

邢向东:《陕北、内蒙古晋语中"来"表商请语气的用法及其源流》,《中国语文》2015 年第 3 期。

中国社会科学院语言研究所词典编辑室编：《现代汉语词典》（第五版），商务印书馆 2005 年版。

项目基金：

中国博士后科学基金第八批特别资助（项目编号：2015T80824）；
第 55 批中国博士后科学基金面上一等资助（项目编号：2014M550402）；
2014 年度江西省社会科学规划项目（项目编号：14YY05）；
2015 年度江西省教育厅教改课题（项目编号：JXJG-15-14-5）；
2014 年度赣州市社会科学研究课题（项目编号：14218）。

作者简介：

黄小平，赣南师范大学文学院副教授，中山大学汉语言文字学专业博士，学位论文《客赣方言比较研究——以六个点为中心》（2011）。

赣语上高话被动标记"讨"

南京晓庄学院　罗荣华

摘　要：汉语被动标记"讨"主要分布在南方方言的赣语、客语、吴语和湘语中。赣语上高话"讨"字句施事一定要出现，受事等成分位于句首，也可位于句尾。动词"讨"由"索取"义引申为"招惹"义，再引申为"遭受"义，进一步语法化为表被动义的介词。被动标记"讨"的分布特点体现了近江方言的古老性和过渡性的特点。

关键词：上高话；被动标记；讨

一　引言

在南方方言中的赣语、客语、吴语、湘语中有一个来自"遭受"义的被动标记"讨"。颜森在《高安（老屋周家）方言词汇（三）》（1982）一文中报道了赣语高安话的被动标记"讨[hou⁴²]"。例如"细鸡子讨渠踩死箇小鸡被他踩死了。""碗讨渠打烂箇碗被他打破了。"万波在《安义方言动词谓语句》（1997）一文中较为详细地探讨了赣语安义话的"讨[tʰau²¹³]"用为被动标记的功能及其来源。例如"花瓶讨渠打呱得花瓶被他打了。""我讨汽车撞到得我被汽车撞了。"石汝杰在《高淳方言动词谓语句》（1997）一文中探讨了吴语高淳话的"讨"用为被动标记的功能。例如"杯子讨他打破了杯子被他打破了。""他讨抓起来了他被抓起来了。"胡云晚在《湘西南洞口老湘语虚词研究》（2010）一书中也讨论了洞口老湘语被动标记"讨[tʰəu³¹]"的功能及其来源。例如"其讨尔只狗咬呱一口他被那只狗咬了一口。""讨我讲呱其两句被我说了他两句。"刘纶鑫在《客赣方言比较研究》（1999）一书中也提及赣语高安话和上高话中有被动标记"讨"，但没有举例并展开论述。曹志耘《汉语方言地图集·语法卷》（2008）第 95 图（被动标记）显示：湖南临湘，湖北石首，安徽泾县，江苏高淳、江西高安、瑞金这六个方言点使用"讨"。

我们通过初步调查，被动标记"讨"的分布区域有如下方言点：

赣语：上高、宜丰、高安、奉新、靖安、丰城、新干、安义、永丰、

上犹、信丰、临湘（湖南）
　　客语：瑞金、安远、宁都
　　吴语：高淳（江苏）、泾县（安徽）
　　湘语：洞口
　　从被动标记"讨"的方言点分布来看，赣语区主要集中在赣西北，客语主要集中在赣南，吴语有两个方言点，湘语只有一个方言点。
　　本文以赣语上高话的被动标记"讨"为例，拟考察其在句法、语义、语用平面的一些特点和语法化过程，并从类型学视野探讨其特点。

二 "讨"字被动式句法功能和特点

（一）"讨"字被动式的句法格式

　　上高话的"讨"[xau²¹³]可以加在施事者的前面表示被动，根据"讨"前是否出现体词性成分，可以把"讨"字被动句分为三类：
　　Ⅰ式：NP+讨+NP 施事+VP+（C）
　　Ⅱ式：讨+NP 施事+VP+（C）+NP
　　Ⅲ式：讨+NP 施事+VP+（C）
　　NP 是在主语或宾语的体词性成分，可以是受事，也可以使事、与事等；"讨"是被动标记词，NP 施事是紧跟被动标记词的体词性成分，VP 指谓词性成分，C 是句末语气词。
　　1. Ⅰ式：NP+讨+NP 施事+VP+（C）
　　Ⅰ式结构是最为典型的被动式，NP 可以是受事、准受事、使事或与事等，施事不能省去，VP 多表达不如意或不希望发生的事情，也可以表示无所谓褒贬的"中性义"，但一般不表示有幸的、愉快的事情。例如：
　　（1）老王讨狗咬过一口。（老王被狗咬了一口。）
　　（2）车子讨老王骑走过。（车子被老王骑走了。）
　　（3）*阳阳讨老师表扬过。（阳阳被老师表扬了。）
　　例（1）是贬义的，例（2）是中性的，例（3）是褒义的，这种褒义性的句子在上高话中一般不用被动句式，而用主动句，即一般说成"老师表扬过阳阳老师表扬了阳阳"以上用例的 NP 都是受事。再举几例非受事的，例如：
　　（4）你做个事都讨我晓得过。（你做的事都讨我知道了。）（准受事）
　　（5）我讨隔壁邻舍个伢妹唧吵醒过。（我被隔壁邻居家的小孩吵醒了。）（使事）
　　（6）渠讨贼牯偷刮过钱包。（他被小偷偷走了钱包。）（与事）

（7）笔都讨渠写断过。（笔都被他写断了。）（工具）

（8）路上讨人挖过一只坑。（路上被人挖了一个坑。）（处所）

Ⅰ式的否定形式是在"讨"前加否定词"冇"，句末不出现表完成的语气词"过了"。例如：

（9）屋里着过贼，还好钱冇讨贼拈偷刮。（家里来了贼，还好钱没有被小偷偷掉。）

2. Ⅱ式：讨+NP施事+VP+（C）+NP

Ⅰ式句首位置上 NP 后移至句尾便构成了Ⅱ式。Ⅱ式的主语都由施事充当，受事置于动词性词语之后做宾语。例如：

（10）都是你出个好主意，讨你害死过我！（都是你出的好主意，我被你害死了。）

（11）接连落过一个月个雨，讨简鬼天气气死过我！（接连下了一个月的雨，我被这鬼天气气死了！）

（12）小强老是犯事，讨我狠狠地骂过渠一餐。（小强老是犯事，他被我狠狠地骂了一顿。）

（13）一不小心，讨渠打烂过一只碗。（一不小心，一只碗被他打烂了。）

"讨+NP施事+VP+（C）+NP"有以下特点：

① VP 往往是动补性的，具有消极的语义内容。它不能是光杆动词，其前后多有补语或别的成分。如例（10）、（11）带补语"死"。

② 施事放在"讨"后构成介宾短语，强调施事在事件中的突出作用，从而弱化受事。

从历时角度观察，这种句式在魏晋南北朝时期已经产生，明清时期大量使用。比如"谁知竟被老爷看重了你（《红楼梦》第 46 回）"，可见这是古代汉语的遗留。

3. Ⅲ式：讨+NP施事+VP+（C）

Ⅲ式是句首省略了受事主语的被动式，这是由于语用表达经济原则的需要借助上下文环境而省略。例如：

（14）渠要去广东打工，讨老师拦住过。（他要去广东打工，被老师拦住了。）

（15）阳阳跑在前面，讨蜂唧叮过一口。（阳阳跑在前面，被黄蜂叮了一口。）

（16）讨大风一吹，简几麦秆就倒下过。（被大风一吹，这些麦秆就倒下了。）

（17）讨老师批评过一顿，我心下蛮不舒服。（被老师批评了一顿，我心里很不舒服。）

例（14）、（15）的主语"渠"、"阳阳"在前一分句中已经出现，所以在后面的分句"讨"字句中承前省略。例（16）、（17）中的"讨"字句的逻辑主语"箇几麦秆"、"我"在后面的分句中有所照应，所以是蒙后省略。

（二）"讨"字被动式的特点

1. "讨"的施事宾语

"讨"字后一定要有施事出现，这是上高话"讨"字被动句在语义结构和句法结构上的双重特点。表被动的介词"讨"必须带宾语，即动作的主动者必须在"讨"字后出现，这个条件限制是绝对严格的，没有例外。"讨"后的施事者大多数是有定的，有时也有表示无定的。如果施事者不明，也要用"人"或"人家"一类的代词来虚指一下。这种被动句的"人"或"人家"在普通话里可以省去，形成"被"直接附于动词前的被动句型。例如：

（18）箇碗汤讨渠打刮过。（这碗汤被他打掉了。）
（19）收音机讨我拆烂过。（收音机被我拆烂了。）
（20）渠讨几只罗汉打过一餐。（他被几个流氓打了一顿。）
（21）我讨渠气得半死。（我被他气得半死。）
（22）衣裳讨人捡走过。（衣服被人捡走了。）

万波（1997）也指出：施事宾语"人"都是泛指施动者，在普通话里可以省去，形成"被"直接附于动词前的被动句型。安义方言中则不可省略，因此在安义方言里没有动词标记"讨"直接附于动词前的被动句型。例如：

（23）渠讨人捉起来得。（他被人捉起来了。）
（24）病人马上讨人送到医院里去得。（病人马上被人送进了医院。）

然而，在吴语高淳话和老湘语洞口话的"讨"字被动句可以与普通话的"被"一样，施事可以不出现。例如：

（25）钱讨花光了。（钱被花光了。）（吴语高淳话）
（26）其讨骂倒没得话回得。（他被训得无话可答。）（老湘语洞口话）

2. "讨"字被动句述语和连带成分

"讨"字被动句的谓语中心词主要是及物动词但也有少量不及物动词。谓语中心词主要由自主性二价动作动词充当，其次是由自主性三价动作动词充当，极少的一价动词也可以充当。这些一价动词是部分述宾式双音节动词和具有致使力特征的动词。例如：

（27）李校长讨教育局撤过职。（李校长被教育局撤了职。）
（28）渠讨箇重个农活累病过。（他被繁重的农活累病了。）

"讨"字被动句往往不能只是光杆动词，常带有后续成分，构成述补短语和述宾短语。述补短语的补语一般是结果补语、趋向补语、情态补语和数量补语。结果补语、趋向补语和情态补语的语义指向主语,而动量补语的语义指向动作。补语一般是"讨"字被动句的句子焦点。例如:

(29) 狗讨汽车压死过。(狗被汽车压死了。)(结果补语)
(30) 渠心下个想法讨我看出来过。(他心里的想法被我看出来了。)(趋向补语)
(31) 我讨渠气得哭过。(我被他气得哭了。)(情态补语)
(32) 阳阳不听话,讨老师批评过几次。(阳阳不听话,被老师批评了几次。)(动量补语)

例(29)、(30)、(31)的补语"死""出来""哭"的语义指向主语,例(32)的动量补语"几次"指向谓语动词"批评"。

述宾短语的宾语在语义上具有多样性。宾语跟述语中的动词有一定的语义联系,可以是受事、成事、系事等。这些宾语通常也是句子的焦点所在。例如:

(33) 猪场讨贼牯偷过五只猪。(养猪场被小偷偷了五头猪。)(受事)
(34) 衣裳讨烟头烧过一个眼。(衣服被烟头烧了一个洞。)(成事)
(35) 渠被狗咬伤过手。(他被狗咬伤了手。)(系事)

"讨"字被动句的谓语动词后面一般要附加经历体标记"来"或完成体标记"过",表示事件已经发生或完成。例如:

(36) 渠讨蛇咬来脚。(他被蛇咬过脚。)
(37) 我讨渠打来。(我被他打过。)
(38) 简件事讨老师晓得过。(这件事被老师知道了。)
(39) 正买个肉讨狗衔走过。(刚买的肉被狗叼走了。)

三 "讨"的语法化

"讨"的本义为"治理,整治",《说文》:"讨,治也。"后引申为"探讨、寻找、声讨、讨伐、索取、娶、招惹"等义项。"讨"的语法化起点应该始自"索取"义,该义项产生于魏晋南北朝时期。《类篇》:"讨,求也。"《晋书·卫恒传》:"或时不持钱诣酒家饮,因书其壁,顾观者以酬酒,讨钱足而灭之。"唐代寒山的《诗三百三首》其九十八:"凡事莫容易,尽爱讨便宜。"现代汉语及其方言中也有"讨债""讨钱""讨饭"等用法。这里的索取对象都是对索取者有益的事物。如果索取的对象无益或者有害,"讨"便进一步引申出"引致、招惹"义,例如:

(40) 你这厮,不早来迎接,讨打吃。(《全元杂剧·武汉臣·包待制智

赚生金阁》）

（41）休误了限期，快送公文去。你要写休书，早与他，不要讨打吃。（《全元杂剧·高文秀·好酒赵元遇上皇》第一折）

（42）你如今在这里，早晚若顽劣呵，你只讨那打骂吃。儿喋，我也是出于无奈。（《窦娥冤·楔子》）

（43）你则是个撞席的馋嘴，怎么敢叫刘弘？要讨我打你。（《全元杂剧·王子一·刘晨阮肇误入桃源》第一折）

随着"V+N"的类推作用，这个有害的对象往往是一个主谓短语"N+V"，构成"讨₁+[N+V]"连动结构。例如：

（44）小子并非谬言，老翁他日自知，只是舍亲是个不出书房的小官人，或者未必肯到宅上。就是小子撺掇来时，若成得亲事还好，万一不成，舍亲何面目回转！小子必然讨他抱怨了。（《今古奇观》第四十一卷）

（45）宝钗道："将来彩姑娘过来了，咱们都得回避，别在这儿讨他的嫌。"（《红楼复梦》第七十九回）

（46）于亮说："你趁早走开，大清早，跑这来搅。这个雷公崽子长得就不得人心，说话更讨人嫌。"（《彭公案》第一百四十六回）

（47）刘文通说："我看这个和尚太讨人嫌。"（《济公全传》第一百二十七回）

以上传世文献用例表明："讨"已经逐步引申为"招惹"义，进入了"V₁+N+V₂"连动式结构，该结构是动词语法化为介词的重要语法结构，只要"V₁（讨）"进一步弱化，"V₁+[N+V₂]"结构重新分析为"[V₁+N]+V₂"，"V₁（讨）"便可语法化为介词。遗憾的是，目前在传世文献中尚未找到一条"讨"用为被动标记的例证。

不过，从上高话的共时平面考察，"讨"的语法化路径也是比较清晰的。上高话中的"讨"有"索取""娶""摘""招惹"等动词用法。例如：

（48）今下讨钱个人冇讨到钱。（今天讨钱的人没有讨到钱。）

（49）渠旧年讨过一只老婆。（他去年娶了一个老婆。）

（50）我去园地讨忽唧菜嗟。（我马上去菜园摘点儿菜。）

（51）你话事冇大冇细就会讨人嫌。（你说话没大没小就会遭人嫌弃。）

（52）你日日游手好闲个，真个要讨人骂。（你每天游手好闲的，真的要挨骂。）

（53）你动手动脚个，你是讨我打吧。（你动手动脚的，你是要挨我的打吧。）

例（48）的"讨"是"索取"义，例（49）的"讨"是"娶"义，例（50）的"讨"是"摘"义，例（51）、（52）、（53）的"讨"是"招惹"义。

"招惹"义与"遭受"义的动词宾语都是无益或有害的事物，所不同的地方就是前者是主动，后者是被动。从认知心理出发，人类有"趋利避害"的本性，人们对有益的事物很乐意向对方"索取"，但一旦是有害的事物，人们是不情愿接受的。人们一般也不会主动去"招惹"有害事物，有害事物往往是"被动"施加于受事者，这样"讨"就转化为"遭受"义。从句法结构来看，"讨1+[N+V]"与被动式的"[讨2+N]+V"表层形式相同。以上两点为"讨1+[N+V]"结构重新分析为被动式结构"[讨2+N]+V"准备了语义和句法结构基础。下面的句子可以做两种分析，例如：

（54）A：你不做作业就会讨[老师骂]。（你不做作业就会挨老师的骂。）
　　　 B：你不做作业就会[讨老师]骂。（你不做作业就会被老师骂。）

上例的 A 句按"讨1+[N+V]"的连动结构分析，"讨"是"遭受"义动词，与 N 之间是动宾关系；B 句按"[讨2+N]+V"的被动式结构分析，"讨"是表"被动式"的介词，与 N 之间是介宾关系。这样，"讨+N+V"结构关系由原来的连动关系，重新分析为以介宾短语修饰动词谓语的偏正关系；"遭受"义动词"讨1"也就语法化为被动标记"讨2"。标志"讨"字被动句的成熟是"讨"后的施事由有生命的人或动物向无生命的事物扩展，例如：

（55）我讨小车唧撞断过脚。（我被小汽车撞断了腿）

张敏（2011）指出："讨"在赣语里用作一般动词时意思是"求取、索要"，进一步可引申出"引致、招惹"义，再经历"遭受"义演化出被动标记用法。胡云晚（2010）认为："讨"从"治理"的意思虚化为被动标记，也许是言说者视角转换的结果。当施动者用言语对受动者进行"治理"的时候，就受动者而言就是一种被动的遭遇。随着词义的泛化，"讨"由用言语进行"治理"进而到其他非言语的"治理"，介词"讨"是在动词"讨"词义泛化到非言语"治理"后，通过语言表达者视角的变换而把它转化为"被动地遭受"，然后再慢慢虚化来的。万波（1997）基于被动标记在"南方方言多是从表给予义的动词虚化而来"的认识，推测赣语安义话的被动标记"讨"从前可能有"给予"义。他同时又指出："不过在没有历史文献材料印证之前这只是一种可能，我们主要想要说明安义方言的被动标记'讨'也是从动词虚化而来。"三位先生都支持介词"讨"是从动词"讨"语法化而来的，但语法化起点和路径各不相同，我们基本赞同张敏先生的分析，综合以上探讨，"讨"的语法化链条为：讨1索取→讨1招惹→讨1遭受→讨2被。

四 余论

已有研究成果表明，汉语史和汉语方言中的大部分被动标记的词汇来源主要有三类："使令""给予""遭受"义动词。如：使役动词"等、让、叫、教"等，给予动词"给、赐、畀、把、拿、分、与"等，"遭受"义动词"被、遭、挨、着、吃、讨、逗"等。这些动词后来语法化为汉语普通话和汉语方言的被动标记。

从历时角度看，汉语的被动标记比较复杂，不同历史时期被动标记的词汇来源也不一样。具体见下表[①]：

历史时期	商周—魏晋	战国—唐宋	元明—清朝	清朝—当代
词汇来源	介词	遭遇动词	使令动词	给予动词
被动标记	于、为	见、被、吃	叫、教、让	给

从共时角度看，汉语普通话和方言用不同的被动标记表被动意义，各地区的方言都有自己的被动标记，从地域分布来看，存在一定的特点。罗杰瑞（Norman, 1982）、桥本万太郎（1987）提出汉语方言里被动标记存在明显的南北对立，即南方大多数来自给予动词，这可能与南方非汉语有关；北方则多与使役标记同形，而阿尔泰语正是被动标记与使役标记同形，故前者是后者影响的结果。张敏（2011）在考察了大量汉语方言已有研究成果基础上提出了更加接近语言事实的看法："细究起来，'南方大多数来自给予动词'一说应仅适用于闽语、广东境内的粤语及嘉应客家话，却不大适用于广西粤语、平话和土话，其他客家话以及长江中下游地区的其他东南方言。"从江西、湖南、江苏等已有方言研究材料来看，赣语被动标记主要来源于使役动词（"等、让"等），其次是遭受义动词（"被、着、讨"等），少量的给予类动词（"给、把、拿"等）；湘语主要来自遭受义动词（"被、着、逗、遭、吃、挨"等），其次是给予义动词（"给、赐、拿、把、分"等），少量的使役动词（"等、让、听"等）；吴语主要来自遭受义动词（"拨勒、拨来、讨"等）。

从历时看，遭受义被动标记主要产生于唐宋以前；从汉语方言的共时分布看，遭受义被动标记"讨"在赣语、客语（赣南）、吴语和湘语等方言中仍旧在使用。因此，遭受义被动标记"讨"在赣语、客语（赣南）、湘语

[①] 参见石毓智《被动式标记语法化的认知基础》，《民族语文》2005年第3期。

和吴语中使用体现了长江中下游地区的其他东南方言（闽、粤除外）[①]古老性和过渡性的特点。历史层次比较深的遭受义被动标记主要集中在近江方言和赣南的客语，这表明了这几种方言的古老性；历史层次相对较浅使令义被动标记主要在北方方言中使用，这是受阿尔泰语的影响所致，历史层次最浅的给予义被动标记主要在远江方言（闽、粤、客）中使用，而夹在中间的近江方言既有使令义被动标记，还有给予义被动标记，这就体现了近江方言的过渡性特点。

赣语宜春片共有十三个方言点，三类来源的被动标记都存在，有的方言点同时存在两种被动标记，这种情况正好体现了近江方言古老性和过渡性特点，具体分布见下表：

方言点	丰城	樟树	新干	新余	分宜	袁州	铜鼓	宜丰	万载	上高	高安	奉新	靖安
被动标记	畀讨	被	被	等讨	等让	等畀	等	畀讨	等畀	畀讨	讨	讨	讨

参考文献：

胡云晚：《湘西南洞口老湘语虚词研究》，江西人民出版社2010年版。
刘纶鑫：《客赣方言比较研究》，中国社会科学出版社1999年版。
桥本万太郎：《汉语被动式的历史·区域发展》，《中国语文》1987年第1期。
石汝杰：《高淳方言的动词谓语句》，《动词谓语句》，暨南大学出版社1997年版。
万波：《安义方言的动词谓语句》，《动词谓语句》，暨南大学出版社1997年版。
颜森：《高安（老屋周家）方言词汇（三）》，《方言》1982年第1期。
张敏：《汉语方言双及物结构南北差异的成因：类型学研究引发的新问题》，《中国语言学集刊》2011年第2期。
罗杰瑞著：《汉语概说》，张惠英译，语文出版社1995年版。

［附记］本文发表于《方言》2018年第1期。

[①] 李如龙（2010）以长江为坐标把东南方言划为两大片：近江方言（自东而西是吴语、徽语、赣语和湘语）和远江方言（主要分布在东南部的沿海和丘陵的闽语、粤语和客语）

项目基金：

2014年度国家社会科学基金项目"基于语料库的赣西北客赣方言语法比较研究"（项目编号：14BYY031）。

作者简介：

罗荣华，南京晓庄学院文学院教授，南京大学汉语言文字学专业博士，学位论文《古代汉语主观量表达研究》（2008）。

赣语永新方言的体标记"在+指示代词"

井冈山大学 龙安隆

摘 要：永新方言"在+指示代词"结构可以表达进行意义和持续意义。表达进行意义时，置于动词之前。表达持续意义时，置于动词或形容词之后。用作体标记时有语音要求。文章对"在+指示代词"的句式进行了归纳。作为体标记，"在+指示代词"还能与其他进行体标记比如"添了"，或持续体标记比如"住""到""哩"在同一句中同现。"在+指示代词"是一个半虚化状态的体标记，与其他汉语方言相比，有自己的特点。永新方言中的体标记形式反映了赣语同样具有完整丰富的"在结构"体标记形式，它可能发展为一类语气词。文章对《汉语方言地图集》关于永新方言进行体标记做了详细的解释，并对持续体标记做了补充。

关键词：赣语；永新方言；进行体标记；持续体标记；在+指示代词

一 永新话体标记"在+指示代词"的形式

《汉语方言地图集》（以下简称《地图集》）表示进行意义的形式"他在×吃饭"在江西 87 处的方言点中只有永新等 9 处（9 处中包括 3 处徽语 2 处客家话），大多数方言点被标示为"他在吃饭"。现有资料未见对江西境内的进行体标记"在×"做过系统介绍。《地图集》用"你坐着"反映持续意义，在江西基本表现为"你坐倒"。可是永新等地还有其他形式表达持续意义，"在+指示代词"就是常用的形式。本文的一个意图，是想对《地图集》"他在×吃饭"的"在×"做出系统的解释，并且补充《地图集》表示持续意义所没有的形式"在+指示代词"。

（一）"在+指示代词"是表达体标记的形式

"在+指示代词"（以下简称"在结构"）的一种用法是在句中作具体的句子成分，指示代词要读本音，可以重读。比如：

（1）我在格垱。（我在这儿。作谓语。）

（2）我在格垱坐。（我在这儿坐。作状语。）
（3）我坐在格垱。（我坐在这儿。作补语。）

"在结构"还有另外一种重要用法：在句子中表达时间意义，即表达进行意义和持续意义。比如：

（4）伢里在格垱叫。（孩子正在哭。）
（5）伢里叫在格垱。（孩子在哭着。）

表达"正在进行"（孩子正在哭）和"正在持续"（孩子在哭着）的时候，"在结构"起了至关重要的作用。它表达的是与时间有关的体意义，即"进行意义"和"持续意义"。其中的代词"格垱"的指代功能弱化或消失。"在结构"不表示具体的处所意义（空间意义）而表达的是一种语法意义（时间意义），这种现象是体标记中的一种特殊形式。"在结构"是永新方言表达进行意义和持续意义的标记之一。

（二）体标记"在+指示代词"的"在"不是"去"

体标记结构中"在"读 tɕhie^{35} 或 tɕhie^{33}，只是语音层次上的差别。体标记读 tɕhie^{33} 时与"去"同音，但不能认为是"去"。"去格头"tɕhie^{33}kɤ^{55}lɤ^{22} 是"去那里"，是实指。"在格头"tɕhie^{33}kɤ^{55}lɤ^{53} 是体标记形式。"在"读 tɕhie^{35} 反映了早期少数浊上字读阴平的事实，读 tɕhie^{33} 反映了另一层次浊上归去的规律。"在"读 tɕhie^{35} 容易在老年人中听到，比如"固个人还在呀？"（那人还在吗？），"壬在哩"（不在了），其中的"在"一定读 tɕhie^{35}，与"去"明显对立。"我 tɕhie^{35} 城里"是说"我在县城"，"我 tɕhie^{33} 城里"是说"我去县城"或"我在县城"。"在"另一白读读 tshæ^{33}，比如"自在亭"（地名）读 tshŋ^{33}tshæ^{33}thɤ^{213}，"在里"（乡名）读 tshæ^{33}li^{33}，赌博用语"五在"（今说"五在手"）也说 tshæ^{33}，与体标记无关。

（三）永新话"在结构"作为体标记的条件

词汇条件是，"在"后面的词语必须是指示代词，即：格垱（这里）、固个垱（这里）、格头（那里）、干头（那里）。"干头"是该县西乡、北乡的说法。"格垱"可能是"固个垱"的省音形式，二者用法没有差别，"固个"合成一个音节。"在结构"还可以进一步简化音节，"在格垱"可以说"在格"，"在干头"可以说成"在干"。"在干"又可以进一步写成"在上"。"在格""在干"省略的形式不同于近代汉语中的"在里"，永新话保留指示代词省去方位名词，近代汉语官话保留方位名词省去指示代词。

语音条件是，指示代词不能读重音，不读本调，调值音高趋于一致，语流上显得更为连贯轻弱，与实际意义的指示代词区别明显。由于表示实际意义的每一个指示代词调值上有两个读法,体标记意义中的进行体标记每个指示代词也有两种不同的调值,体标记意义中的持续体标记的指示代词又受前一个音的影响而发生变调,所以显得比较复杂(篇幅所限,语音记音略去,不影响理解)。

二 "在结构"体标记的句法考察

"在格看住到"(正看着)与"看住到在格"("看着"在持续)这两个结构表达不同的意义,前者表示进行意义,后者表示持续意义。"在格"因为位置的不同而表达的意义不同。显然句法结构对语义有限制作用。"在结构"进行意义和持续意义的表达,需要具备一定的句法格式。

(一)"在结构"的进行意义句法格式

"在结构"放在动词前面,表示事件正在进行,出现在以下句式中。
a. 在结构+V　我在格㘴想,唔要声。(我正在想,别出声。)
b. 还+在结构+V　还在格睏,睏固久。(还在睡,睡这么久。)
c. 在结构+V+O　格头在格头讨相骂。(那里正在吵架。)
d. 在结构+V+添了　在格用添了。(正用着。)
e. 在结构+V+住(到)　在干看住(到)。(正在看着。)
f. 壬+在结构+V+O　壬在格看书,在格睏。(没在看书,在睡觉。)
g. 咧+在结构+V+O　咧在格看书,在格睏。(不是在看书,在睡觉。)

进行体"在结构"表达否定时,是在"在结构"前加否定词"壬"或"咧",用于对客观事件的否定(f、g)。"壬"是"唔曾"的合音,即"没有","咧"是"唔是"的合音,即"不是"。"在结构"前只能是否定词"壬"或"咧"。

(二)"在结构"的持续意义句法格式

"在结构"位于动词、形容词之后,表示事件正在持续,或保持某种状态,出现在以下句式中。
a. V+哩+O+在结构　来哩尿在格。(尿了床。)
b. V+C+哩(+O)+在结构　请整哩(客)在格。(请好了客。)
c. V+C+哩+O+在结构　吃醉哩酒在格。(喝醉了酒。)
d. V+哩+固+O+在结构　着哩固马靴在干。(穿着皮靴。)
e. V+C+在结构　死物在格。(死掉。"物"没有词汇意义,表示"尽然"。)

f. "唔"+V+在结构　唔肯在格。(不愿意。)

g. "冇"+V/A/N+结构　冇喜欢在格。(不喜欢。)　冇听话在格。(不听话。)　冇人在格。(没人。)

h. V+住(到)+在结构　抱住(到)在格。(抱着。)

i. V+添了+在结构　话添了在格。(正说着。)

j. 形容词+在结构　面朵菲菲红哩在格。(脸蛋红红的。)

持续体的"在结构"表达否定意义时，否定词只能是"冇""唔"两个(f、g)，正好与表达进行意义的否定词"壬""咧"相反。"冇""唔"与主观行为感受有关，"壬""咧"与客观现实有关。另外，"冇"否定名词性词语时属于否定性动词，与客观现实有关（下例7）。比如：

(6) 今页冇舒服在格。(今天不舒服。不舒服在持续。)

(7) 冇哪耶吃得在格。(没什么可以吃的。无东西可吃的状态持续。)

(8) 渠还唔喜欢在格垱。(他还不高兴。"不高兴"在持续。)

(9) 唔行在格。(不愿意走。"唔行"的状态在持续，比如孩子僵持不动。)

"在结构"之前的谓语可以是动词，也可以是形容词（j）。比如：

(10) 可可怜哩在干。(可怜巴巴。可怜的状态在持续。)

(11) 自家也造造孽哩在格。(自己也是在遭罪。遭罪的状态在持续。)

(12) 涂得固只眉毛绿纠纠哩在格。(眉毛画得绿绿的。绿绿的状态在持续。)

(13) 一身泥糊斯斯在上。(满身泥巴。泥巴糊状的样子在持续。)

(14) 饭也冰冷在格。(饭都是凉的。冰冷的状态在持续。)

(15) 精神要得几好在上。(精神不知有多好。好的状态在持续。)

"在结构"多半与形容词的生动形式或状态形容词结合使用。单音节的性质形容词不与"在结构"一起使用，比如可以说"长一个蛮高在干"（个子长得很高），不能说*"长一个高在干"。

三　"在结构"标记与其他体标记同现

通过前面两部分的描述，可以知道永新话"在结构"具有体标记功能，即进行体功能和持续体功能。动词前是进行体，动词、形容词之后是持续体。"格垱有人在格"（这儿有人），存现句表达状态，所以"在格"要放在动词后面。"*格垱在格有人"（*这儿正在有人）所以不能说，是因为"在格"表示正在进行，与表示存现"有"相矛盾。"在结构"本身是一个体标记，同时还经常与其他体标记一起使用，因而使语义更加丰富复杂。

（一） 进行体 "在结构"与其他体标记同现

"在结构"位于动词之前，表示进行意义。"在结构"在动词之前时，可与持续体"住"或进行体"添了"一起使用（前文"句法格式"已列）。比如：

（16）我在格看住渠数。（我在看着他数。）

（17）我在干抱住到固个伢里，哪挡得闲啦？（我正在抱着孩子，哪有空。）

（18）我在格吃添了饭。（我正在吃着饭。）

"在结构"位于动词之前强调事件正在进行，有没有"在结构"语义不一样。"我看住渠数"不同于"我在格看住渠数"。前者表示"我看着他数"，"住"表示持续意义。后者的意思是"看住渠数"这个事件正在进行。例（17）的"在干"与持续体"住"合用，"到"是表示"达"意义的体标记，与"住"合用。"在干"强调"正抱着孩子"。例（18）的"添了"是一个进行体标记，含有"正当进行的时候，有另一事件在影响"的意义。在同一个句中，"在格"与"添了"共存，所起的作用不同，前者强调"正在进行"，后者强调"进行当中另一事件的影响"。又比如"我在格做添了事，行开唔得（我正在做事情，不能走开）"，"我自家在格写添了乍固拿等你啦（我自己正在写，（笔）我怎么能给你）"。

"在结构"发生的时间起点是过去，比如可以说"我昨页昨天在格看住渠数"，"我固下里现在在格看住渠数"，不说*"我明页明天在格看住渠数"。"我固下里在格看住渠数"看似"现在"（固下里）才发生，其实发生的时间起点比"现在"早。如果"看住渠数"与"现在"同时或更晚，则用"来"字替代"在"，说成"我固下里来格看住渠数"。

（二）持续体"在结构"与其他体标记同现

表示持续意义的"在结构"可与持续体标记"住"、持续体标记"到"["到"还有"达及"等体意义，如前例（17）]、完成持续体"哩"合用。又比如：

（19）我看住渠数在格。（我看着他数。"看着他数"的状态在持续。）

（20）有人同你打到在格。（有人帮你打着，比如打牌。"帮你打着"的状态在持续。）

（21）我抱住到固伢里在干。（我抱着孩子。"抱着"的状态在持续。）

这种情形的"在结构"让动作产生持续性，或者让动作的结果保持某种状态，并不与表示持续意义的其他标记重复。"在结构"分别使上例中"看住渠数""打到""抱住到固呀里"这些动作保持持续意义。不仅如此,持续体"在结构"还可以让进行体"在结构"的进行动作得到延续。比如:

(22)我在格照住固只牛在格。(我正在照看着牛。"正在看着牛"在持续。)

"我在格照住固只牛"与"我在格照住固只牛在格"区别明显,前者表示"正在照看着牛",后者表示"正在照看着牛"这个事件在持续着。

持续意义的"在结构"还能与完成持续体标记"哩"一同使用。比如:

(23)吃哩固烟在格唻。(抽着烟。"抽着烟"的状态在持续。)

(24)扒箕装哩谷在格。(担箕装着稻子。"装着稻子"的状态在持续。)

(25)壁内上挂哩只日历在干。(墙壁上挂着一个日历。"日历挂着"的状态在持续。)

(26)只只碗装紧哩饭在格。(每只碗装着饭。"装着饭"的状态在持续。)

例(23)—(26)都有一个"哩"。"哩"是一个完成体标记,相当普通话的"了$_1$",跟在动词或形容词后面,表示动作已经完成,或状态已经改变。比如"今页打哩针(今天打了针)","黄鳅澎臭哩(泥鳅很臭了)"。它又是一个持续体标记,出现在存现句中。比如"手里拿哩一根柴(手里拿着一根棍儿)","皮带上挂哩只锁头(皮带上挂着一个钥匙)"。表示持续意义的"哩"一部分还出现在"V+哩+固+宾语"结构当中,实际上也是表达存在、出现、消失的意义,是存在句的一种。比如:"渠着哩固旗袍",意思是"她穿着旗袍",不能理解为"她穿了旗袍"。"哩"不能理解为表"完成"的"了$_1$",它表示的是"持续"意义。比较:

(27)渠着哩旗袍。(她穿了旗袍。"哩"表示完成,相当于"了$_1$"。)

(28)渠着哩固旗袍。(她穿着旗袍。"哩"表示持续,相当于"着"。)

对"固"的理解很重要,"固"是指示代词,修饰"旗袍",相当于普通话的"那",具有描述性,呈现状态。凡是出现"哩固+名词性词语"结构的,都属于存现句。所呈现的事物带有"使人觉得新奇"的附加色彩。比如"着哩固旗袍"是说"穿着旗袍让人觉得新奇的样子"。而例(27)回答的是"穿没穿旗袍","着哩"就是"穿了"。

(三)"在结构"与其他持续体、进行体标记同现的特点

作为进行体标记,"在结构"可以单独表示进行意义("开背在干落雨_{外面在下雨}")。这在其它南方汉语方言中比较普遍。但是永新话进行意义的"在结构"还可以与其它进行体、持续体一起使用,这种情况在其它汉语方言中非常少见。"我在格吃添了饭_{我正在吃着饭}"中的"在格"与进行体"添了"一起使用,"有人在干掇住_{有人在端着}"中的"在干"与持续体"住"一起使用。

作为持续体标记，"在结构"可以单独表示持续意义（"格挡有人在格"这里有人），还可以与持续体标记"住""到"，与完成持续体标记"哩"一起使用（"把住固只伞在格撑着伞"，"拿到唔肯放在格拿着不愿意放下"，"吃哩固苦在干吃着苦"）。夏莉萍（2009）说永新话持续体是来源于完成体"哩"，那是对的。不过还有一个来源便是"在结构"。并且，普通话完成体例句"他吃了饭了""他来了三天了"用永新话标示时，夏文分别写成了"他喫仂饭仂""他来仂三工仂"。第三人称明显不能写成"他"（可能是笔误），可写成"渠"。其次，这两句中的"了₁""了₂"永新话是两个不同的词，不能记成同一个词的形式。还有，笼统说"'哩'有时写作'仂'"是不确切的。当地根据语音，俗写用"哩"或"里"，不用"仂"。

本文把完成体的标记写作"哩"。它既可以是完成体标记，又可以是持续体标记。永新方言"动词+哩"表示"完成"意义非常普遍，而"动词+哩"表示持续意义却有所限制，只出现在存现句中。很显然，永新方言是用完成体的形式（V+哩）表达持续意义。这种用法与吴语中的"好""仔"相类似。"好""仔"既是完成体标记，又是持续体标记（刘丹青，1996），它们同时还能与表示持续意义的"勒海"等处所词语配合使用。所不同的是，吴语的"勒海"等与"好""仔"同现时，意义的着眼点不同，"勒海"着眼其中的持续意义，"好"着眼"完成持续"中的完成义。而永新话"在格"等词语是对其前具有持续意义的整个动作的持续，或者说是对具有持续意义的动作的静态呈现，甚至带有一定的强调色彩。比较：

普通话：里面坐着一个陌生人。
永新话：固底下坐哩个生人在格。
苏州话：里向坐好一个陌生人勒浪。

陈满华（1996）对湖南安仁赣语"字写嘎到那里""大门开嘎到固里"中的完成体"嘎"和持续体"到那/固里"是这样解释的："嘎"是表示"写""开"的动作的完成，而"到那/固里"是表示这个动作完成后的状态的持续。这话同样可以用来解释永新话"哩""在格"同现时"在格"的意义。同样是处所词语，赣语和吴语所表示的意义似乎有所不同。

四 "在结构"的虚化

"在结构"可以用来表达进行意义和持续意义，但不能反过来说，凡是"在结构"就是表达进行意义和持续意义，因为"在+指示代词"有可能是实际意义，也有可能是半虚化了的体标记。表示实际意义的情形第一部分有介绍，不是本文的重点，半虚化意义是本文的重点观察对象。

（一）体意义中的指示代词有远近的区别

"在格挡"与"在格头"有空间差别。"在格挡""在格"来源于近指代词，"在干""在上"来源于远指代词。它们在体标记的使用上有区别。"在格挡 tɕhie³³ke³³tɔ̃³³ 叫"（正在哭）与"在格头 tɕhie³³ke³³lə³³ 叫"（正在哭）有区别，前者事发地点离说话者近，后者远。"跌倒在档格 tɕhie³³ke³³tɔ̃³³"（跌倒了，跌倒的状态）与"跌倒在格头 tɕhie³³ke³³lə³³"（跌倒了，跌倒的状态）的意义也不同，前者事发地点离说话者近，后者远。与其他体标记一起使用时也有区别，"写添了在格"（正写着，距离近）不同于"写添了在干"（正写着，距离远）。"拿住到在格挡"（正拿着，距离近）不同于"拿住到在格头"（正拿着，距离远）。

"在结构"内部因指示代词的不同语义有所不同，说明"在结构"并不是一个纯形式标记，其中还附着指示代词的词汇意义。"在结构"之所以迟迟不能蜕化为纯标记形式，可能是由于人们对指示代词的自然联想，即自然联想到"在结构"中作为指示代词的词汇意义。

主语是处所词语的这类句子，"在结构"的虚化程度最高。即便如此，其中的"在结构"仍然给听话者体标记以外的附加信息。比如：

（29）格挡在格打骨牌，快来看。（这里正在打牌九。）
（30）洲上在格头烧火土。（草洲上正在烧草木灰。）
（31）格挡固条门也打开在格。（这门都开着。）
（32）屋里格伢里也饿在格头啦。（家里的孩子们受饿着。）

上面每句都有一个处所词语（"格挡""洲上""屋里"），已经确定了事件发生的处所。因此各句谓语部分里面的"在格""在格头"不能作为地点状语来理解，它们都是体标记。"在结构"居句末时，体意义更加明显。即使这样，"在格挡"不能换成"在格头"，"在格"不能换成"在干"，因为它们之间有近远之分。因此认为，永新话的"在结构"是一个没有彻底虚化的体标记。

主语是指示代词时，表示体意义的"在结构"要与之相配。这也反映了"在结构"还有微弱的词汇意义。下例的"格挡"与"在格"相配，"格头"与"在干"相配。比如：

（33）格挡死物只老鼠在格。（这里死了一只老鼠。）
（34）格头死物只老鼠在干。（那里死了一只老鼠。）

（二）"在格"等处所词语与人称、时间的关系

"在格"等原属近指的词语可以与第一人称相配（"我在格穿针，唔要

动。我在穿针，不要动")。也可以与第二、第三人称相配（"渠格来气勒在格。他们快气死"）。与第二人称相配时，只出现在疑问句中（"你在格做哪耶？"你在干什么）。同样，"在干"等原属远指的词语也可以与各种人称代词相配。与第二人称相配时，也只出现在疑问句中（"你在干做哪耶？"你在干什么）。

值得注意的是，同是第一人称，与不同的词语相配时（远指词语和近指词语），表达的时间不同。比如：

（35）我捉住到固条黄鳅在格。（我正抓着泥鳅。时间表示现在。）

（36）我捉住到固条黄鳅在干。（我正抓着泥鳅。时间表示过去。）

例（35）"我"与"在格"相配，例（36）"我"与"在干"相配。但是意义上除了距离上有区别之外，还有时间上的差别。例（35）表示这种状态发生在现在，例（36）表示这种状态发生在过去，是过去的进行，多半用来复述发生了的事件。上例加上时间词语后意义更清晰。例如例（35）可以加"固下里现在"，例（36）可以加"固个时刻那时"。但是不能反过来。

相配的所有要求都是没有虚化彻底的表现。只不过没有虚化的方言，其要求不一而已。湖南新化方言"在咯落在这里"总是与第一身代词相配，"在尔落在那里"总是与第二、第三身代词相配。（罗昕如，2004）赣语铅山方言却规定，动作的主体是名词或第三人称代词时，可以分别用"在这里"或"在唔里在那里"表示进行，但动作的主体是第一人称代词时，只能用"在这里"表示进行。（胡松柏，2008）

（三）"在结构"在汉语方言虚化序列中的位置

罗昕如（2004）结合俞光中的观点（1986），将汉语方言体标记"在NP"列出了一个发展顺序：①在→②在里→③在这（那）里→④在里/辣辣、勒海→⑤在、辣。前三个阶段分别出现在唐五代、宋、元、明时代。后两个阶段是现代汉语方言在此基础上进一步发展。罗文对第四、第五阶段的概括显然以吴语为例。第三个阶段"在结构"里的后半部分是一个双音节指示代词，整个"在结构"是一个短语型结构。永新方言处在第三阶段的发展序列上，并逐渐向第四阶段过渡。"在格挡"与"在格"并存，"在格头"与"在干""在上"并存。比如，可以说"教室里是在格头上课啊？教室里真在上课吗"，其中的"在格头"可以换成"在干"或"在上"。与其他方言相比，永新话"在"的声母始终没有边音化。永新话"在结构"由三音节向双音节简化，说明在进一步虚化。

五 余论

(一) 永新话"在结构"与指示代词并存

同是一个"在结构"可以表达实虚两个不同的意义。语境可以确定它们是体标记还是作地点状语。

1. 动词前的"在结构"。比如"你在哪垱打电话你在哪儿打电话？"焦点是"处所"，所以答句中的"在结构"一定是地点状语（我在格垱打电话我在这儿打电话）。"你在格垱做哪耶你在这儿干什么？"焦点是"动作行为"，答句中的"在结构"一定是与动作行为有关的时间标记（我在格垱打电话我正在打电话）。"在结构"在表达进行体意义时，只有当主语是处所词语时才不用通过语境识别"在结构"是体标记还是地点状语。比如：

（37）岭上有人在干取菜籽。（山上有人在摘油茶。）

"在干"不表示处所，只能表示时间，因为前面已经有一个处所词语"岭上"，因而"在干"是体标记。

2. 动词、形容词后的"在结构"。当问处所时，"在结构"是地点状语；问状况时，是体标记。"嫁在哪垱嫁在哪里？"问的是处所，答句"嫁在格嫁在这里"中的"在格"是地点状语。"渠哪鲜怪哩啦她怎么样？"问的状况，答句"壬嫁在格没有出嫁"中的"在格"是体标记。当主语是处所词语时，"在结构"的体标记意义自然呈现。比如：

（38）箩里装哩东西在格。（箩筐里装着东西。）

(二) 永新话的"在结构"形式完整

"在结构"是一种重要的体标记形式。赣方言有关"在结构"用作体标记的详细报道少见。《汉语方言地图集》也只标记了赣方言的进行体形式。陈小荷（1996）探讨丰城话的后置副词"在"的来源时与樟树话的"在里"联系起来，而关于樟树话表示持续意义的"在里"只有寥寥数例。江西有一套《客赣方言系列研究丛书》共12种，每种反映一个单点方言，存在体标记"在结构"的赣方言点有铅山（胡松柏，2008）、都昌阳峰（卢继芳，2007）、岳阳柏祥（李冬香，2007），不过这三处的"在结构"只表示进行意义，不表持续意义。可能由于"在结构"的表达不是很丰富，所以篇幅都很小。也有单篇文章透露，赣方言"在结构"可以作持续体标记，比如修水赣语"门开倒在 hen^{31}（门开着）"（罗芬芳，2009）。赣方言的"在结构"似乎没有一个完整统一的形式，显得支离破碎。可以相信，早期赣语同时存在过进行体和持续体的"在结构",有 ABV 形式,就有 VAB 形式,反之亦然("A""B"可以理解为"在"与"指示代词")。永新方言完整地保留了"在结构"作为体标记的丰富形式,既可以表示进行意义,也可以表示持续意义,展现了赣方言早期的体标记面貌。

(三)永新话"在格"等形式的未来发展

当"在格"等词语难以让人联想到让整个动作或状态保持持续意义时,它的持续意义就消失了,转而可能产生一种语气意义,比如强调。观察永新话,当"在结构"位于动词、形容词之后时,似乎朝着语气词的方向发展。比如:

(39)唔肯在格。(不愿意。)
(40)格埫格禾也壬打物在格。(这里的稻子没有脱粒。)
(41)出唔得气在上。(喘不过气。)
(42)骂勒得人在干。(能把人骂死。)
(43)烧得澎臭哩在格。(烧臭了。)

参考文献:

蔡国妹:《吴闽语进行体和持续体的语法化序列分析》,《福建师范大学学报》2006 年第 3 期。
曹志耘主编:《汉语方言地图集》(语法卷),商务印书馆 2008 年版。
陈小荷:《丰城话动词之后的"着"》,《现代汉语方言体貌论文集》,江苏教育出版社 1996 年版。
陈满华:《安仁方言的结构助词和动态助词》,《现代汉语方言体貌论文集》,江苏教育出版社 1996 年版。
胡松柏:《铅山方言研究》,文化艺术出版社 2008 年版。
胡松柏:《赣东北方言调查研究》,江西人民出版社 2009 年版。
李冬香:《岳阳柏祥方言研究》,文化艺术出版社 2007 年版。
刘丹青:《东南方言的体貌标记》,《动词的体》,香港中文大学吴多泰中国语文研究中心,1996 年。
刘丹青:《苏州方言的体范畴系统与半虚化体标记》,《现代汉语方言体貌论文集》,江苏教育出版社 1996 年版。
龙安隆:《永新方言研究》,中国社会科学出版社 2013 年版。
卢继芳:《都昌阳峰方言研究》,文化艺术出版社 2007 年版。
罗芬芳:《修水赣方言动词的体》,《南宁师范高等专科学校学报》2009 年第 4 期。

罗昕如：《湖南方言中的"在N"》，《汉语学报》2003年第1期。

吕叔湘主编：《现代汉语八百词》，商务印书馆1982年版。

伍巍、李立林：《涟源六亩塘方言进行体和持续体的生成发展》，《语言研究》2009年第1期。

夏俐萍：《汉语方言的完成持续体标记》，《汉语学报》2009年第4期。

俞光中：《〈水浒全传〉句末的"在这（那）里"考》，《中国语文》1986年第1期。

[附记] 本文于第二届赣鄱语言学博士论坛交流时，承陆丙甫教授、汪国胜教授予以指点。陆教授后来还通过邮件特意提供相关的理论线索。业师陈泽平教授和蔡国妹博士也提出过许多意见。获益良多，在此一并致谢。本文已发表于《汉语学报》2016年第4期。

作者简介：

龙安隆，井冈山大学人文学院副教授，福建师范大学汉语言文字学专业博士，学位论文《福建邵将区方言语音研究》（2007）。

莲花方言完成体标记"呱"和"哩"

井冈山大学　曾海清

摘　要：莲花方言的完成体标记有两个，即"呱"和"哩"，"呱"和"哩"的句法语用功能有同又有异。

关键词：莲花方言；完成体标记；"呱"；"哩"

莲花县位于江西省西部，莲花方言隶属于赣方言吉莲片（吉安—莲花片）。曾海清（2005）曾指出莲花方言的完成体标记有两个，即"呱"和"哩"，"呱"和"哩"的句法语用功能有同又有异。

一　哩 [li⁰]

莲花方言"哩"用于动词之后表示动作行为的完成，与共同语完成体标记"了"的大部分意义和用法一致。如：

（1）小明打哩半工球。（小明打了半天球。）

（2）广州我去哩八回哩，深圳我有去过。（广州我去了八次了，深圳我没去过。）

（3）你吃哩饭么？（你吃了饭吗？）

例（1）中莲花方言的"哩"的用法与共同语完成体标记"了"相当；例（2）中的第一个"哩"的用法与共同语完成体标记"了"相当，第二个"哩"的用法与共同语语气词"了"相当。例（3）中的"哩"用于疑问句中，也是表示动作行为的完成，与共同语完成体标记"了"相当。

共同语完成体标记"了"有表示将来完成的用法。如：

（4）a "你吃了饭再走吧。"

莲花方言"哩"没有表示将来完成的用法。如：

*（4）b "你吃哩饭再走吧。"

而莲花方言的另一个完成体标记"呱"却可以用来表示将来完成，上例如果将"哩"换成"呱"，句子是成立的。如：

（4）c"你吃呱饭再走吧。"

二 "呱"[uɛ⁰]

莲花方言"呱"用于动词之后表示动作行为的完成，相当于共同语完成体标记"了"。但"呱"仍然保留了相当于共同语表示结果意义的"过、完、掉"的意思。由此可见，"呱"的语义的虚化程度不如"哩"。如：

（5）我正吃呱饭来啊，不要准备我嘅饭哩！（我刚吃了/过/完/掉饭来的，不要准备我的饭了！）

（6）小明写字真快，一下哩就写呱哩。（小明写字真快，一下子就写完/掉了。）

（7）脱呱箇件衫衣！（脱了/掉这件衣服！）

（8）快把垃圾丢呱出去！（快把垃圾丢出去！）

例（5）中的"呱"相当于共同语"了₁、过、完、掉"，可换成"哩"，都表示动作行为的完成。

例（6）的"呱"相当于共同语的"了₁、完、掉"，句尾的"哩"相当于共同语的"了₂"。"呱"和"哩"连用组合成"呱哩"，相当于共同语"完了、掉了"或"了₁+了₂"。

莲花方言中例（7）、（8）中的"呱"不能换成"哩"，因为这两句都是祈使句，都是要求或命令某人把某事做了，但事情还没有开始做，属于将来完成，可称为虚拟式；如果换成"哩"，则句子表示已经完成的意思，与祈使句所表达的语义相矛盾。究其原因，是因为在莲花方言中"呱"可以表示将来完成，而"哩"不能。

但是，莲花方言中的"呱"不能单独出现在疑问句中，如：

*（9）你吃呱饭么？（你吃了饭吗？）

如果在"呱"之后加上"哩"句子又可以说了，如：

（10）你吃呱哩饭么？（你吃过了/完了/了饭吗？）

例（10）中的"呱"相当于共同语中的"过、完、了₁"，"哩"相当于共同语中的语气词"了₂"

三 "哩"和"呱"的比较

1. 主语+谓语动词+哩/呱+"数量名"短语作宾语

莲花方言，当动词后出现"数量名"短语作宾语时，动词后接完成体标记"哩"与接完成体标记"呱"的基本意义都是"V了"，但它们的语用意义有区别。如：

（11）a 我买哩八张票。（我买了八张票。）

（11）b 我买呱八张票。（我买了八张票。）

（12）a 李老师来哩一封信。（李老师来了一封信。）

（12）b 李老师来呱一封信。（李老师来了一封信。）

例（11）a、（12）a 中动词后接"哩"，句子都只是表示客观的陈述，其意义为"V 了"。而例（11）b、（12）b 中动词后接"呱"，句子除表示"V 了"的意义之外，还表达了说话者的主观评价，是强调数量之多或东西的重要、珍贵，例（11）b 强调了"我买的票多"（暗含票难买，或票价贵之意），例（12）b 强调了"李老师来的信很重要、很珍贵"，即说话者主观上认为老师给学生或学生家长写信是可贵的行为，如果是平辈之间写信或晚辈给长辈写信或下级给上级写信等，就只能在动词后用"哩"，不能用"呱"。

2. 当含完成体标记的小句不独立成句，有后续小句时，表示前一动作完成后再发生后一情况，或前一情况是后一情况的假设条件（吕叔湘，1999）。这样的情况下动词后只能接"呱"，不能接"哩"。如：

（13）a 下呱课我就回去哩。（下了课我就回去了。）

*（13）b 下哩课我就回去哩。（下了课我就回去了。）

（14）a 你先把作业做呱，我就让你去歇。（你先把作业做了，我就让你去玩。）

*（14）b 你先把作业做哩，我就让你去歇。（你先把作业做了，我就让你去玩。）

3. 当含完成体标记的小句不独立成句，有后续小句时，表示前一动作经历了若干时间之后开始了后一动作或形成某一状态（吕叔湘，1999）。这样的情况下动词后只能跟"哩"，不能跟"呱"。如：

（15）a 王老师产假休息哩半年正去上班。（王老师产假休息了半年才去上班。）

*（15）b 王老师产假休息呱半年正去上班。（王老师产假休息了半年才去上班。）

（16）a 我才看哩3分钟书你又来打扰我。（我才看了3分钟书你又来打扰我。）

*（16）b 我才看呱3分钟书你又来打扰我。（我才看了3分钟书你又来打扰我。）

4. 连动句、兼语句中，一般只能用"哩"，不能用"呱"。如：

（17）老师打电话喊哩一辆车。（老师打电话叫了一辆车。）

（18）老王找哩一只旅社住哩一夜。（老王找了一个旅社住了一夜。）

（19）昨日教育局请哩王教授跟学生辅导哩一天。（昨天教育局请了王教授给学生辅导了一天。）

（20）前日我请哩一只局长来作哩一只报告。（前天我请了一位局长来作了一个报告。）

5. 形容词后面只能跟"哩"，不能跟"呱"。如：

（21）人老哩，身体也差哩，手脚也不灵便哩。（人老了，身体也差了，手脚也不灵便了。）

（22）头发白哩，皱纹多哩，皮肤也变粗哩。（头发白了，皱纹多了，皮肤也变粗了。）

根据以上莲花方言中"哩"和"呱"的意义和功能，可看出：它们的相同点是都能表示动作行为的完成。不同点有：①"呱"可表示将来完成，"哩"不能。②"呱"还保留了"过、完、掉"等表示结果的意义，"哩"没有，这说明"呱"的虚化程度没有"哩"高。③"呱"没有共同语语气词"了"的用法，而"哩"可用于句尾，相当于共同语的语气词"了"。④动词后接"呱"有时是强调数量之多或东西的重要、珍贵等，而动词后接"哩"没有这种语用功能。所以说，共同语"了"这个词的语法功能在莲花方言中是分别由"哩"和"呱"两个词来担任了。

参考文献：

吕叔湘：《现代汉语八百词》（增订本），商务印书馆1999年版。

曾海清：《莲花方言动态助词初探》，《井冈山学院学报》（哲学社会科学版）2005年第1期。

［附记］本文在第二届赣鄱语言学博士论坛宣读，发表于《萍乡学院学报》2016年第2期。

项目基金：

2013年度江西省高校人文社会科学规划基金项目"莲花方言若干句式研究"（项目基金：YY1323）。

作者简介：

曾海清，井冈山大学人文学院教授，安徽大学汉语言文字学专业博士，学位论文《现代汉语同语式全方位研究》（2011）。

再论汉语方言"动词重叠式+补语"结构

南昌大学 付欣晴

摘 要：汉语方言中能带补语的动词重叠式与共同语中的动词重叠式是同形异质的两类形式，补语包括结果补语、趋向补语和数量补语三类。这种结构现在主要分布于江淮官话、闽语、粤语和吴语中，但它应该是古吴语的底层语法结构。

关键词：汉语方言；动词重叠式；补语；古吴语

现代汉语共同语中的动词重叠式与补语是相互排斥的，李宇明指出"动词重叠式不能与具有完成作用的结果补语共现，甚至连一些动补式的动词都不能重叠""动词在一般情况下都可受数量词语修饰，但重叠之后却都不能再接受数量词语修饰，哪怕是动词重叠式处在非谓语的位置上"。[①]对于这一点，语言学界也基本达成了共识。

可是，汉语方言（包括吴语、闽语、徽语、粤语及少部分官话）中却陆续出现了"动词重叠式+补语"（本文称VVC）的报告。通过考察文献资料，我们共发现二十多处有实例的方言。这么多的方言中都有与共同语相左的VVC现象，缘由何在？这是本文探究的兴趣点。李文浩（2007、2008、2009、2010）等也曾多次撰文讨论这一现象，得出的结论给了我们很多启发。但仍有许多悬而未决的问题，如VVC到底是什么时候产生的，它是古代通语还是其他南方方言的底层语法现象等？这些疑问，我们都将试着回答。

一 汉语方言中VVC结构

单音节动词通过重叠来表达某种语法意义，普遍存在于各大方言中。经过梳理，我们发现各地动词重叠式并非同一，它们应是同形异构的三种

[①] 李宇明：《动词重叠的若干句法问题》，《中国语文》1998年第2期。

形式。比较：

伊哭哭。（他哭丧着脸。）

正闹闹，两只嘢又好返唎。（正在骂着骂着，两个人又和好了。）

你敲敲他的门，看他格在？（你敲敲他的门，看他在吗？）

显然，三例中动词重叠式的语法意义迥异，第一例中的"哭哭"表示"哭丧着脸"的情状，用如了状态形容词；第二例中的"闹闹"表示闹动作的持续反复；第三例中的"敲敲"语法意义与共同语接近，表示动作时短量小。为了行文方便，本文将它们分别称为VV1、VV2、VV3。（关于同形异构的三种动词重叠式的具体分析，已另文分析，见参考文献）[①]

也就是说，方言中的动词重叠式之所以能与补语组合，而共同语不可以，原因在于本质上它们是不同语义的两种重叠式。

本文所分析的能带补语的动词重叠式当属第二类，即表示"动作、行为的持续或反复"语义的VV2（如果不是强调三类重叠式的差异，下文的"VV"指VV2）。这类重叠式不能独立充当句法成分，它的使用有一定的句法限制：或与补语共现；或者出现在前一小句中，后面带有表示动作结果、新情况出现的小句。下文具体分析方言中"VV＋补语"的语例。

吴语：

上海[②]：第双鞋子担去刷刷亮。/拿根木头敲敲结实。

安徽繁昌[③]：衣裳叠叠好，不要乱放。

浙江宁波[④]：信我带带出已经时晌唎。（信我寄出已经很长时间了。）

浙江嘉善[⑤]：看看齐/吹吹干/烧烧熟/立立起（来）/传传过来。

浙江绍兴[⑥]：饭吃吃好奥毛有一个钟头了。

浙江温州[⑦]：鸡肉烧烧烂着半天。（鸡肉烧烂要半天。）/水从上面倒倒落。（水从上面倒下来。）/全班个作业好否容易新斗斗拢。（全班的作业好不容易才收上来。）

江苏海门[⑧]：衣裳放放整齐。

江苏苏州[⑨]：讲讲明白/看看清/汰汰干净/拉拉上。

---

① 付欣晴：《汉语方言单音节动词重叠式比较研究》，《南昌大学学报》2012年第6期。
② 钱乃荣：《上海语言发展史》，上海人民出版社2003年版，第281页。
③ 潘海燕：《繁昌方言里的动词重叠带补语现象》，《语文学刊》2009年第1期。
④ 阮桂君：《宁波方言语法研究》，华中师范大学出版社2009年版，第81页。
⑤ 徐越：《嘉善话中实词的重叠现象》，《杭州师范学院学报》1998年第4期。
⑥ 寿永明：《绍兴方言中的动词重叠句》，《浙江师范大学学报》（社会科学版）1999年第5期。
⑦ 王昉：《温州话动词和形容词重叠研究》，硕士学位论文，北京大学，2011年。
⑧ 王洪钟：《海门方言语法专题研究》，硕士学位论文，南京师范大学，2008年。
⑨ 刘丹青：《苏州方言重叠式研究》，《语言研究》1986年第1期。

官话：

云南昆明（西南官话）①：你熬衣裳放放整齐。熬这几个月，等考完大学就可以玩了。

广西柳州（西南官话）②：这种菜好难掐，掐掐两下手痛死。

江苏南京（江淮官话）③：把核桃敲敲碎。

江苏扬州（江淮官话）④：腰别弯，坐坐正。/衣裳撮起来了，拉拉下。

徽语：

安徽歙县⑤：担衣服烘烘干。（把衣服烤干。）

安徽绩溪⑥：把门关关好再睡。/要落雨了，把物事搬搬进来。

闽语：

海南屯昌⑦：行行上来。

福建漳州⑧：查某婴仔拢走走出去。（小女孩们都跑出去了。）

福建泉州⑨：将拙个鱼掠掠起来。（把这些鱼抓起来。）

福建厦门⑩：提提去/关关去/吞吞落去。

福建永春⑪：漏漏落来。（不断地流下来。）

福建宁德⑫：青菜炒炒一下就熟了。（青菜随便炒一下就熟了。）/油不多了，倒倒下来。（油不多了，全倒下来。）

广东潮州⑬：条索客伊割割断去。（这条绳子给他割断了。）/撮物搬搬出去。（把东西都搬出去。）

广东汕头⑭：领被挈出去拍拍两下。（把被子拿出去拍一拍。）/块招牌人收收起。（这块招牌干脆收起来算了。）

---

① 荣晶、丁崇明：《昆明话动词重叠的句法组配》，《方言》2000 年第 1 期。
② 马骏：《柳州话的重叠》，《广西师范大学学报》（哲学社会科学版）2001 年第 3 期。
③ 刘顺、潘文：《南京方言的 VVR 动补结构》，《方言》2008 年第 1 期。
④ 陆勤：《扬州方言重叠式研究》，《南京师范大学文学院学报》2011 年第 4 期。
⑤ 黄伯荣主编：《汉语方言语法类编》，青岛出版社 1996 年版，第 192 页。
⑥ 王健：《动词重叠三种特殊语法格式的地理分布及相关问题研究》，《语言学论丛》（第三十五辑），商务印书馆 2007 年版。
⑦ 钱奠香：《海南屯昌闽语语法研究》，云南大学出版社 2002 年版，第 135 页。
⑧ 马重奇：《漳州方言重叠式动词研究》，《语言研究》1995 年第 1 期。
⑨ 陈燕玲：《泉州方言名词、动词及形容词的重叠式》，《龙岩学院学报》2009 年第 6 期。
⑩ 厦门市地方志编纂委员会办公室编：《厦门方言志》，北京语言学院出版社 1996 年版，第 78 页。
⑪ 林连通：《福建永春方言的述补式》，《中国语文》1995 年第 6 期。
⑫ 陈丽冰：《福建宁德方言单音节动词重叠式》，《宁德师专学报》（哲学社会科学版）1998 年第 4 期。
⑬ 欧俊勇、黄燕璇：《潮汕方言中的"动词重叠+补语"结构分析》，《新乡学院学报》（社会科学版）2011 年第 5 期。
⑭ 施其生：《论汕头方言中的"重叠"》，《语言研究》1997 年第 1 期。

广东湛江[①]：汝行行落来啰。/我也练练几分钟呐。/弄弄好、炒炒熟。
粤语：
广东阳江[②]：大风吹过，树叶飞飞落来。（大风吹过，树叶一片片飞下来。）
广西北流[③]：快点吞吞落去。
广西桂平[④]：涂涂匀啲洗面奶正洗。（把洗面奶涂匀再洗。）

从动词重叠式带的补语类型看，主要包括结果补语、趋向补语和数量补语，但并不是每种方言都一致存在这三类补语。部分方言的动词重叠式只能带其中一类或两类补语，比如江苏南京和江苏海门虽分属官话和吴语，但其 VV 都只能带结果补语。

下面我们将分析每方言动词重叠式的补语类型，具体见下表：

		带结果补语	带趋向补语	带数量补语
闽语	福建泉州	+	+	+
	福建宁德	+	+	+
	福建漳州	+	+	—
	福建永春	+	+	—
	福建厦门	+	+	+
	海南屯昌	+	+	—
	广东汕头	+	+	+
	广东潮阳	+	+	+
	广东湛江	+	+	+
粤语	广东阳江	—	+	+
	广西北流	+	+	+
	广西桂平	+	+	+
吴语	浙江宁波	+	+	+
	浙江绍兴	+	+	+
	浙江温州	+	+	—
	浙江嘉善	+	+	+
	上海	+	+	—

[①] 吴妹：《湛江闽语动词形容词重叠的研究》，硕士学位论文，暨南大学，2011年。
[②] 黄伯荣主编：《汉语方言语法类编》，青岛出版社1996年版，第246页。
[③] 吴萧然：《广西北流粤方言动词重叠形式及其语法意义研究》，硕士学位论文，南昌大学，2012年。
[④] 谢蓓：《广西桂平粤方言动词重叠研究》，硕士学位论文，上海师范大学，2011年。

续表

		带结果补语	带趋向补语	带数量补语
吴语	江苏海门	+	—	—
	江苏苏州	+	+	—
	安徽繁昌	+	+	—
官话	云南昆明	+	+	+
	广西柳州	—	—	+
	江苏扬州	+	+	—
	江苏南京	+		
徽语	安徽歙县	+	—	—
	安徽绩溪	+	+	

从汉语方言中动词重叠式带补语的类型分布看，带结果补语和趋向补语的分布比数量补语广得多。

二 诸方言 VVC 结构溯源

上述 VVC 结构的地域分布看似分散，其实有着明确的渊源关系：从方言发展史看，它们都直接或间接地受到古吴语的影响。

1. 江淮方言、徽语与古吴语：古吴语的范围绝不止现代吴语区，这已成定谳。虽然其边界范围似乎仍在讨论之中，但对于古南京、扬州的方言所属，也是无争议的。陈寅恪《东晋南朝之吴语》指出，永嘉之乱前南京属吴语区；鲁国尧（1988）认为"吴语区原北抵淮河"，[①]扬州显然也本属吴语；此后王健（2007）也指出江淮方言（包括洪巢片、泰如片）中有吴语的底层。同时赵日新（1998）通过对徽语与吴语的语音、词汇、语法多角度比较，得出了徽语的底子是吴语的结论。

2. 闽语与古吴语：从史籍及现有的研究成果看，闽语的形成与历史上的战乱导致的吴楚移民、中原移民有直接关系，如东晋的"五胡乱华"使得大量的北方汉人避难到闽、粤等地。李如龙（2001）通过对吴、闽语关系的研究，认为"在闽语形成的过程中，吴语是它最初的源头之一。这是因为最早移居福建的汉人当是东汉末年三国东吴时代的吴人和东晋南迁的北人"。[②]丁邦新（2006）更是明确提出"南北朝时代的吴语就是现代闽语

---

① 鲁国尧：《鲁国尧自选集》，大象出版社 1994 年版，第 69 页。
② 李如龙：《汉语方言的比较研究》，商务印书馆 2001 年版，第 194 页。

的前身"①。

3. 粤语与吴语之间虽然没有明确的语言亲属关系，但广东阳江、广西桂平和广西北流三粤语地有一个共同点：闽、粤方言交杂。广东阳江自明清以来，闽南人入居成为阳江人的一部分，闽南话亦融为阳江话的一部分，如米汤称"饮"，花生称"地豆"，绳子称"索"等，都是闽南语词汇；"北流县方言有土白话、客家话、鹤佬话等，绝大部分人讲土白话"②。其中"土白话"指粤语，"鹤佬话"指的是闽语；谢蓓（2011）指出广西桂平境内流行的方言有粤语、闽南方言等。显然，闽粤方言长期共存的状况，使得这几地的粤语受到当地闽语的影响，"VV+补语"就是表现之一。所以，这几地的VVC结构也应该是受古吴语间接影响而形成的。

4. 云南昆明等西南官话从地域上远离古吴语区，为什么也会有同样的语法现象？张映庚（1997）指出，明代时期江南、湖广等地的移民对昆明话的形成有直接影响，而且他还从词汇、语法角度论证了江淮官话是昆明话的基础。所以，昆明话与当时的江淮方言，也就是古吴语，应该也有一脉相承的关系。至于广西柳州话中的同类现象，应该也与元明时期随着屯兵而带去的大量官话南移有关。

其次，我们在古文献中也找到一些很有说服力的材料。

望云去去远，望鸟飞飞灭。（张率《长相思》）

大人来者，犹及见焉。飘飘渐高，有顷而没。（干宝《搜神记》卷八）

独上七盘去，峰峦转转稠。（张籍《使至蓝谿驿，寄太常王丞》）

天末残星，流星未灭，闪闪隔。（柳永《凤归云》）

祝寿如云转转高。（王观《减字木兰花》）

张率，北魏，吴郡吴县（今江苏，吴语）人；干宝，东晋，江苏海盐（吴语）人；张籍，唐，安徽和县（江淮官话洪巢片）人；柳永，宋，福建崇安（闽语）人；王观，宋，江苏南通如皋（江淮官话泰如片）人。无一例外，他们的籍贯都属于古吴语区辐射的范围。

据此，我们认为"VV+补语"组合是古吴语中就已存在的一种语法现象。贺卫国（2005）提出"VV+补语"最初可能是明末江浙话特有的语言现象，李文浩则提出"汉及魏晋南北朝时期出现了'动叠+补'类组合的雏形"③。我们也认为这类现象出现的时间至少可以提前到魏晋南北朝时期，这从江淮官话（主要指南京和扬州）的发展历史与闽语的形成源流可知一二。

---

① 丁邦新：《从历史层次论吴闽关系》，《方言》2006年第1期。
② 《北流县志》，广西人民出版社1993年版，第986页。
③ 李文浩：《"动叠+补"结构及其相关问题的历史考察》，《汉语学习》2009年第1期。

三 VVC 结构的补语

如上文所述，VVC 结构应该是古吴语中的固有语法结构，那么这个结构最初的面貌如何呢？是三类补语共存，还是只有其中的一两个。前面已经分析过，三类补语中数量补语的地域分布面是最窄的，尤其是现代吴语方言中，动词重叠式能带数量补语的语例很少。但我们认为，古吴语中动词重叠式应该也能带数量补语。虽然在 24 处 VVC 方言中只有一半左右地方话能带数量补语，比例不高，但从它的分布来看，散布于吴、闽、粤、官话诸方言，显然不应是一时一地的特殊现象。

而且，我们发现，"VV+数量补语"结构在近代作品中也并不鲜见。据崔山佳，明清小说中有若干单音节动词重叠式 VV 带数量补语的例子，转引如下[①]：

（1）到了家里，闷闷了一回，想道："若是应承了叔父所言，怎生撇得文姬父母恩情？……"（《二刻拍案惊奇》卷 11，明朝，作者凌濛初，浙江人）

另卷 30 有"昏昏了几日"。

（2）不多一时，又早黄昏时候，差了薛三省娘子送的晚饭，让着狄希陈吃了两个火烧，一碗水饭，摸摸了造子出去了。（《醒世姻缘传》第 44 回，作者可能是山东人）

另第 78 回有"混混了造子"、第 96 回有"磨磨了七个月"、第 100 回有"混混了两日"。

（3）邓九公："……二坐下，就讲究的是叫小旦，乱吵吵了一阵，你叫谁，我叫谁，柜上借了枝笔，他自己花了倒有十来张手纸开条子……"（《儿女英雄传》第 32 回，作者文康，满族，当是官话区人氏）

（4）自从进学，不觉闹吵吵了半月。（《桃花影》第 1 回，成书于明朝，作者可能是浙江人）

（5）长庆媳妇叨叨了一回。（《品花宝鉴》第 42 回，清代中期，作者陈森，江苏常州人）

（6）贤臣闻听，哼哼了几声，扭项望陶公说话，口尊："陶大人，此妇大人不用带去，内有隐情……"（《施公案》第 77 回，作者籍贯不详）

（7）想想一回，无奈衣服又穿得单薄，口口经春，只有几层粗布，连风也遮不住，哪里能够敌强御暴？（《海烈妇百炼真传》第 8 回，作者籍贯

---

① 崔山佳：《近代汉语动词重叠专题研究》，四川出版集团 2011 年版，第 405—407 页。

不详）

上述作品语例的作者基本都来自古吴语区，《儿女英雄传》作者文康虽是官话区人氏，但他曾任过徽州知府，吴语的影响昭然；《醒世姻缘传》反映的鲁南方言也应该是受古吴语影响的。[①]所以我们推断"VV+数量补语"也是存在于古吴语中的一种语法现象，而且至少在明清时期的吴语中还有反映。

但这种语法结构在现代吴语的大多数地方都已消失，我们推断其原因是明清时短时体 VV3 在当地方言中的大肆发展。上表中，现代吴语中动词重叠式不能与数量补语共现的方言有 5 处，这 5 处方言有一个共同点：表示"动作持续、反复"的 VV2 与表示"动作时短量小"的 VV3 共存，也就是说这些方言点都包含有两种同形异构的动词重叠式。我们认为，这绝非偶然。短时体 VV3 的核心语法意义是表示"动作时间短、次数少、程度轻"，与"动词+数量补语"的表义特征一致，同类相克，所以二者不能共现。两种表义作用不同的同形形式长期共存，使得"持续体 VV+数量补语"结构受到同形 VV3 语法功能的类化影响，这应该也是比较合理的解释。

相比较而言，闽语区（包括福建泉州、宁德、广东汕头、潮阳、海南屯昌）方言最迟到唐末五代，其方言系统已基本定型，加上地处东南之隅，与中原地区相距遥远，明清时期发生在中原地带的语言变化（指短时体 VV 迅猛发展，持续体 VV 逐渐淡出）没有能够对它造成明显的影响，从而使得这些方言仍然较好地保留了"VV+数量补语"格式。

四 小结

崔山佳认为 VVC 格式可能是元代才产生的，而且可能在产生之初就是吴语与北方话共有的语法现象。[②]可是，我们未能在现代汉语其他官话区发现任何一例这种组合，所以这不应该是当时通语的固有现象。

何大安指出东晋南朝吴语其实包括两种语体："土著吴语"和"南渡北音"，实为两种不同的系统。[③]通过比较论证，我们认为 VVC 格式应为当时土著吴语（本文称古吴语）中的一种语法结构，而且这一结构中的补语当包括结果补语、趋向补语和数量补语三种类型。

---

① 王健：《动词重叠三种特殊语法格式的地理分布及相关问题研究》，《语言学论丛》（第三十五辑），商务印书馆 2007 年版，第 254 页。
② 崔山佳：《近代汉语动词重叠专题研究》，四川出版集团 2011 年版，第 380 页。
③ 何大安：《六朝吴语的层次》，《历史语言研究所集刊》，1993 年。

参考文献：

《北流县志》，广西人民出版社 1993 年版，第 986 页。

陈丽冰：《福建宁德方言单音节动词重叠式》，《宁德师专学报》（哲学社会科学版）1998 年第 4 期。

陈燕玲：《泉州方言名词、动词及形容词的重叠式》，《龙岩学院学报》2009 年第 6 期。

崔山佳：《近代汉语动词重叠专题研究》，四川出版集团 2011 年版，第 405—407 页。

丁邦新：《从历史层次论吴闽关系》，《方言》2006 年第 1 期。

付欣晴：《汉语方言单音节动词重叠式比较研究》，《南昌大学学报》2012 年第 6 期。

黄伯荣主编：《汉语方言语法类编》，青岛出版社 1996 年版，第 192 页。

李如龙：《汉语方言的比较研究》，商务印书馆 2001 年版，第 194 页。

李文浩：《"动叠+补"结构及其相关问题的历史考察》，《汉语学习》2009 年第 1 期。

李宇明：《动词重叠的若干句法问题》，《中国语文》1998 年第 2 期。

林连通：《福建永春方言的述补式》，《中国语文》1995 年第 6 期。

刘丹青：《苏州方言重叠式研究》，《语言研究》1986 年第 1 期。

刘顺、潘文：《南京方言的 VVR 动补结构》，《方言》2008 年第 1 期。

鲁国尧：《鲁国尧自选集》，大象出版社 1994 年版，第 69 页。

陆勤：《扬州方言重叠式研究》，《南京师范大学文学院学报》2011 年第 4 期。

马重奇：《漳州方言重叠式动词研究》，《语言研究》1995 年第 1 期。

马骏：《柳州话的重叠》，《广西师范大学学报》（哲学社会科学版）2001 年第 3 期。

欧俊勇、黄燕璇：《潮汕方言中的"动词重叠+补语"结构分析》，《新乡学院学报》（社会科学版）2011 年第 5 期。

潘海燕：《繁昌方言里的动词重叠带补语现象》，《语文学刊》2009 年第 1 期。

钱奠香：《海南屯昌闽语语法研究》，云南大学出版社 2002 年版。

钱乃荣：《上海语言发展史》，上海人民出版社 2003 年版。

荣晶、丁崇明：《昆明话动词重叠的句法组配》，《方言》2000 年第 1 期。

阮桂君：《宁波方言语法研究》，华中师范大学出版社 2009 年版。

施其生：《论汕头方言中的"重叠"》，《语言研究》1997 年第 1 期。

寿永明：《绍兴方言中的动词重叠句》，《浙江师范大学学报》（社会科学版）1999 年第 5 期。

王昉：《温州话动词和形容词重叠研究》，硕士学位论文，北京大学，2011年。

王洪钟：《海门方言语法专题研究》，硕士学位论文，南京师范大学，2008年。

王健：《动词重叠三种特殊语法格式的地理分布及相关问题研究》，《语言学论丛》（第三十五辑），商务印书馆2007年版。

吴妹：《湛江闽语动词形容词重叠的研究》，硕士学位论文，暨南大学，2011年。

吴萧然：《广西北流粤方言动词重叠形式及其语法意义研究》，硕士学位论文，南昌大学，2012年。

厦门市地方志编纂委员会办公室编：《厦门方言志》，北京语言学院出版社1996年版。

谢蓓：《广西桂平粤方言动词重叠研究》，硕士学位论文，上海师范大学，2011年。

徐越：《嘉善话中实词的重叠现象》，《杭州师范学院学报》1998年第4期。

[附记] 本文已发表于《南昌大学学报》（人文社会科学版）2015年第6期。

项目基金：

江西省高校人文社会科学重点研究基地2015年度招标项目"赣南客家方言语法特征研究"。

作者简介：

付欣晴，南昌大学人文学院中国语言文学系教授、客赣方言与语言应用研究中心研究员，华中师范大学语言学及应用语言学专业博士，学位论文《汉语方言重叠式比较研究》（2013）。

编后记

2015年11月,"第二届赣鄱语言学博士论坛"在宜春举行。这次学术研讨由南昌大学客赣方言与语言应用研究中心和宜春学院语言研究所联合主办,宜春学院文学与新闻传播学院承办。研讨会进行了为期三天的学术交流(11月19日至22日)。30多位博士齐聚秀水之滨,同享学术盛宴,共商语言学科发展。

研讨会特别邀请华中师范大学汪国胜教授、厦门大学李无未教授、复旦大学刘晓南教授莅会并做大会专题报告。这三位特邀讲座学者在我国学术界有着重要的影响。他们的报告提高了研讨会的学术品位,为研讨会增色不少。

江西省语言文字工作委员会办公室主任、教育厅语言文字工作处处长王俊同志应邀出席研讨会并做江西省组织实施中国语言资源保护工程项目的工作报告。江西省语言学会会长邱尚仁博士到会祝贺研讨会召开并做大会学术报告。宜春学院鄢文龙教授应邀做大会学术报告。省内前辈学者、南昌大学刘纶鑫教授应邀出席了研讨会。

研讨会以大会报告与小组发言的方式组织与会博士同行,围绕现代汉语、古代汉语、汉语方言、语言应用四个方向进行了深入的交流,并进一步探讨了有关学科前沿问题。研讨不仅切磋了语言学领域的学术问题,同时加强了省内语言学高层次专业人员之间的互相交流与沟通,为今后研究工作中的合作与交流奠定了基础。

研讨会依例编辑《赣鄱语言学论坛》(第二辑)。因多数与会同行两年来都忙于完成"语保工程"江西项目的课题调研任务,论文集编辑工作有所耽搁。2018年春节之后我们开始着手组稿、编稿,在前述三位特邀讲座学者和各位与会同行的大力支持之下,论文集终于顺利出版,我们也算完成了阶段性的学术工作任务。

为此,我们谨向宜春研讨会全体与会学术同行和给论文集赐稿的学术同行表示衷心的感谢!

从研讨会的筹备、召开,到论文集文稿的编辑、校核,南昌大学和宜春学院的学科同仁付出了许多劳动。他们是:汪高文、李政、田志军、曾莉莉、黎莉、李福唐、吴佩、李涛、赵阳等老师，以及杨健、刘小芳、郭小婷、姜迎春、甘芯等同学。感谢他们的辛勤付出！

  研讨会的举办和论文集的出版，得到了宜春学院和南昌大学两校学科经费的支持，谨此表示感谢！

  我们还要向多年来一直给予大力支持的中国社会科学出版社致以真诚的谢意！

  十年前，正是在宜春举行的一次省内语言学界年度会议上，同行们形成了组织一个高层次学术研讨平台的动议，才有了 2013 年 11 月在南昌大学前湖之畔的首届"赣鄱语言学博士论坛"的开端，而 2015 年 11 月宜春明月山下的再度聚首便有了更多一些的值得纪念的韵味。

  光阴荏苒，逝者如斯，风物长宜放眼量。我们更愿意往前看。我们期待着今后持续的学术聚会。

胡松柏 罗荣华
2018 年 5 月 4 日